土地信托

产品设计

P roduction Design of
L and Circulation Trust

经济管理出版社
ECONOMY & MANAGEMENT PUBLISHING HOUSE

图书在版编目（CIP）数据

土地信托产品设计/英大国际信托有限责任公司课题组主编．—北京：经济管理出版社，2016.11

ISBN 978 - 7 - 5096 - 4646 - 5

Ⅰ．①土… Ⅱ．①英… Ⅲ．①农村—土地—信托—研究—中国 Ⅳ．①F321.1

中国版本图书馆 CIP 数据核字（2016）第 237827 号

组稿编辑：张　艳
责任编辑：张　艳　张莉琼
责任印制：黄章平
责任校对：超　凡

出版发行：经济管理出版社
　　　　　（北京市海淀区北蜂窝 8 号中雅大厦 A 座 11 层　100038）
网　　址：www.E－mp.com.cn
电　　话：（010）51915602
印　　刷：三河市延风印装有限公司
经　　销：新华书店
开　　本：720mm×1000mm/16
印　　张：19.5
字　　数：309 千字
版　　次：2017 年 1 月第 1 版　2017 年 1 月第 1 次印刷
书　　号：ISBN 978 - 7 - 5096 - 4646 - 5
定　　价：68.00 元

序

2004 年，国务院颁布《关于深化改革　严格土地管理的决定》，其中关于"农民集体所有建设用地使用权可以依法流转"的规定，强调"在符合规划的前提下，村庄、集镇、建制镇中的农民集体所有建设用地使用权可以依法流转"。2014 年，中共中央办公厅、国务院办公厅印发了《关于引导农村土地经营权有序流转　发展农业适度规模经营的意见》，并通知要求各地区、各部门结合实际认真贯彻执行。土地流转是指土地经营权流转，可以通过转包、转让、入股、合作、租赁、互换等方式出让土地经营权。土地流转是一种新型生产组织形式，现在农村合作社、农村小额贷款公司、农民合作组织、农村小企业发展基金等都参与其中，共同探索。

土地流转信托是将土地承包经营权作为信托财产，由信托公司进行集约化、规模化开发经营，然后信托公司将约定的收益返还给农户或者其他权利人。目前，信托公司通常是将成片的土地整理之后租赁给农业公司耕种的方式进行土地开发。自 2013 年 10 月国内首只土地流转信托发行以来，中信和北京信托又在多地开展土地流转信托业务。据不完全统计，自国内首只土地流转信托发行一周年以来，约有 10 多只产品成立，而 2015 年初公开层面鲜见土地流转信托身影，市场观望情绪浓厚。经历大半年的沉寂，2015 年底，多款土地流转信托又在短时间内同时落地。

土地信托为大规模现代化农业经营提供了条件，有利于农地生产力和农村生产效率的大幅提高，同时增加了农民收益。但是，从目前来看，土地流转信托面临着两方面的难题：首先是政策法规层面的，当前土地承包经营权尚不支持直接通过信托的方式登记到信托公司名下；其次是风险控制问题，农业产业对于信托公司而言目前是个相对陌生的领域，信托公司对农业产业的风险控制还有待进一步提升。

本书在借鉴国外土地流转信托发展经验的基础上，对我国既有土地流转信托的模式进行了分析，提出了我国土地流转信托产品设计的基本思路和运作要点，最后对我国土地流转产品的发展环境、发展可行性、市场推广与营销方案设计、风险控制体系设计等方面进行了探讨。

本书研究课题组成员由信托业从业人员与高校教师队伍组成，基于多年的信托从业经验和前沿的学术研究成果，敏锐地捕捉到我国信托业发展中的热点问题，并开创性地对土地流转信托问题进行了系统深入的研究，相信本书将为土地流转信托产品在我国的发展提供有益的指导和借鉴。

英大国际信托有限责任公司总经理

目　录

导篇　概念释义

1　"土地流转信托产品设计"概念释义 …………………… 3

　1.1　六个基础概念释义 ……………………………………… 4

　　1.1.1　"土地"概念释义 ………………………………… 4

　　1.1.2　"流转"概念释义 ………………………………… 7

　　1.1.3　"信托"概念释义 ………………………………… 7

　　1.1.4　"土地流转"概念释义 …………………………… 9

　　1.1.5　"土地信托"概念释义 ………………………… 10

　　1.1.6　"流转信托"概念释义 ………………………… 11

　1.2　本书主题概念释义 …………………………………… 11

　　1.2.1　"土地流转信托"概念释义 …………………… 11

　　1.2.2　"土地流转信托产品"概念释义 ……………… 12

　　1.2.3　"土地流转信托产品设计"概念释义 ………… 12

上篇　经验借鉴

2　美国土地流转信托产品及其背景分析 ……………… 17

　2.1　美国土地流转信托产品分析 ………………………… 17

　　2.1.1　美国土地流转特点分析 ………………………… 17

2.1.2 美国土地流转信托产品模式分析 ……………………… 20

2.1.3 美国土地流转信托产品模式经典案例——"门郡信托"

案例分析 ………………………………………………… 24

2.2 美国土地流转信托产品经济、金融环境分析 ………… 25

2.2.1 美国土地流转信托产品经济环境分析 …………… 25

2.2.2 美国土地流转信托产品金融环境分析 …………… 34

2.3 美国土地流转信托产品法律环境分析 ………………… 35

2.3.1 美国土地流转法律制度历史演进分析 …………… 35

2.3.2 美国土地流转法律制度现状分析 ………………… 38

2.3.3 美国土地流转限制性规定分析 …………………… 42

2.3.4 美国土地流转法律制度法理分析 ………………… 43

3 日本土地流转信托产品及其背景分析 ………… 46

3.1 日本土地流转信托产品分析 …………………………… 46

3.1.1 日本土地信托制度历史进程 ……………………… 46

3.1.2 日本土地流转信托产品模式分析 ………………… 47

3.1.3 日本农地流转基本情况分析 ……………………… 50

3.2 日本土地流转信托产品经济金融环境分析 …………… 52

3.2.1 日本土地流转信托产品宏观经济环境分析 ……… 52

3.2.2 日本土地流转信托产品微观经济环境分析 ……… 58

3.2.3 日本土地流转信托产品金融环境分析 …………… 61

3.3 日本土地流转信托产品法律环境分析 ………………… 62

3.3.1 日本土地流转政策分析 …………………………… 62

3.3.2 日本农业生产政策分析 …………………………… 67

3.3.3 日本信托业法律环境分析 ………………………… 69

4 美国、日本土地流转信托产品发展模式及其环境借鉴分析 … 72

4.1 美国、日本土地流转信托产品模式发展经验借鉴分析 ………… 72

4.1.1 美国、日本土地流转信托产品模式总结 ………… 72

　　4.1.2　美国、日本土地流转信托产品模式借鉴分析 …………… 74

　4.2　美国、日本土地流转信托产品经济金融环境发展经验借鉴
　　　分析 …………………………………………………………… 75

　　4.2.1　美国、日本土地流转信托产品经济环境发展经验借鉴
　　　　　分析 ………………………………………………………… 76

　　4.2.2　美国、日本土地流转信托产品金融环境发展经验借鉴
　　　　　分析 ………………………………………………………… 83

　4.3　美国、日本土地流转信托产品法律环境发展经验借鉴分析 …… 84

　　4.3.1　美国、日本土地流转法律环境发展经验借鉴分析 ……… 84

　　4.3.2　美国、日本信托业法律环境发展经验借鉴分析 ………… 86

　　4.3.3　美国、日本农用土地流转法律环境发展经验借鉴分析 …… 89

中篇　产品设计

5　中国土地流转信托产品既有模式分析 ………………………… 95

　5.1　中国农村地方政府探索的土地流转信托产品模式分析 ……… 95

　　5.1.1　中国土地流转信托产品的绍兴模式分析 ………………… 95

　　5.1.2　中国土地流转信托产品的益阳模式分析 ………………… 99

　　5.1.3　中国土地流转信托产品的沙县模式分析 ……………… 109

　5.2　中国大型信托投资公司探索的土地流转信托产品模式分析 …… 111

　　5.2.1　中信信托公司探索的土地流转信托产品模式分析 …… 111

　　5.2.2　北京信托公司探索的土地流转信托产品模式分析 …… 114

6　土地流转信托产品设计原理分析 …………………………… 118

　6.1　土地流转信托产品设计要素分析 …………………………… 118

　　6.1.1　土地流转信托产品委托人分析 …………………………… 118

　　6.1.2　土地流转信托产品信托目的分析 ………………………… 121

　　6.1.3　土地流转信托产品受托人分析 …………………………… 122

6.1.4 土地流转信托产品受益人分析 …………………… 125

6.2 中国土地流转信托产品运营模式设计 …………………… 127

6.2.1 中国土地流转信托产品运营机理研究 …………… 127

6.2.2 中国土地流转信托产品运营流程设计 …………… 131

6.3 中国土地流转信托机构组织结构设计 …………………… 134

6.3.1 中国土地流转信托机构公司型组织结构设计 …… 134

6.3.2 中国土地流转信托机构契约型组织结构设计 …… 136

7 中国农用土地整合型土地流转信托产品设计 ………… 139

7.1 中国土地流转信托产品备选开发模式分析 …………… 139

7.1.1 中国土地流转信托产品现有代表性开发模式对比分析 … 139

7.1.2 中国土地流转信托产品高级开发模式分析 ……… 142

7.2 中国农用土地整合型土地流转信托产品运作设计 …… 146

7.2.1 中国农用土地整合型土地流转信托产品核心要素分析 … 146

7.2.2 中国农用土地整合型土地流转信托产品委托人分析 …… 146

7.2.3 中国农用土地整合型土地流转信托产品适用区域分析 … 153

7.2.4 中国农用土地整合型土地流转信托产品经营模式设计 … 157

7.2.5 中国农用土地整合型土地流转信托产品运行模式设计 … 158

7.2.6 中国农用土地整合型土地流转信托产品挑战分析 ………… 159

8 中国农村产业链集成型土地流转信托产品设计 ……… 163

8.1 中国农村产业链集成型土地流转信托产品设计理由说明 …… 163

8.1.1 以财产权信托为基础搭建资源整合商业平台分析 …… 163

8.1.2 引入资金支持整合现代农业产业链分析 ………… 164

8.2 中国农业产业链集成型土地流转信托产品运作设计 …… 166

8.2.1 中国农业产业链集成型土地流转信托产品关键要素

分析 …………………………………………… 166

8.2.2 中国农业产业链集成型土地流转信托产品经营模式

设计 …………………………………………… 179

8.2.3 中国农业产业链集成型土地流转信托产品挑战分析········ 180

8.3 两种土地流转信托产品模式组合分析··················· 183

8.3.1 两种土地流转信托产品模式组合可行性分析········· 183

8.3.2 两种土地流转信托产品模式组合案例分析········· 185

下篇 市场实现

9 中国土地流转信托产品发展环境分析··············· 191

9.1 中国土地流转产品信托产品经济金融环境分析········· 191

9.1.1 中国土地流转信托产品宏观经济发展环境分析····· 191

9.1.2 中国土地流转信托产品微观发展环境分析········· 192

9.1.3 中国土地流转信托产品金融发展环境分析········· 201

9.2 中国土地流转产品信托产品市场环境分析··········· 203

9.2.1 中国土地流转信托产品市场发展历史回顾········· 203

9.2.2 中国土地流转信托产品市场供求分析··········· 212

10 中国发展土地流转信托产品可行性分析··········· 221

10.1 土地流转信托产品宏观政策可行性分析··········· 221

10.1.1 土地承包权流转政策分析··············· 221

10.1.2 土地承包经营权流转立法分析············· 224

10.1.3 国家宏观政策对土地流转信托产品影响分析····· 224

10.2 土地流转信托产品监管可行性分析············· 227

10.2.1 我国金融监管模式发展历程回顾··········· 228

10.2.2 中国金融监管环境分析··············· 228

10.2.3 中国信托公司监管要求分析············· 229

10.2.4 中国土地流转信托产品相关监管法律分析······ 229

10.3 土地流转信托产品市场可行性分析············· 230

10.3.1 中国土地流转背景分析··············· 230

10.3.2 现阶段各种土地流转方式对比分析 ……………… 231

10.3.3 土地流转信托优势分析 ……………………… 233

10.3.4 土地流转信托优势分析 ……………………… 236

10.3.5 土地流转信托试点效果分析 …………………… 237

11 土地流转信任产品市场推广与营销方案设计 … 239

11.1 土地流转信托产品推广方案设计 ……………… 239

11.1.1 土地流转信托产品测试方案设计 ……………… 239

11.1.2 土地流转信托产品推广方案设计 ……………… 241

11.2 土地流转信托产品市场营销理念设计 ………… 244

11.2.1 土地流转信托产品定制服务理念设计 ………… 244

11.2.2 土地流转信托产品主动营销理念设计 ………… 246

11.2.3 土地流转信托产品超值服务理念设计 ………… 246

11.2.4 土地流转信托产品风险控制理念设计 ………… 247

11.3 土地流转信托产品市场营销策略设计 ………… 247

11.3.1 土地流转信托产品策略设计 …………………… 247

11.3.2 土地流转信托价格策略设计 …………………… 248

11.3.3 土地流转信托渠道策略设计 …………………… 249

11.3.4 土地流转信托促销策略设计 …………………… 250

11.4 土地流转信托产品市场营销体系设计 ………… 251

11.4.1 加强信托公司直销体系建设,完善第三方理财渠道 …… 251

11.4.2 加强信托公司品牌建设 ………………………… 253

11.4.3 不断丰富信托公司产品线 ……………………… 253

11.4.4 不断加强信托公司信息系统建设 ……………… 253

11.4.5 整合资源,构筑信托诚信有序的销售网络 …… 254

12 土地流转信托产品风险控制体系设计 ………… 255

12.1 土地流转信托产品风险分析 …………………… 255

12.1.1 土地流转信托产品法律风险分析 ……………… 255

12.1.2 土地流转信托产品政治风险分析 ……………………… 266

12.1.3 土地流转信托产品经济风险分析 ……………………… 269

12.2 土地流转信托产品风险控制政策建议 ………………… 270

12.2.1 土地流转信托产品开发企业风险控制体系设计思路 …… 271

12.2.2 土地流转信托产品法律法规完善建议 ……………… 273

12.2.3 土地流转信托产品配套政策完善建议 ……………… 274

参考文献 ……………………………………………… 279

图目录

图 1.1　"土地流转信托"概念复合示意图 ·················· 3

图 2.1　美国土地保护信托产品模式 ·················· 20

图 2.2　美国社区土地流转信托产品模式 ·················· 22

图 2.3　美国土地开发融资型土地流转信托产品模式 ·················· 24

图 3.1　日本一般土地流转信托产品模式 ·················· 48

图 3.2　日本农地买卖信托产品模式 ·················· 49

图 3.3　日本农地租赁信托产品模式 ·················· 49

图 3.4　日本农村合作金融组织 ·················· 62

图 5.1　中国土地流转信托产品的绍兴模式 ·················· 96

图 5.2　2011 年 3 月统计的益阳县土地流转情况 ·················· 101

图 5.3　中国土地流转信托产品益阳模式 ·················· 106

图 6.1　中国土地流转信托产品运营流程 ·················· 132

图 6.2　中国土地流转信托机构公司型组织结构 ·················· 134

图 6.3　中国土地流转信托机构契约型组织结构 ·················· 136

图 7.1　中信信托公司开发的安徽省宿州土地流转产品 ·················· 140

图 7.2　北京信托公司开发的江苏省无锡市桃园村土地流转产品 ·················· 140

图 7.3　土地流转信托产品的初级形式 ·················· 142

图 7.4　纵向一体化战略 ·················· 144

图 7.5　中国农用土地整合型土地流转信托产品运行模式 ·················· 159

图 8.1　农业产业链示意图 ·················· 167

图 9.1　2010 ~ 2014 年中国 GDP 及其增长速度 ·················· 192

图 9.2 2010~2014 年间中国粮食产量 ················· 193

图 9.3 2010 年河南省农村土地流转类型占比 ············· 218

图 9.4 2003~2012 年中国耕地面积变化情况 ············· 219

图 11.1 信托企业的市场营销网络 ··················· 254

表目录

表 3.1　日本 1997～2007 年农地不同权利流转面积情况　……………… 50

表 3.2　日本 2000～2005 年不同地域农地租赁情况　………………… 50

表 3.3　日本 2000～2004 年农地租赁年限设定情况　………………… 51

表 7.1　两种代表性土地流转信托产品对比　…………………………… 141

表 7.2　农业用地三种委托人类型优缺点对比　………………………… 151

表 9.1　农村土地市场的影响因素分析　………………………………… 214

表 10.1　不同土地流转方式对比　……………………………………… 232

表 12.1　信托涉及税种　………………………………………………… 257

导篇　概念释义

概念咋回事？
咱们去问问！

1　"土地流转信托产品设计"概念释义

　　本书的研究主题是"土地流转信托产品设计",这一主题或者说概念的核心是"土地流转信托"。这是一个相当复杂的概念。它是由"土地"、"流转"和"信托"三个基本概念合成的复合概念。而"土地"、"流转"和"信托"这三个基本概念又可以合成"土地流转"、"流转信托"和"土地信托"这三个复合概念。当然,"土地流转信托"也可以看成是"土地流转"、"流转信托"和"土地信托"这三个复合概念的再复合。

　　土地流转信托与这六个概念的关系见图1.1。

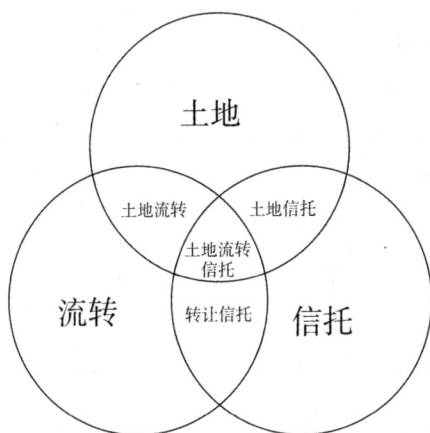

图 1.1　"土地流转信托"概念复合示意图

1.1 六个基础概念释义

与"土地流转信托"相关的六个概念，包括三个基本概念和三个基础复合概念。本书将分别对其进行释义。

1.1.1 "土地"概念释义

土地，有时也被称为陆地，一般是指地球上不会被水永久覆盖的固体表面。土地拥有各种自然资源，动植物可以在土地上面活动和生长，土地可以用来进行农业生产，人类的绝大多数日常活动发生在土地上。在我国，土地是指地球表面特定地段，由气候、土壤、水文、地貌、地质、动物、植物、微生物及人类活动等要素所组成的，内部存在大量物质、能量、信息交换流通，空间连续，性质随时间不断变化的一个自然和社会经济综合体。

（1）土地的特性

1）土地的自然特性。

土地的自然特性包括：土地面积的有限性、土地位置的固定性、土地质量的差异性（多样性）、土地永续利用的相对性（土地功能的永久性）等。

土地面积的有限性。土地是自然的产物，人类不能创造土地。广义土地的总面积，在地球形成后，就由地球表面积所决定。人类虽然能移山填海，扩展陆地；或围湖造田，增加耕地，但这仅仅是土地用途的转换，并没有增加土地面积。

土地位置的固定性。土地最大的自然特性是地理位置的固定性，即土地位置不能互换，不能搬动这一特性决定了土地的有用性和适用性随着土地位置的不同而有着较大的变化，这就要求人们必须因地制宜地利用土地；同时，这一特性也决定了土地市场是一种不完全的市场，即不是实物交易意义上的市场，而只是土地产权流动的市场。

土地质量的差异性（多样性）。不同地域，由于地理位置及社会经济条件的差异，不仅使土地构成的诸要素（如土壤、气候、水文、地貌、植被、岩石）的自然性状不同，而且人类活动的影响也不同，从而使土地的结构和功能各异，最终表现在土地质量的差异上。

土地永续利用的相对性（土地功能的永久性）。土地作为一种生产要素，"只要处理得当，土地就会不断得到改良。"在合理使用和保护的条件下，农用土地的肥力可以不断提高，非农用土地可以反复利用，永无尽期。土地的这一自然特性，为人类合理利用和保护土地提出了客观的要求与可能。土地是一种非消耗性资源，它不会随着人们的使用而消失，相对于消耗性资源而言，土地资源在利用上具有永续性。土地利用的永续性具有两层含义：第一，作为自然的产物，它与地球共存亡，具有永不消失性；第二，作为人类的活动场所和生产资料，可以永续利用。其他的生产资料或物品，在产生过程或使用过程中，会转变成另一种资料、物品，或逐渐陈旧、磨损，失去使用价值而报废。土地则不然，只要人们在使用或利用过程中注意保护它，是可以年复一年地永远使用下去的。但是，土地的这种永续利用性是相对的。只有在利用过程中维持了土地的功能，才能实现永续利用。

2）土地的经济特性。

土地的经济特性包括：土地供给的稀缺性、土地用途的多样性、土地用途变更的困难性、土地增值性、土地报酬递减的可能性、土地利用方式的相对分散性、土地利用后果的社会性。

土地供给的稀缺性。土地数量的有限性决定了土地供给的稀缺性。土地面积的供给是有限的、是无弹性的；特定地区，不同用途的土地面积也是有限的。

土地用途的多样性。土地用途的多样性也称土地用途的可转化性。土地具有多种用途，如工业用地、居住用地、商业用地、军事用地、办公用地等。土地用途的多样性表现在，对一块土地的利用，常常同时产生两个以上用途的竞争，并可以从一种用途转换为另一种用途。

土地用途变更的困难性。大多数情况下，土地不同用途之间的变换是比较困难的。工矿用地、建设用地一旦形成，再想改作农用就相当困难。土地用途变更的困难性告诉人们，在编制土地利用规划确定土地用途时，要认真调查研究，充分进行可行性论证，以便做出科学、合理的决策，杜绝主观随意性，否则会造成较大的损失和浪费。

土地增值性。在土地上追加投资的效益具有持续性，并且随着人口增加和社会经济的发展，对土地的投资具有显著的增值性。

土地报酬递减的可能性。由于"土地报酬递减规律"的存在，在技术不变的条件下对土地的投入超过一定限度，就会产生报酬递减的后果。

土地利用方式的相对分散性。由于土地位置的固定性，对土地只能就地分别加以利用，因而土地利用方式是相对分散的。这一特点在农用土地上表现得更为明显。即使在非农产业中，土地利用方式可以相对集中，但出于土地的固定性，不能将其重叠起来利用，也只能分别加以利用，因而相对来说也是分散的。土地利用方式相对分散这一特性，要求人们在利用土地时要进行区位选择，并注意搞好地区间的交通运输联系，以提高土地利用的综合区位效益。

土地利用后果的社会性。土地利用后果的社会性，要求任何国家都要以社会代表的身份，对全部土地进行宏观的管理、监督和调控。

（2）土地的功能

土地对于人类来说，具有如下五大功能：

1）承载功能。

土地由于其物理性质，具有承载万物的功能，因而成为人类进行一切生活和生产活动的场所和空间，成为人类进行房屋、道路等建设的地基。马克思指出，土地是一切生产和一切存在的源泉，是人类不能出让的生存条件和再生条件。

2）生产功能。

在土地的一定高度和深度内，具有强大的生长万物的能力。土壤中含有各种营养物质以及水分、空气，还可以接受太阳照射的光、热等，这些是地球上一切生物生长、繁殖的基本条件。没有这些环境与条件及其功能，地球上的生物也就不能生长繁育，人类也就无法生存和发展。

3）资源功能。

土地是人类赖以生存和发展的重要物质基础，是不可再生的有限资源和宝贵财富。土地资源是人类生存不可脱离的物质基础。人类要进行物质生产，除生物资源外，还需要用大量非生物资源，如建筑材料、矿产资源、动力资源等，这些自然资源都蕴藏在土地之中。这些自然资源，对各个部门、各个行业，对整个国民经济发展都发挥着不可或缺的作用。

4）资产功能。

土地资产是指国家、企业和个人等将其占用的土地资源作为其财产或作为其财产的权利。土地的资产功能是指土地可以作为财产使用、交换的功能。所有权人可以将其拥有的土地或土地产权视作财产变卖获取收益，而他人取得土地这种财产则需要付出一定的经济代价或成本，土地的使用可为土地使用者带来一定的经济效益。

5）景观功能。

景观功能主要是针对特殊的土地资源来说的，不是每一块土地都有这样的功能。土地的景观功能，不仅体现在自然风景的优美、奇特、险峻上，也体现在交通便利上。

1.1.2 "流转"概念释义

流转这一词汇，最初是指"流离转徙"，即在战乱年代，受战乱之苦的平民不得不流离失所，转徙他乡。后来，含义泛指为"流动转移"。在用到经济学时，流转就是指商品或货币的流通周转。

在中国，带流转字眼的经济学词汇并不多，现在出现频率比较高的有"土地流转"和"流转税"。"土地流转"本书随后将详细说明，这里就只对"流转税"进行简单的解释，并通过"流转税"的解释来进一步增加对"流转"的理解。

流转税（commodity turnover tax；goods turnover tax）也称流通税，指对商品流通环节的一类税收。在中国，流转税包括四大税种：增值税、消费税、营业税和关税。

从"流转税"的解释中可以看出，中国对"流转"的理解，大体上就是指商品的流通周转。

1.1.3 "信托"概念释义

2001年4月28日《中华人民共和国信托法》（以下简称《信托法》）已由中华人民共和国第九届全国人民代表大会常务委员会第二十一次会议通过，

自 2001 年 10 月 1 日起施行。

《信托法》在第一部分——总则的第二条中对"信托"给出了明确的规定：

本法所称信托，是指委托人基于对受托人的信任，将其财产权委托给受托人，由受托人按委托人的意愿以自己的名义，为受益人的利益或者特定目的，进行管理或者处分的行为。

信托的两大基本要素是信托主体和信托客体。

（1）信托主体

信托主体就是信托关系的当事人。根据信托法就可以看出，信托主体包括委托人、受托人和受益人这三个信托主体。委托人是信托的发起人，受托人是信托的实施者，受益人是信托利益的接受者。

《信托法》在第四部分——信托当事人的第一节——委托人中对"委托人"给出了明确的规定：

委托人应当是具有完全民事行为能力的自然人、法人或者依法成立的其他组织。

《信托法》在第四部分——信托当事人的第二节——受托人中对"受托人"给出了明确的规定：

受托人应当是具有完全民事行为能力的自然人、法人。

受托人应当遵守信托文件的规定，为受益人的最大利益处理信托事务。受托人管理信托财产，必须恪尽职守，履行诚实、信用、谨慎、有效管理的义务。

受托人除依照本法规定取得报酬外，不得利用信托财产为自己谋取利益。受托人违反前款规定，利用信托财产为自己谋取利益的，所得利益归入信托财产。

受托人不得将其固有财产与信托财产进行交易或者将不同委托人的信托财产进行相互交易，但信托文件另有规定或者经委托人或者受益人同意，并以公平的市场价格进行交易的除外。受托人违反前款规定，造成信托财产损失的，应当承担赔偿责任。

《信托法》在第四部分——信托当事人的第三节——受益人中对"受益人"给出了明确的规定：

受益人是在信托中享有信托受益权的人。受益人可以是自然人、法人或者依法成立的其他组织。

委托人可以是受益人，也可以是同一信托的唯一受益人。

受托人可以是受益人，但不得是同一信托的唯一受益人。

信托法同时对信托三大当事人的权利义务关系进行了法律界定。

（2）信托客体

信托客体就是信托的载体，即信托财产。《信托法》在第三部分——信托财产中对"信托财产"给出了明确的规定：

受托人因承诺信托而取得的财产是信托财产。受托人因信托财产的管理运用、处分或者其他情形而取得的财产，也归入信托财产。法律、行政法规禁止流通的财产，不得作为信托财产。

信托财产与委托人未设立信托的其他财产相区别。

信托财产与属于受托人所有的财产（以下简称固有财产）相区别，不得归入受托人的固有财产或者成为固有财产的一部分。

按照信托财产的类型，信托可以分为资金信托（以现金作为信托财产）、证券信托（以各种有价证券，包括债券、股票作为信托财产）、动产信托（以动产，主要是大型设备作为信托财产）、不动产信托（以不动产，主要是土地、房产作为信托财产）和债权信托（以委托人难以或无暇收回的大金额债权作为信托财产）等类型。

1.1.4　"土地流转"概念释义

"土地流转"是"土地"和"流转"两个基本概念的合成概念。

在前文关于"流转"的简单定义可以看出，能够"流转"只能是商品及其派生出来的货币或服务。

因此，"土地"要"流转"的前提是土地必须是商品。

然而，在中国（大陆），土地并不是严格意义的商品，因此，在严格意义上讲，中国（大陆）不可能有"土地流转"。

不过，中国法律做了必要的变通，使得"土地"得以在中国（大陆）"流转"。

2002年8月29日，中华人民共和国第九届全国人民代表大会常务委员会第二十九次会议通过了《中华人民共和国农村土地承包法》（简称《承包法》），在这部《承包法》中，首次将"土地"与"流转"这两个基本概念结合了起来。

这部《承包法》第一章——总则的第十条规定：

国家保护承包方依法、自愿、有偿地进行土地承包经营权流转。

根据这部承包法可以看出，在中国（大陆），"土地流转"实际上是"土地承包经营权流转"。

由于现阶段，在中国（大陆），土地承包经营权只能限于农村土地，因此，"土地流转"更准确的含义是"农村土地承包经营权流转"。

这部《承包法》第一章——总则的第二条，对农村土地给出了明确的规定：

本法所称农村土地，是指农民集体所有和国家所有依法由农民集体使用的耕地、林地、草地，以及其他依法用于农业的土地。

1.1.5 "土地信托"概念释义

"土地信托"是"土地"和"信托"两个基本概念的合成概念。从前文关于"信托"的分析可以看出，"土地信托"属于不动产信托的一种。从信托要素的视角看，"土地"要"信托"的前提是，土地必须是财产。如果"土地"成为财产，那么"土地"也可以进行"信托"。

从理论上讲，一旦"土地"作为"财产"进行"信托"，其权利关系必然发生流动转移，也就是必然要发生"流转"。因此，从理论上讲，"土地信托"必然伴随着"土地流转"的"土地信托"。从这个意义讲，"土地信托"和"土地流转信托"是同义语。

不过，"土地信托"和"土地流转信托"成为同义语的前提条件是，土地必须是商品、土地必须是财产。在土地私有制的国家，如美国、日本等，国民拥有土地的所有权，他们拥有所有权的土地属于他们的私人财产，他们可以自由买卖土地，也可以将其土地进行信托。在这些国家，并没有"土地流转信托"的概念，只有"土地信托"。

由于中国（大陆）法律不允许土地买卖，因此，也就没有严格意义上的"土地信托"。

不过，《承包法》第二章——家庭承包的第五节——土地承包经营权的流转的第三十二条规定：

通过家庭承包取得的土地承包经营权可以依法采取转包、出租、互换、转让或者其他方式流转。

虽然《承包法》没有提及信托，但给信托留下了空间。因此，虽然中国（大陆）没有严格意义的"土地信托"，但可以有"农村土地承包经营权以信托方式进行的流转"。这是具有中国特色的"土地信托"。

1.1.6　"流转信托"概念释义

从理论上讲，将"流转"与"信托"这两个基本概念合成在一起，可以创造出"流转信托"。不过，如果在中文最大的搜索网站——百度网站将"流转信托"作为检索词进行查找，几乎找到的都是"土地流转信托"。可以这么说，如果不是有了"土地流转信托"这个说法，"流转"和"信托"这两个中文词汇很难连在一起。

1.2　本书主题概念释义

通过上述分析，可以揭示出本书核心概念——土地流转信托的含义。在此基础上，就可以概括出本书主题概念——土地流转信托产品设计的含义。当然，还有一个中间概念——土地流转信托产品。

1.2.1　"土地流转信托"概念释义

根据《承包法》第二章第三十二条的规定，我们可以给出"土地流转信托"的定义。

所谓土地流转信托，就是以信托方式进行的农村土地承包经营权的流转。从这个意义讲，更为准确的说法应该是"土地流转信托"而非"土地流转信托"。

由于是以信托方式实现的流转，因此，在条件成熟时，应该将信托纳入《承包法》第三十二条中，将其法律条文修改为：

通过家庭承包取得的土地承包经营权可以依法采取转包、出租、互换、转让、信托或者其他方式流转。

如果上述法律条文得到预期修改，则信托就是流转的一种法定类型，在表述时就不再加上流转字样。这样的话，"以信托方式进行的农村土地承包经营权的流转"就可以直接简化为"农村土地承包经营权信托"，最后可以再简化为"土地信托"。

1.2.2 "土地流转信托产品"概念释义

在理解了"土地流转信托"这一核心概念之后，再补充"信托产品"这一概念，就可以理解"土地流转信托产品"这一概念了。

信托产品是金融理财产品的一种。要理解信托产品，需要先理解金融理财产品。所谓金融理财产品就是金融机构自行设计产品合约并发行，在市场上筹集资金，将募集到的资金按产品合约在市场上购买相关金融产品，如购买股票、债券等进行投资，在获取投资收益后，根据合同约定分配给投资人的金融服务产品。以此类推，信托产品就是信托投资公司自行设计产品合约，通过信托募集资金，然后用这些资金进行金融投资，将投资收益按约定分配给受益人的信托服务产品。

将"土地流转信托"和"信托产品"两个概念合成，就可以得到"土地流转信托产品"的定义。所谓"土地流转信托产品"，就是信托投资公司自行设计产品合约，通过信托方式获得农村土地承包经营权的经营管理权，然后对其获得经营管理权的农村土地进行投资开发，在投资开发获得收益后，将投资开发收益按产品合约分配给拥有承包经营权的委托人的一种信托服务。

1.2.3 "土地流转信托产品设计"概念释义

在理解了"土地流转信托产品"这一核心概念之后，再补充"产品设计"这一概念，就可以理解"土地流转信托产品设计"这一概念。

"产品设计"是指一个企业根据消费者的潜在需求，将其创造为一个或一类新的可以生产出来并在市场上交换的具体产品的过程。一项成功的产品设计，必须要满足两项要求，即社会发展要求和经济效益要求。

社会发展要求。设计新产品，必须以满足社会需要为前提。此处所讲的社会需要，并不是仅指当下的社会需要，而是一个着眼于更长久的社会需要。需要特别提及的是，国家是社会的代表，国家以法律方式将社会发展规范化。因此，设计新产品，必须要遵守国家相关法律、规章。国家还可能对特殊类型的商品制定明确的规范、标准。设计新产品必须要遵守这些规范、标准。

经济效益要求。设计新产品肯定是为了获得经济效益。这里的经济效益，既指设计方的经济效益，也指需求方的经济效益。虽然，设计方设计新产品只是为了自己获得最大的经济效益，但这必须以充分满足需求方的经济效益为前提，只有让产品的潜在需求方获得其预期的经济效益，市场才能被打开，设计方的最大经济效益才能得以实现。

不断变化的需求，以获得更好的经济效益。好的设计可以解决顾客所关心的各种问题，如产品功能如何、手感如何、是否容易装配、能否重复利用、产品质量如何等；同时，好的设计可以节约能源和原材料、提高劳动生产率、降低成本等。所以，在设计产品结构时，一方面要考虑产品的功能、质量；另一方面要顾及原料和制造成本的经济性；同时，还要考虑产品是否具有投入批量生产的可能性。

将"土地流转信托产品"和"产品设计"两个概念合成，就可以得到"土地流转信托产品设计"的定义。所谓"土地流转信托产品设计"，就是信托投资公司根据广大农民即农村土地承包者的各自潜在流转需求，通过合理设计，向广大农民推出并被其接受，且可以促进其承包经营的农村土地价值得以最大程度提升的信托产品的过程。通过土地流转信托产品设计，不仅符合国家农村土地各项政策，还能推动中国农村社会经济发展，同时也提高了广大农民的土地收益。

上篇　经验借鉴

美、日怎么做？
咱们去看看！

2　美国土地流转信托产品及其背景分析

　　土地流转信托是市场经济条件下盘活土地资源的重要方式。美国是世界上市场经济最发达的国家，其基于市场经济所发展起来的土地流转信托积累了丰富的经验。

　　本章将对美国土地流转信托产品及其背景进行全面分析。

2.1　美国土地流转信托产品分析

2.1.1　美国土地流转特点分析

　　分析美国土地流转信托产品，需要先分析一下美国土地流转的特点。

　　美国的农村土地有三种所有形式：私人土地、州政府土地和联邦政府土地。

　　美国和我国一样幅员辽阔、资源丰富，其国土面积约为937.26万平方公里。从美国主要地形区构成来看，起伏和缓，土层深厚，平原面积分布最广。中部平原，加上大西洋、墨西哥湾沿岸平原和加州谷底等，约占国土面积的1/2。平原广阔的土地构成特点，结合比较优越的水势条件，使大部分地区适宜农业发展。美国耕地面积多达1.9亿公顷（折合为28亿多亩），占国土总面积的1/5以上，占世界耕地总面积的13%。美国耕地分布集中，质量也比较好，约有70%以上的耕地面积集中在大平原和内陆低原。同时，耕地的后备潜力也非常巨大，有相当数量的草地、放牧地和沼泽地可以用来开垦耕作。

美国的天然草原面积达到 2.4 亿公顷（折合为 36 亿亩），占全国国土总面积的 26%，居世界第三位，加上多达 3.7 亿亩主要分布于东部的人工草地，为畜牧业的发展提供了巨大的空间。而自然条件差、不宜于农牧业利用的沙漠，石质裸露的山地、冻土寒漠、永久积雪区和冰川仅仅占到了全国国土面积的 13%，而且多数分布于西部山区和阿拉斯加州。

美国实行公私兼有的多元化土地所有制，包括私人土地、联邦政府土地、州政府土地三种形式。其中私人土地占美国国土面积的 58%，主要分布在东部和中部；联邦政府土地占 32%，主要分布在西部地区；州政府土地占 10%。

美国的土地流转方式主要有两种：①出售国有土地。美国先后出台了《土地先购权法》、《宅地法》等一系列法案，鼓励拓荒和开发，既满足了移民的土地要求，也为土地进一步集中提供了条件。②市场交易。凡是要使用不属于自己土地的政府或个人，都要通过购买或租赁方式获得。如联邦政府为了国家和社会公益事业兴建铁路、公路及其他基础设施，需要占用州属公有土地或私人土地，就必须通过购买、交换或捐赠来获得各种土地上的权益。美国的农地流转，大多是农地使用权和经营权的有偿转让。农地转让的主体一般由政府与家庭农场主通过签订经济契约来实现。

农地流转的主要目标在于扩大农场规模、优化组合生产要素以及运用先进的科技与管理经验。"土地信托"是美国土地所有权的一项保护政策。自愿性团体通过向农民购买发展权的方式保证农地农用，它们与私有土地主们在保护土地方面做出了巨大的努力。美国信用社每天都买进各类土地，现在已经成功地保护了 500 万英亩土地。同样，自然保护基金也保护了 1200 英亩土地。

美国土地产权边界明晰，土地所有者有土地收益分配和处分的权利，在土地流转、租赁、抵押、继承等方面具备完全不受干扰和侵犯的权利，他们只缴纳按国家和地方政府规定的土地税、农产品销售所得税、房产税；美国法律规定征税者必须为纳税人提供良好的服务。家庭农场不仅是美国农村土地经营制度运行的主要载体和基本单位，而且也构成了美国农村土地经营制度的主要运行基础。美国农场的发展趋势是农场数量的减少和经营规模的扩大。政府采用各种经济手段和各种政策优惠，鼓励家庭农场扩大经营规模。

1950 年，美国农场总数是 565 万个，拥有农业土地（包括耕地、牧场和饲草用地，下同）4.86 亿公顷（72.9 亿亩，约占美国全部土地面积的 50%），平均每个农场拥有土地 86 公顷（约合 1300 亩）。到 1998 年农场总数下降为 219 万个，拥有土地 3.86 亿公顷（57.9 亿亩），平均每个农场拥有土地 176 公顷（约合 2600 亩）。在近半个世纪的时间里，美国农场的总数减少了约 61%，但美国农场的平均规模却扩大了一倍还多。不过，进入 21 世纪以来，美国农场数量已趋于稳定。这表明，美国农场的规模已经大体达到了现有农业生产条件下的最佳生产经营规模。

美国作为一个现代化的农业国家，农地流转有以下特点：

（1）适度的经营规模

在现代农地经营中，要取得好的经济效益，必须有一个适度的规模. 土地流转的主要目的和结果都是扩大土地规模经营，而且这种扩大都是基于经济发展、农业技术进步、农村劳动力转入非农产业的城市化推动作用。

（2）农地制度立法和政府的行政干预相结合

土地私有权在一定条件下可能会成为土地流转的障碍，但土地是稀缺资源，不能把土地交给市场。美国虽然是以小农户经营为主的土地私有制国家，但并没有完全依靠市场实现土地流转，而是通过市场与国家立法和政府行政干预相结合的方式，保证土地合理的流动。通过立法，科学地界定农地的所有权、使用权，确立土地流转管理监督部门的法律主体地位和职责，明确双方的权利和义务，规定违约的法律责任，规范流转的程序和形式。从美国各级政府所扮演的角色来看，美国农地保护主要由地方政府负责，包括保护政策的制定和执行等。在干预土地流转方面，更多的是采用间接的手段，通过影响农地流转过程中各经济利益主体的收益或损失实现控制农地流转的方式。

（3）充分发挥作为农民代言人——农民组织的作用，保护农民正当权益

农民组织不仅是科学技术进入农村和农民头脑的有效载体，也是农民权益的维护者。农民的农业经营活动主要依靠农民合作社来完成，这是美国乃至世界其他主要发达国家的重要经验。农民组织向农民提供生产资料购买、信贷、技术经营指导，有效地保护了农民的利益。农民组织主导发展包括金融保险在内的农村经济，还利用联合的力量，为农民提供及时、周到、高效的服务。美国农场的组织是农场销售合作社，合作社完全由美国各个农场主

自发联办，不依托政府，使分散的农场主联合直接与市场相联结。美国农场销售合作社在向美国农场主推广农业科技、引进先进农业技术、培训农场主技能、维护农场主权益等方面发挥着不可替代的作用。在现代化进程中，即使在美国，农场主也始终是一个弱势群体，建立维护农场主合法权益的组织，不仅可以加速农业现代化的进程，而且可以帮助农场主积极应对现代化的挑战。

2.1.2　美国土地流转信托产品模式分析

美国土地流转信托事业发展迅速，已经形成一个比较成熟的体系。美国土地流转信托产品按发展模式来看，主要有三种常见模式：①土地保护信托产品模式；②社区土地流转信托产品模式；③土地开发融资型土地流转信托产品模式。

2.1.2.1　美国土地保护信托产品模式分析

美国土地保护信托产品模式见图2.1。

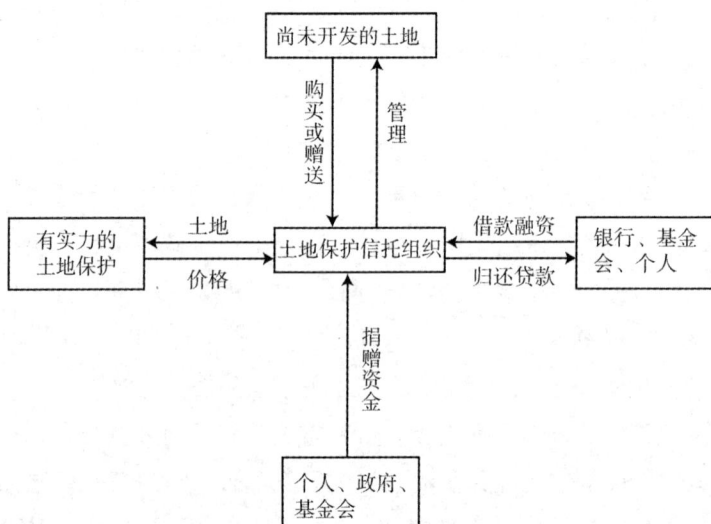

图2.1　美国土地保护信托产品模式

在美国，推行土地保护信托产品模式的目的在于保护美国各地还没有被开发利用的土地以及这些土地之上的生态环境和自然资源。美国各级政府或各种民间土地信托保护组织（非营利性），通过购买或管理经营农田、溪流湿地、风景游憩地、历史遗产、原始森林等土地，使它们保持原来的生态状态或者在不破坏生态环境的前提下进行合理的开发经营。这种模式基本上适用于美国各地的土地流转，在这种模式下，被保护的土地始终处于较好的生态状态。

土地信托保护组织是非营利性的政府组织或者民间组织，其成立的主要目的就是有效地保护土地。一些规模大的土地信托保护组织可以制定关于土地信托保护的条目，用来宣传、引导公众，使公众具备更好的土地保护意识和知识，带动公众参与到土地保护中去。另外，这些土地保护信托组织的技术人员可以制订专业的土地保护计划和方案，也可以将土地保护的责任委托给当地政府或其他土地保护热衷者。

在这种土地保护信托产品模式下，土地信托保护组织主要用两种方式保护土地：①土地信托保护组织收购需要保护的未开发土地。土地信托保护组织要保护的土地中约2/3的土地是其购买所得，个人捐赠资金是其资金的主要来源，政府或社会也会捐赠一些资金给土地信托保护组织，另外土地信托保护组织可以贷款筹措收购资金，贷款对象可以是银行和金融机构，筹集足够的资金后，土地信托保护组织就开始收购需要保护的未开发土地。②土地保护信托组织接受未开发土地的赠与。热衷土地保护的人或者没有适当继承者的人，为了使自己的土地能够很好地延续，基于对土地的关心热爱之情，将自己拥有的土地委托土地保护信托组织，让其采用更好的经营管理手段来保护土地。土地保护信托组织对土地并不拥有所有权，但是其有权利和义务监督土地的使用和管理，以保证土地没有被破坏。

美国两个最知名的土地信托保护组织分别是：①公用土地信托（The Trust for Public Land, TPL)[1]；②土地信托联盟（Land Trust Alliance, LTA)[2]。

2.1.2.2 美国社区土地流转信托产品模式

社区土地流转信托产品模式是美国社区发展中比较常见的一种模式，见

---

[1] 美国公用土地信托组织的主页：http://www.tpl.org/.

[2] 美国土地信托联盟的主页：http://www.landtrustalliance.org/.

图 2.2。通过这种土地流转信托模式，美国社区土地流转信托机构（Community Land Trust，CLTs）降低了住房价格，使低收入者也能够拥有住房。社区土地信托主要包括三类发起者：①社区居民；②非营利组织；③政府。

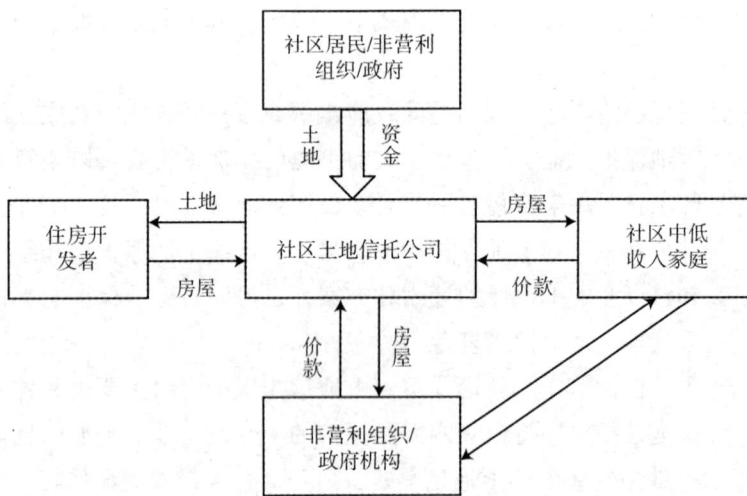

图 2.2 美国社区土地流转信托产品模式

美国社区土地流转信托机构主要负责资金的募集，土地或住房的购买，房屋的建造或改造，房屋的出售等基本管理。这些机构不但向低收入家庭提供房屋，而且还向社区居民提供相关服务（如教育、培训、工作岗位等），以此来促进社区的不断发展。

在通常情况下，美国社区土地流转信托机构的组成结构是三三制，即董事会由各占 1/3 的三部分组成，每一部分都是特定的利益相关者。第一部分是土地信托机构进行信托管理的土地承租人，第二部分是这些机构所涉及社区的非土地承租人居民，第三部分是政府相关机构与相关的非营利性社会服务组织。这种董事会构成，大体上照顾到了美国社区土地流转信托机构所涉及的大部分相关利益者。

美国的社区土地流转信托机构主要是通过土地市场收购土地，同时，也接受来自政府和个人所捐赠的土地。收购土地时，美国社区土地流转信托机构通常会以协商的方式，以低于正常市场价格的收购价格买到土地，同时把差价作为土地卖方的一种捐赠。美国社区土地流转信托机构也并不局限于一个项目或一个社区，而是根据其所持有土地的情况，向社会提供住房。随着获取的土地数量持续增加，美国社区土地流转信托机构扩大了对美国社会的住房供应。对于这些土地流转信托机构来说，捐赠而来的资产（土地或资金）都归为该机构的信托财产。这些通过捐赠的机构或个人，就是信托机构的委托人，而信托机构就是被捐赠财产的受托人。

美国社区土地流转信托机构坚持非营利性模式，它们可以自己组织项目开发，也可以委托其他机构（无论是营利性机构还是非营利性机构）进行住房项目的开发。这些被开发出来的住房项目的受益人就是符合购房条件的低收入家庭。

从本质上看，美国社区土地流转信托是一种涉及房地产开发的公益信托，这种信托在一定程度上解决了美国广大低收入家庭的住房问题。根据美国2006年的官方统计，该年美国共四十个州拥有共186个社区土地流转信托机构。不过，相对于美国其他住房保障形式来说，美国并没有大范围地推广这种模式。由于这种模式的公益性，以及其一定程度的有效性，世界其他一些国家也开始尝试或推广社区土地流转信托形式，例如，加拿大就应用这种土地流转信托形式成功解决了在加拿大合作住房模式中存在的一些问题。英国的牛津、斯特劳德和德文郡也采用这种模式进行了试点。

研究表明，美国土地流转的主要形式不是买卖所有权，而主要是租赁（买卖使用权），土地租赁占重要地位。

2.1.2.3　美国土地开发融资型土地流转信托产品模式

从图2.3可以看出，美国土地开发融资型土地流转信托产品模式作为一种新兴的土地流转信托产品，其涉及三个利益主体。第一个利益主体是土地开发者，第二、三个利益主体分别是委托人和投资人。土地开发者购买一块未开发的土地（一般是生地）而获得该块土地的所有权，成为该块土地的买受人，具备了该块土地的开发权限。为了获得开发该块土地所需的巨额资金，土地开发者可以作为该块土地的委托人，通过信托方式，将该块土地作为信托财产委托给受托人，即土地信托投资机构。按照美国相关法律规定以及双方信托合同的约定，作为受托人的土地信托投资机构向委托人提供了土地信托的受益凭证。委托人可以在资本市场上寻找投资人并通过向投资人出售受

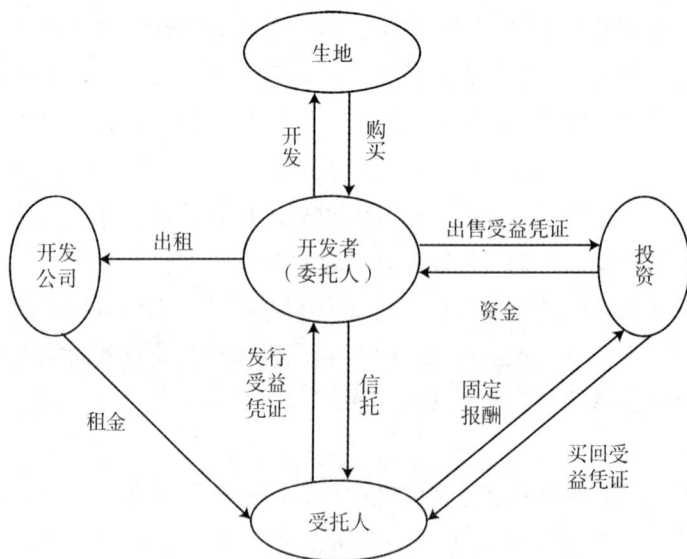

图 2.3 美国土地开发融资型土地流转信托产品模式

益凭证获得所需的巨额土地开发资金。而投资人则凭借这份受益凭证，获得了该块信托土地的受益权，成为信托土地的受益人。在这种信托关系中，受益凭证是可以转让的，具有很强的流动性。这对于吸引投资人是非常重要的。在获得土地开发资金后，土地开发者可以自行进行该块土地开发，也可以将该块土地租赁给专业的土地开发公司进行开发。土地开发者或专业土地开发公司通过土地开发获取收益后向土地信托公司缴纳土地租金，而土地信托投资公司则从土地租金中支付固定报酬给投资者，也就是土地信托的受益凭证持有人，同时用剩余的土地租金向其买回土地信托的受益凭证。当该块土地信托关系终止时，土地信托投资公司将土地所有权归还给土地开发者，这样开发者就重新获得了该块土地的所有权而成为该块土地的所有者。

2.1.3 美国土地流转信托产品模式经典案例——"门郡信托"案例分析

美国门郡（Door County），坐落在美国五大湖之一的密歇根湖（Lake Michigan）一座有 75 英里长且被湖水环绕的半岛上，在行政上隶属于美国中西部大平原地区的威斯康新州（Wisconsin）。由于密歇根湖是威斯康新州非常宝贵的自然资源，湖沿岸各地都高度重视对湖岸土地的保护。门郡就是其中的典型代表。

美国门郡的土地信托机构成立于 1986 年，迄今已经成功保护了超过4000 英亩（超过 1600 万平方米，或者是超过 24000 亩）的密歇根湖沿岸土地，特别是农业土地，对当地的土地保护做出了突出的贡献。

门郡土地信托成功的关键在于基本建立了门郡半岛的土地与会员的责任制。这包括四个方面的内容：①以资金和地役权相结合的方式设立土地信托。②土地管理均由志愿者来负责，当然，这是美国社会志愿者负责制已经比较成熟的结果。③合理保护生态系统，对濒危的植物进行合理移植。④采取各种措施提高当地公众的环境保护意识，使公众认识到这个地方是一个独立的生态系统，进行土地保护十分重要。

为了做好土地保护，各门郡建立了两个十分重要的机构：①门郡工作联盟（Door County Working Alliance）。②门郡自然资源保护协会（Door County Natural Resources Defense Council）。这两个机构都是合作性质的非营利组织。

2.2　美国土地流转信托产品经济、金融环境分析

在经济金融环境中，经济环境是基本环境，金融环境是直接环境。关于美国土地流转信托产品经济金融环境的分析，先从经济环境分析入手。

2.2.1　美国土地流转信托产品经济环境分析

2.2.1.1　美国土地流转信托产品宏观发展环境分析

关于美国土地流转信托产品经济环境的分析，首先需要分析美国的宏观发展环境。

社会经济体制是宏观发展环境的基础。分析美国土地流转信托产品宏观发展环境，要从分析美国社会经济体制入手。

（1）美国社会经济体制分析

美国经济体制不仅是世界上最发达的市场经济体制，而且也是兼有市场经济和计划经济的混合经济体制。在美国经济体制中，个人、企业和私营机构是主要的微观经济决策主体。各级政府在国内经济生活中的角色相对比较次要，各级政府所控制的经济总和只占 GDP 的 1/3。在主要发达国家中，美国的社会福利网络相对较小，政府对商业的管制程度比较低。

（2）美国经济发展阶段分析

目前美国处于"新经济"发展的时期。在这个发展阶段中，信息、软件、娱乐等产业迅速发展。第一产业和第二产业占国民经济的比例越来越小。

美国是当今世界上最大的经济体，2013 年国内生产总值（GDP）为 16.8 万亿美元，约占世界经济的 1/4，人均 GDP（2013 年）为 54609 美元。在美国 GDP 中，第三产业比例自 2011 年起就超过 80%。

（3）美国宏观调控体系分析

2008 年金融危机爆发之后，美国消费者和企业的信心迅速下降，经济衰退进一步加剧。面对经济衰退，美国政府采取了大量措施来恢复市场需求，稳定金融市场，提供就业。美国实际 GDP 在 2009 年下半年出现正增长，增长的来源主要有个人消费支出、私人存货投资、非居民固定投资、联邦政府支出和出口等要素的增加，但同时居民固定投资有所下降，进口开始增加。

美国宏观调控体系主要由财政政策与货币政策组成。

1）美国财政政策及其在宏观调控中的应用分析。

美国的联邦政府财政政策主要由美国财政部起草，总统府的管理与预算办公室（Office of Management and Budget，OMB）也参与制定预算、税收和财政等政策。美国运用财政政策进行宏观调控主要有如下五项经验：①主要运用税收手段进行调节。每当经济萧条时，为了刺激经济发展，美国政府就实施减税政策，减税的手段包括降低税率和缩小税基（如提高起征点、增加免税额等）。在里根执政的 20 世纪 80 年代，为了刺激经济发展，实施了大幅度减税措施；小布什执政以来，先后在 2001 年和 2003 年两次提出了以减税为核心的经济刺激计划，按照该计划，美国 10 年内的减税总额高达 15000 亿美元。每当经济增长过快出现过热苗头时，为了抑制经济过热或减少财政赤字，美国联邦政府就实施以增税作为主要手段的积极财政政策，增税的手段包括提高税率或扩大税基（如降低税收起征点、减少或取消免税额）。在 1993～2000 年的克林顿执政时期，为减少政府财政赤字，保证美国经济长期稳定增长，曾将应纳税收入在 14 万美元以上的夫妻联合申报家庭（单身纳税人应税收入在 11.5 万美元以上）的边际税率从 31% 提高到 36%，同时规定应税收入超过 25 万美元以上的部分适用 39.6% 的最高边际税率。此外，为了支持某个产业发展，美国也会制定相应的税收优惠政策。但是，与其他国家不同的是，美国政府通常不用税收优惠来招商引资。②严格依法管理财政预算。美国的联邦财政预算由总统府的管理与预算办公室负责编制，报经国会批准。财政预算经国会批准后，财政部可根据经济情况进行微调，但是财政预算支出结构的任何调整都由国会决定，无权变更。③政府对发行国债持审慎态度。美国政府对发债很审慎，主要根据财政收支预期进行，每年 3 月公布政府的发债情况。美国决定发债是自动形成的，经济好时政府就少发债，经济不好时政府就多发债。不管政策制定者的意图如何，当政府财政紧张时，总统必然要求发债，国会只要求财政部为满足一定支出而融资，而不管采用什么手段。④财政政策长期发挥作用。在美国，不管是增税、减税还是调整预算收支的规模和结构，都要启动烦琐、严格的司法程序，还必须经国会审批。因此，美国财政政策是长期的供给型政策。⑤面向全球发行国债。美国多数年份都处于财政赤字状况，美国弥补财政赤字的主要手段就是面向全球发行国债。目前美国 40% 的国债由外国投资者购买，日本和中国是主要的购买国。面向世界发行国债，美国不仅弥补了巨额的财政赤字，还通过资本项目的盈余来弥补经常项目的逆差，保持国际收支的平衡，靠外国资本实现财政收支平衡和维持美元的世界霸主地位。

2）美国货币政策及其在宏观调控中的运用分析。

美国货币政策由美国中央银行——美国联邦储备委员会（简称"美联储"）独立制定和执行，美联储的决策机构是联邦公开市场委员会，它每年召开八次会议，研究通过货币政策调节需求，保持物价稳定。美国运用货币政策进行宏观调控主要有如下四项经验：①货币政策目标明确。虽然从理论上讲，美国货币政策目标有充分就业、稳定物价、促进经济增长、保持金融市场稳定四个方面。但在实际宏观调控中，美国货币政策的主要目标就是预防通货膨胀，保持价格稳定。②主要使用利率杠杆进行调节。美国主要的货币政策工具就是调息。经济过热就加息，经济疲软就减息。2001～2004年，美联储为了刺激经济尽快恢复增长，连续10次调低联邦基金利率，将其调至美国46年来的历史最低点1%。③建立灵敏、高效、完善的货币政策传导机制。美国的利率调节之所以有效，原因有两点：一是美国市场经济高度发达、市场机制健全有效，利率的升降直接影响到企业和个人的利益；二是美国信贷市场健全有效，金融机构向居民家庭发放了大量的消费信贷和住房抵押贷款。降低利率使居民和公司直接受益，还可以通过"借新还旧"维持高消费；提高利率导致居民和公司直接受损，消费需求马上下降。④实行信贷资产证券化。1968年美国推出了最早的抵押贷款债券。1983年又设计发行了抵押保证债券。1990年美国3万多亿美元未偿还的住宅抵押贷款中，50%以上实现了证券化。美国的巨额信贷资产，特别是住房抵押贷款的证券化，不仅打通了货币市场和资本市场，疏通了货币政策传导途径，还有效解决了银行"短存长贷"的矛盾，分散了房地产市场和银行信贷风险，维护了金融稳定。

3）美国财政政策与货币政策在宏观调控中协调配合分析。

美国注重两种政策的配合。两种宏观调控政策相比，财政政策具有实施作用大、速度快和预测性强等优点，但财政政策的决策时间比较长，必须经过立法和国会审批等程序，有时候其决策的时滞会使财政政策实施赶不上经济形势的变化；而货币政策则具有决策快、独立性强，受政治干扰小等优点，恰好可以弥补财政政策的不足。财政政策作用的主要对象是消费支出，特别是税收政策主要影响消费；而货币政策作用的主要对象则是资本支出，影响主要体现在投资方面。所以，只有财政政策与货币政策互相搭配、协调配合，才能取长补短，实现预期的宏观调控目标。美国的财政政策和货币政策配合比较好，两者既有分工又有合作。财政政策主要解决经济长期增长问题，货币政策主要调节短期经济波动。解决经济萧条问题，通常以财政减税政策为主；解决通货膨胀问题，通常以紧缩的货币政策为主。美国财政部、美联储和总统经济顾问委员会之间建立有协调机制，财政部长和美联储主席经常会面共商经济大计，财长提出货币政策建议很慎重，以使中央银行保持独立性；美联储尽管独立性很强，在决策时也要考虑对财政政策的影响。

美国财政政策与货币政策协调配合的方式有两种：①同向搭配，包括"双松"搭配和"双紧"搭配。②逆向搭配，包括"松紧"搭配（扩张性财政政策与紧缩性货币政策的配合）和"紧松"搭配（紧缩性财政政策与扩张性货币政策的搭配）。在美国宏观经济调控中，"松紧"搭配的政策是经常被采用的。

4）美国宏观调控政策对美国房地产的影响分析。

一直以来，美国管理当局和新闻舆论都鼓励美国居民购买自有住房，并将此作为"美国梦"的核心内容之一。在经济衰退后，美国房屋价格下降速度加快，房屋的价格变化对美国的土地流转同样有着许多影响，拥有土地的人们开始希望自己拥有的土地可以得以保值或者实现资本增值，对土地流转信托产品产生了大量的需求和发展的机遇。美国的土地产权边界明晰，土地所有者有土地收益分配和处分的权利，在土地流转、租赁、抵押、继承等方面具备完全不受干扰和侵犯的权利，他们只缴纳按联邦政府、州政府和地方政府规定的土地税、农产品销售所得税、房产税。美国法律明确规定，美国的各级征税者（各级政府）必须为美国的广大纳税人提供良好的服务，家庭农场不仅是美国农村土地经营制度运行的主要载体和基本单位，而且也构成了美国农村土地经营制度的主要运行基础，美国农场的发展趋势是农场数量的减少和经营规模的扩大，政府采用各种经济手段和各种政策优惠，鼓励家庭农场扩大经营规模。

从宏观经济环境及政府政策来看，美国土地流转信托具有发展的条件和动力，可以得到良好的发展以适应相应的需求。

2.2.1.2　美国土地流转信托产品微观发展环境分析

对于美国土地流转信托产品来说，其微观发展环境主要就是两大相关产业——农业和信托业。

（1）美国农业发展分析

美国农业的生产方式和生产力水平都处于世界最发达之列。

美国农业的基础都是家庭农场，即使是世界级的美国农业生产经营企业，也是以美国的家庭农场作为其运作的基础。

在市场开拓、科技进步、资源配置等多种因素的共同作用下，美国农业日益呈现出专业化、集中化的发展趋势，使各种农业生产要素迅速向优势家庭农场集中，美国家庭农场的兼并重组蔚然成风，这就导致美国家庭农场数量迅猛下降，而美国每户家庭农场的规模却迅猛扩大，从而极大地增强了美国家庭农场的实力和市场竞争力。

同时，由于美国非农产业，特别是第三产业的迅速发展，为那些已经不适合美国现代农业生产经营的农场主重新定位，转换职业，为进入城市提供了巨大的发展空间。

美国农业是当今世界生产规模最大、现代化水平最高的农业，美国的农产品产量、农业劳动生产率都高居世界前列。美国农业现代化主要体现在四个方面：①机械化，即美国农业已经完全采用现代化的农业机械完成全套的各种农业。②技术现代化，美国通过采用现代化学技术，特别是现代生物技术，改善与增加了美国的农作物品种，大幅度提高了美国农产品的单产水平。③管理现代化，美国农业已经成功地把美国非农产业先进的管理模式、管理方法引入到美国农业的全过程中，使美国农业形成了研发、订货、生产、加工、销售的一体化发展。

由于美国幅员辽阔，且历史短暂，人口主要是移民，所以，美国农业的发展条件是地多人少，在市场经济条件下，这必然造成农业劳动力短缺和劳动力价格的昂贵。美国曾采用贩卖黑奴的方式克服这一难题，但随着南北战争结束，奴隶制在美国成为非法。在难以找到廉价农业劳动力的压力之下，美国农场主不得不想方设法推进农业机械化。这是美国农业现代化的发轫。在机械化革命之后，美国农业又先后完成了化学革命、生物学革命以及管理革命、产业化革命。

在第二次世界大战之后，美国农业现代化进入更高的阶段，这表现在如下三个方面：

1）机械化水平进一步提高。

目前，美国农业机械数量增长缓慢，渐趋稳定。不过，虽然美国农业机械的数量增长停滞，某些类型的农业机械的数量甚至还有所下降，但是美国农业生产加工机械的质量和性能却大大提高了。在原来一些难以实施机械化的农业生产领域，如马铃薯、甜菜、西红柿及葡萄等的采收环节，也都实现了机械化。除了种植业，美国的畜禽饲养实现了自动化和工厂化。目前，美国农业正呈现出农业机械与计算机、卫星遥感等技术相结合，向高度自动化和精确化方向发展的特征。

2）农业化学化更加合理。

目前，美国农业化肥和农药的使用量呈现稳步减少的趋势，这不仅取决于美国化肥、农药有效成分日益提升，也取决于化肥、农药的单位投入边际报酬递减规律。当然，也不排除日益高涨的环境保护运动，迫使美国农场主不得不减少可能导致环境破坏的农业化学品的使用量。

3）实现了农业的经营集约化、产业化、生产专业化和服务社会化。

美国现在的农场大都成为大规模的机械化农场。机械化技术、资金密集型经营已经成为主要的经营方式。而且，在农业发展过程中，行业分工越来越细，产业化程度越来越高，而且农场规模的扩大也促进了专业化程度的提高。

（2）美国信托业发展分析

美国信托业发展历史悠久，早在1822年，美国就成立了纽约农业火险放款公司，后更名为农民放款信托投资公司，这是世界上第一家真正意义的信托投资公司。

"二战"至今，美国信托业基本上已被本国商业银行尤其是大商业银行所垄断，由商业银行信托部兼营。自从银行从事信托业务以后，美国信托业由原来的信托兼营银行业务，发展为目前商业银行兼营信托业务的格局。据统计，全美约有420多家银行兼营信托业务，信托业务已成为美国商业银行业务的一个重要组成部分。

从美国信托业的发展过程来看，美国的专业信托投资公司不多，信托公司与银行拥有同等的地位。美国是世界上证券业最发达的国家，而美国却不允许商业银行经营证券的买卖及在公司中参股，这就造成了商业银行为此而设立证券信托部代为经营，这也是美国信托制度发达的主要原因之一。

美国信托业具有如下四个特点：

1）信托业务与银行业务分别管理。

美国法律允许信托公司与银行相互兼营业务，但有关法律又规定，信托业务与银行业务在银行内部必须严格按照部门职责进行分工，实行分别管理，分别核算信托投资收益实绩分红的原则。同时，还禁止参加银行工作的人员担任受托人或共同受托人，以防止信托当事人违法行为的发生。

2）普遍开展有价证券业务。

这是美国金融信托业务发展中的一个显著特点。在美国，几乎各种信托机构都办理证券信托业务，既为证券发行人服务，也为证券购买人或持有人服务。特别是商务管理信托，代理股东执行股东的职能，并在董事会中占有董事的地位，从而参与控制企业。美国信托公司的信托资产有一半多用于股票和债券业务。

3）个人信托与法人信托相互交替。

美国的个人信托业与法人信托业发展都很迅速，并随着经济形势的变化而交替出现。遇到经济发展不景气时，个人信托会迅速超过法人信托办理的业务量；如果遇到经济回升，法人信托又会超过个人信托的业务量。因此，从个人信托与法人信托业务的起伏变化，可以大致了解美国经济形势的变化情况。

4）严格管理信托从业人员。

美国十分重视企业的管理。从信托业务的特性出发，他们对信托从业人员制定了严格的规则和注意事项，其包括四点：①禁止从业人员向银行客户购买或出售信托资产。②禁止从业人员向顾客收受礼物或参与信托账户收入的分配。③禁止从业人员谈论或泄露信托业务以及有关顾客的情况。④任何一个参加银行工作的人员，不能担任受托人或共同受托人，以避免同银行进行业务上的竞争。

2.2.1.3 美国土地流转信托产品人才环境分析

美国经济实力强大的原因主要是国家重视科技教育，大力开发人力资源，注重人力资本的有效运作。

美国土地流转信托产品人才环境包括五个方面的内容：

（1）政府对教育的投入机制

美国各级政府，特别是联邦政府高度重视对教育，特别是义务教育的投入。早在1850年美国就公布了《义务教育法》，在1865年南北战争结束后，许多州开始成立公立初中与高中，州立大学与农学院等也发展很快。1994年美国居民中受过大学教育的比例就已达到46.5%，高于西方所有国家。可以这么说，美国的繁荣与发展，得益于美国各级政府大力投入而造就的义务教育的普及。

（2）教育、科研、经济一体化机制

美国充分认识到将教育、科研与经济进行有机结合的重要性，并采取了各种政策和措施促成教育、科研、经济一体化机制的形成与运行。美国各个大学允许教授在外兼职，也允许他们利用学校的科研条件进行面向社会的研究，并分享科研成果的利润。这种政策措施，为美国科研成果迅速转换为生产力提供了良好的环境。

（3）以学习型组织为依托，注重员工的继续教育与培训

美国一些著名企业调查统计分析后发现，对员工培训将产生巨大的经济效益。在20世纪末21世纪初，有相关调查分析显示每投入1美元对企业员工进行培训，将收到50美元的经济效益。因此，无论是美国政府，还是美国各大企业都非常注重员工的职业培训。近些年，培训作为非正规教育的人力资本投资非常普遍。美国现有97%的企业为其员工制订培训计划。20世纪80年代，美国工商企业每年用于培训在职职工的经费达2100亿美元，到20世纪90年代中期，这一经费已达6000亿美元。1981～1994年，美国100家最大的工业企业用于培训管理和科研人员的经费平均增长20%。

（4）完善的人力资源市场机制

美国的人力资源市场非常发达，为了在劳动力供求方之间建立有效的联系，美国成立了许多类型的政府和民间就业辅导机构。有的除了帮助寻找工作之外，还对符合条件的低收入者提供就业资助。

（5）全方位的人力资源评估及素质测评体系

美国已经形成了全方位的人力资源评估与素质测评体系。在联邦政府层面，由美国联邦政府成立了专门的机构——美国联邦人事管理处（U. S. Office of Personnel Management，OPM）负责面向全国的人力资源管理。其下属的执法评估处负责对美国联邦政府各机关的人力资源结构、人力资源素质、人力资源运用及人力资源发展等做出客观评价，提出改进意见，作为合理配置人员、制定人事政策和健全人事法规的参考。1986年10月，美国颁布了《美国联邦人事管理手册》（Federal Personnel Management Manual），提出联邦人力资源评估的目的、目标，规定了机关内部的评估活动。美国各州政府，以及更下级的地方政府，均以此为蓝本设置了相应的面向本州、本地区的人力资源管理机构，并实施相应的人力资源评估与素质测评工作。美国各大企业

也纷纷建立了各自的人力资源评估与素质测评体系。此外，美国也有独立的第三方人力资源评估与素质测评专业机构。

2.2.2 美国土地流转信托产品金融环境分析

2.2.2.1 美国农村土地金融体系分析

美国针对土地流转建立了相对完善的金融体系。美国农村土地金融体系建立于 20 世纪初期。当时，由于机械化、化学化，美国农产品产量大幅度提高，结果导致农产品数量严重过剩，在市场经济条件下，必然造成严重的供过于求，而导致美国农业陷入生产过剩的危机中。美国农业生产过剩危机，不仅爆发频率越来越快，而且持续时间也越来越长，对农业发展的破坏性越来越大。这迫使美国联邦政府不得不采取必要的措施来应对这种局面。1916年，美国联邦政府正式成立了美国联邦土地银行（Federal Land Bank），并将其作为美国农村土地金融体系的核心机构。美国联邦土地银行是由美国政府通过在资本市场上购买土地银行股票的形式扶持建立的，其目的就在于高效地利用农户所拥有的土地资源开展资金融通活动，为农业生产及其相关领域提供长期的信贷资金支持与金融服务。基于土地流转的信托产品也包括于该农村土地金融体系内，该制度的构建有效解决了美国农业生产资金来源不足的问题，对于高效贯彻美国政府农业政策起到了积极作用，进一步提升了美国农业生产能力。

2.2.2.2 美国农村土地金融机构分析

美国农村土地金融机构是美国联邦政府所建立的 12 家联邦土地银行（Federal Land Bank，FLB）。

美国将全国分为 12 个农业信用地区，在每一个农业信用地区内，由美国政府提供资金在当地设立一个联邦土地银行（Federal Land Bank，FLB）。联邦土地银行是美国开展农村土地抵押贷款业务最核心的金融机构。美国农村土地金融模式的重要特征是美国政府的土地管理部门与美国联邦土地银行合作开展美国农村土地的抵押，这是一种非常典型的通过"自上而下"的方式建立的农村土地抵押融资机制。1971 年，美国联邦政府牵头组建了美国农业信用管理局（Farm Credit Administration）来管理美国联邦土地银行。美国农业信用管理局是美国联邦政府独立的管理机构，其职责就是美国农业信贷系统的银行、协会和其他相关机构。美国政府提供的资金是美国联邦土地银行贷款资金的首要来源。美国农业信用管理局通过联邦土地银行暂时"购买"归农民所有的土地，将其转化为土地债券，在市场上进行发售，从资本市场上募集社会资金。

2.3 美国土地流转信托产品法律环境分析

2.3.1 美国土地流转法律制度历史演进分析

关于美国土地流转信托产品法律环境的分析，首先从其历史演进入手。

美国土地所有制是经过长期的土地流转形成的。而土地流转受到的最大影响就是本国的法律制度。美国土地流转法律制度的历史演进主要经过了以下几个阶段：

2.3.1.1 美国土地流转法律制度历史演进第一阶段分析

美国土地流转法律制度历史演进的第一阶段是从美国建国到20世纪30年代。在美国独立之后，西部有大量的自由土地。美国政府当时有三种方式可以选择：①继承宗主国的贵族庄园制度。②保持殖民时期形成的奴隶制度。③在农民拥有土地产权的基础上建立一种全新的土地制度。美国最终选择了第三种发展方式，这个方针的确定对于当今美国的土地政策和家庭农场制度的产生和发展起了决定性的作用。在1785年和1787年美国联邦政府连续制定了两个土地法案，基本确定了处理西部土地的三个步骤：①将土地所有收入归国有。②在西北地区根据人口增长情况逐步建立权力平等的新州，各州按照人口的比例产生代表，平等加入联邦，这就事实上否定了英国式的贵族土地所有制；引入市场机制，按照地段出售国有土地。这两大奠基性土地法令，确立了后来联邦政府土地政策的最基本走向，确定了国有土地私有化的法律基础。除了规定把土地投入市场之外，还规定了西北地区废除奴隶制度和带有封建性质的长子继承制，使得该法令的进步意义完全可以同《权利法案》相媲美。在法令中，联邦政府把阿巴拉契亚山以西的土地划分为许多镇区，每镇区为边长为6英里的正方形，即36平方英里，每镇区划分为36个1平方英里的地块，每块相当于640英亩。地块为最小的出售单位，每英亩的拍卖底价为1美元。到了后来，这样的政策扩展到了整个西部。这样的低价格一方面促进了西部的开发，另一方面却又导致了土地投机的盛行。

1862年，美国政府又颁布了《宅地法》，从公开拍卖形式出售土地逐渐转向了向拓荒者免费赠送土地。经过这段时期的发展，美国的家庭农场制度得到了巩固和加强，这为美国经济的迅速发展创造了绝好的条件。随着美国宪法将土地使用的管辖权下放给了地方政府，而且随着工业革命的到来，城市化迅速发展，很多城市都成为近代的工业基地，与此同时伴随着农业技术水平的进步，机械化的广泛运用，农地开始逐渐出现集中的趋势。到了20世纪30年代，美国早期的土地政策发生了重大的转变。

2.3.1.2 美国土地流转法律制度历史演进第二阶段分析

美国土地流转法律制度历史演进的第二阶段是20世纪30~70年代。随着经济的发展，城市化的迅速增强，人们开始要求对土地使用采用更加严格的管理，而分区制便成为美国控制土地使用的最重要的一环，所有的开发、发展计划都使用分区制作为基本的管理手段。在这一时期，服务业逐渐替代制造业成为美国经济发展的火车头，而城市化的不断增强，也使得大量郊区得到了开发，同时，砍伐森林以及化学制品的破坏也使得环境污染进一步加重，这便使得美国政府不再单纯地分配公有土地，而逐渐将重心转移到土地资源的保护当中。

2.3.1.3 美国土地流转法律制度历史演进第三阶段分析

美国土地流转法律制度历史演进的第三阶段是从20世纪70年代到90年代中期。在这个时期，环境问题日益凸显，也使得美国政府采取了更加积极主动的行动来管理土地资源，政府出台了大量的政策来促进环境保护，控制农业用地向非农业用地的土地流转。于是开发权转让成为一种新的土地管理方式，可永久保护农地及重要生态区，能够促使开发活动集中到预定地点，并通过经济手段使土地拥有者得到补偿。

自 20 世纪 30 年代以来，美国政府通过各项计划直接补贴农业以保护耕地，利用农业价格和收入支持的政策在调控和控制农业产业结构上发挥了重要的作用。但是副作用也是明显的，巨大的财政负担使联邦政府背上了沉重的包袱，到了 80 年代中期，这样的直接补贴达到了顶峰。这样的政策一直以来也饱受争议，持反对意见者认为美国政府每年支付巨额款项而很难能够达到政策目标。因此，1985 年通过的《食物保障法》，实行灵活的农产品价格支持，开创了以市场为导向的政策方针，目的在于降低政府在农业上面的开支，使得农产品的目标价格逐年向市场价格靠拢。1990 年，通过《食物、农业、资源保护和贸易法》，其主要立法目的在于进一步削减联邦政府在农业上面的开支。同时，通过扩大农业的出口来帮助农场主维持收入的增长。

2.3.1.4 美国土地流转法律制度历史演进第四阶段分析

美国土地流转法律制度历史演进的第四阶段是从 20 世纪 90 年代中期至今。为了进一步减少联邦政府在补贴农业上的开支，美国国会在 1996 年通过了《农业完善和改革法》。联邦政府在法案中减少干预和平衡预算，修改了长期无法运转的计划，同时也让农民意识到了扩大国外市场和更新经营方式的重要性。在这个时期，针对农村土地的公共政策，不再仅仅是依靠开发权转让，美国政府制定政策的更主要目标变成了保护资源的生产潜力以满足未来的国内需要，农业用地向城市用地的流转似乎是不可避免的，但是如何保护好农业用地、自然资源，实现经济的发展、公众的安全与福利之间的平衡成为政府的重要工作。

目前，美国的土地仍在以各种形式不断流转，土地流转的数量有增无减。据统计，美国的已开发土地在 1982～2003 年增加了 48%。在这个期间，每年大约有 70 万英亩农村土地转化为发展用地。农村土地的净损失和分裂性对货物、服务及自然资源具有很大的潜力，这由土地和使用它们的物种提供。过去的研究显示加入农村地区的家庭以及其他结构会增加野火的可能性以及火灾管理的复杂性，还会造成水污染及削弱森林管理的倾向性和木材的收获。土地流转在接下来的十几年内还将继续。

2.3.1.5 美国土地流转法律制度历史演进综述

美国在建国初期的土地流转主要表现为从政府公有土地向公民的私人土

地转移，主要形式是拍卖。到了 20 世纪初，土地流转主要在私人之间进行，包括买卖、租赁、抵押、继承等方式，当然也存在政府征收征用，不过并非本书探讨范围。美国土地流转制度的历史相对较短。从美国关于土地的法律法规来看，主要有《宪法》，《土地先购权法》，1962 年的《宅地法》，1987 年的《农地保护政策法》，1993 年的《农业调整法》、《联邦农业完善和改革法》，1997 年的《联邦土地政策和管理法》以及各州宪法及法律中关于土地政策的规定，比如纽约州的《农业与市场法》等。不过，由于土地流转主要规范的是私有土地之间的买卖、租赁、抵押及继承等，而美国的土地流转主要由市场来调节，因此硬性的法律规定相对较少。在土地流转的过程中，政府主要关注的是环境的保护和资源的保护，因此对土地流转方向限制较多。此外，美国是判例法国家，绝大多数法律规定是在联邦及各州的司法判例中发展起来的，所以要了解美国的土地流转法律制度就必须结合大量的判例进行。

2.3.2　美国土地流转法律制度现状分析

2.3.2.1　美国土地流转管理机构分析

关于美国土地流转法律制度分析，首先从美国土地管理机构入手。美国内政部土地管理局是美国政府管理土地的主要机构。这一机构成立于 1946 年 7 月，以维护国家长远利益，保护土地最佳综合利用和保持地力为目标。内政部土地管理局通过制定政策、规划、计划和必要的经济手段对联邦土地进行管理，同时对州和私人土地进行协调。

1986 年美国国会通过的《土地政策和管理法》规定了该局的主要职能：①主管地籍档案，负责地籍测量，确认公有土地的境界和界标。②负责土地利用规划的编制工作。③负责国有土地的出让工作。④国家授权依法强制征用私人土地。⑤负责开矿占地特许证的签发。⑥依法在国有土地上授予使用权。⑦依法管理规定的特殊地区。⑧负责法律规定的与土地管理有关的业务。

在进行土地管理的过程中，土地管理局需要遵守以下三项原则：①维持土地最佳利用状态，从长远角度考虑土地在自然、科学、文化和风景等方面的价值，充分照顾人们对可更新资源和不可更新资源的需求。②对可更新资源的管理，要求适应全国粮食、纤维、木材等国内资源高产、稳定和野生动物繁殖环境的需要，并利用公共土地资源为地方经济的发展服务。③对矿产资源的管理，主要是提供安全的国内能源资源及有重要战略意义的非能源矿产，使联邦政府能够有计划地、及时地开发这些矿产，以获取相应的合理收入。在土地管理过程中，既注重开发资源，又注重环境保护。

此外，美国与土地管理有关的部门还有如下四个机构：①负责印第安人居留地土地管理工作的内政部印第安人事务管理局。②负责国有林地管理工作的农业部林务局。③负责土壤调查、小流域综合开发治理、培训水土保持技术人员的农业部水土保持局。④负责部分特殊用地管理的国防部。

2.3.2.2　美国现行土地流转法律制度基本特征分析

目前美国从事农业的人口不及劳动力的1%，加上美国的人均土地本来就比较多，从事农业的美国农户每户拥有的耕地面积可以高达200公顷（约合3000亩左右）。由于第一产业所占比例的减少，农用土地被租用或买卖的流转需求则越来越强。根据美国法律的规定，土地租用者享有因租赁而带来的土地权益，这种土地权益可以以转租、转让、继承等方式流转。美国的农地流转大多是农地使用权和经营权的有偿转让，农地转让的主体一般由政府与家庭农场主通过签订经济契约来实现，土地信托是美国土地所有权的一项保护政策，自愿性团体通过向农民购买发展权的方式保证农地农用，它们与私有土地主们在保护土地方面做出了巨大的努力。由于土地流转需求的加剧，所以为基于土地流转信托行为的出现奠定了基础，而针对不同情况设计符合条件的信托产品的需求也逐渐加大。

美国土地流转的方式主要是租佃制，包括两种形式：①地主自找土地使用者出租。②通过中介出租。两种形式出租的价格由交易双方协商确定。在美国，土地流转的主要目标是扩大农场规模、优化组合生产要素以及运用先进技术与管理，方式主要是签订经济契约，而且大多只涉及土地使用权和经营权的有偿转让，并不涉及所有权问题。一方面，农场主获得了具有法律保障的土地使用权，另一方面政府保留了相当多的对土地的控制管理和收益权。此外，政府还采取价格补贴、信贷支持、利息调节以及政策引导等经济手段，通过各种优惠性政策，诱导和鼓励家庭农场规模不断扩大。尽管美国农场主获得的并非完全的土地所有权，但其土地使用权却有着强有力的保障。在土地收益分配和处分，以及土地流转、租赁、抵押、继承等各方面都具有完全不受干扰和侵犯的权利。正因为土地所有者具备明晰的土地产权边界，美国的私有土地侵权以及土地合同纠纷等很少见。

美国具有一个依法、自由、开放的地产交易市场。私有土地之间买卖完全是私人之间的事，交易过程中双方地位、利益平等，在自愿签订协议后，只需向政府缴足规定的税金，进行注册登记即可，手续十分简单。凡法律承认的私人土地，在州政府都有登记。当土地买卖双方达成协议后，只要到州政府办理变更登记，所有权便实现转移。私人土地的买卖价格完全由买卖双方根据土地的经济价值进行估计，或由私人估价公司帮助双方达成协议。一旦土地买卖发生争议，都应通过法律解决。

2.3.2.3 美国现行土地流转法律制度特点分析

美国在20世纪初确立了以家庭农场制为主的土地制度。按是否拥有使用土地的所有权，美国农场有三种形式：①土地属于农场主完全自有的农场。②土地部分属于农场主所有，另外土地属于租入土地的农场。③土地都不属于农场主，全部土地都是租入土地的农场。在美国，土地属于农场主完全自有的农场数量最多，但规模相对比较小；土地部分属于农场主所有或土地属于租入土地的农场平均面积最大。

建立在家庭农场制基础上的美国农地流转制度，产权边界清晰，土地所有权稳定，买卖出租自由度大，由市场进行调节，其特点主要表现在以下五个方面：

（1）美国土地的产权边界明晰，由市场进行调节流转

土地所有者拥有土地收益分配和处分的绝对权利，在土地流转、租赁、继承、抵押等方面都具有完全的排他权利，他们只需要按照联邦和地方政府的规定上交土地税、房产税、农产品销售所得税等，而与此同时，征税的政府必须为纳税人提供良好的公共服务。同时，政府还采取各种经济手段和优惠措施来鼓励家庭农场扩大经营规模，所以，总体来说，美国农场的主要发展趋势是农场数量逐渐减少，而规模却逐渐扩大。

（2）美国的私人土地所有权是一种不完全的土地所有权

即使是实施了土地私有制度，美国的农场主获得的依然只是具有产权保障的土地使用权，而并非完全的土地所有权。

实际上，美国农场主关于土地的权利并非人们通常所说的那样神圣不可侵犯，美国联邦政府、州政府和地方政府对土地仍然保留了三种权力：①土地征用权。②土地管理的规划权。③征收足额的土地税。

当然，美国法律对美国各级政府关于这三项权力的行使无论是在程序上还是实体上都做了严格的限制。

（3）美国的土地私有权是稳定而有保障的

这既得益于前述土地产权边界的清晰，也得益于市场机制的完善以及法律制度的先进。土地所有者依照法律的规定拥有土地的收益分配权和处置权。除了依照国家和地方政府规定上缴固定数额的税费之外，没有任何其他的税费。在美国，私有土地的侵犯和土地纠纷的案例是非常罕见的。

（4）维护农户和农场主利益的是美国的非政府组织——农场局

农场局是美国农场主和农民自己的组织，表达农户自己的利益，为农户服务。这家组织从联邦到州再到县已经形成了一个具体的网络，它联系着美国34万多家农场。

美国农场局调整自己的政策倾向也是依据农场主的利益需求。

（5）农场土地的规模能够得到保持，并且不断的扩张

农场土地规模能够保持和扩张，在制度上来说最根本的原因是稳定并且有保障的土地私有权利；而且，美国家庭农场的组织形式及其制度也有利于保障其规模。比如说根据法律的规定，家庭成员可以拥有或继承农场土地的股份，但是不能退股，或将股份作抵押，只需内部进行转让，以保证在继承当中不被细分。

2.3.2.4 美国现行土地流转法律制度涉外要求分析

为吸引外资，美国政策允许外国人也可以到美国购买土地。由于美国是联邦制国家，关于外国人是否可以在美国购买土地的立法，由美国的各州自行规定。这就造成了美国各州关于外国人购买土地的法律不尽相同。多数州，特别是美国东部的纽约州、马萨诸塞州、密歇根州、俄亥俄州、弗吉尼亚州、威斯康星州，准许外国人购买土地。而美国加利福尼亚州、堪萨斯州等则不准许外国人购买土地，除非他已具备美国公民资格，即已入美国国籍。而若华盛顿州、密苏里州等若干州则立法规定不准许外国人购买土地，除非他已声明愿入美国国籍。最为奇特的是，美国内华达州等州，竟然立法规定，虽

然准许外国人购买土地，但将中国人除外。

2.3.3 美国土地流转限制性规定分析

2.3.3.1 美国现行土地流转法律制度对土地私有权的主要限制分析

美国的土地流转十分自由，但是限制仍不可避免。美国土地流转法律制度的形成取决于美国政府的土地政策，而土地政策又是从属于美国的政治、经济和社会的总体目标。美国政府对土地的占有、使用、收益和处分都实行了严格的管理，法条众多。美国的法律保护私有和公有土地的所有权不受到非法的侵犯，并且允许土地的买卖和出租，但是政府对土地使用权具有终决权，包括占有、控制、管理等。美国对于私有土地的保护并非绝对化、神圣化，它对于土地私有权的限制主要体现在四个方面：①可以对私有土地进行征收和征用，但是需要遵循严格的法律程序。②采取各种方式限制土地的使用，包括土地的用途、建筑物的高度、建筑物的容积率和覆盖率等，以及禁止空闲土地的行为。③限制土地租赁、土地流转和土地交易等行为，采取的措施包括变更登记、限制租赁期限以及对于土地投机行为的控制。④为发展公共设施或者保障社会利益而对土地进行的某些限制，包括对某些行业提供相对低廉的土地，对中低产收入者提供更加优惠的住房用地等。美国的联邦土地政策和土地管理法都对城市土地的功能和利用做出了原则性的规定。

2.3.3.2 美国现行土地流转法律制度对土地征收的主要限制分析

美国土地的流转，除了私人领域内的有偿转让，还有一个重要的方式那便是政府对土地的征收。在美国，征收的方式主要有两种：①无偿征收，或者称为政府警察权，是政府为了保护公众健康、安全、伦理或者福利无偿地对所有人的财产进行限制甚至剥夺的行为。由于无偿征收的滥用对土地所有权人及使用权人造成的影响十分巨大，因此这样的方式适用的场合非常有限，而且具体的程序受到了严格的限制。②有偿征收，是指政府依法有偿取得财产所有人的财产。

就有偿征收而言，需要按照美国宪法第五修正案的规定来执行，在这条修正案中，给有偿征收规定了三个要件：①正当法律程序。②公平补偿。③公共使用。除了美国联邦宪法的规定，各州政府也有类似的规定，除北卡罗来纳州之外，所有州的宪法都有征收条款，所以政府在行使征收权的时候就受到了联邦和州的两重制约。政府虽然为了公共目的可以向个人征收土地，但是却需要给个人以足够的补偿，主要是基于以下四点的考虑：①对于土地所有者而言，这样做是公平的，不能为了公共目的让个人来承担全部的成本。②这样人们才能在社会中有安全感，没有后顾之忧，才能更好地进行投资和生产。③公平的补偿能够减少政府履行公共职责时候的阻力。④在决策者们进行决策的时候，补偿的问题也能让他们更加审慎地做出决定。

一般来说，在美国，正常的征收行为应该遵循以下的八个步骤：①预先通告被征收方。②政府方需要对征收财产进行土地价格评估。③向被征收方送交评估报告并提出补偿的初次要约，美国法律允许被征收方可以提出反要约。④召开公开的听证会说明征收行为的必要性和合理性，如果被征收方对于政府的征收本身提出质疑，甚至可以通过司法途径让政府放弃征收行为。⑤如果政府无法在补偿金额上同被征收方达成协议，政府可以将案件提交给法院解决（政府方通常需要向法庭支付一笔适当数额的补偿金作为定金，并请求法庭在最终判决之前提前取得被征收的财产。但是，财产所有人还可以举证说明该定金过低，从而改变数额）。⑥法庭要求双方分别聘请独立的资产评估师提出评估报告并当庭进行交换。⑦如果双方仍然不能达成一致，将由普通公民随机组成的民事陪审团来确定这个"合理的补偿"的具体数额。⑧判决生效后，政府在三十天内支付补偿金并取得被征收财产。从以上严格的程序可以看出，美国法律对征收行为进行了严格的限制。

2.3.4　美国土地流转法律制度法理分析

在土地流转过程中，总会遇到一些实际问题，从而引发一些法律纠纷。比如在买卖土地过程中由于实际交付土地数量的缺失引发的买方要求废除或修改合同等问题。由于交易双方的过错导致出售土地数量缺失，从而对不动产购买者进行衡平法上的救济。不动产合同交易双方由于共同过失导致实际交付的标的财产数量少于合同约定，购买者可以寻求衡平法上的救济废除或改变合同以弥补数量上的缺失。购买者是否有权因土地数量的共同过错获得救济取决于法院是否将相关法律适用于具体事实，包括数量错误的事实、范围以及相关买卖的类型。

买卖的类型，不论是按英亩或总量，都对购买者土地数量缺失的救济权具有重要影响，因此也是讨论的重点。如果买卖方按英亩买卖，大多数法院认为购买者有权通过废除或较少购买价格获得救济，而不论缺少的数量。此外，许多法院认为如果买卖是按整体计算的，购买者无权因土地数量的缺失获得救济，尽管其他法院认为，考虑一些特定因素，在特定的环境下应该给予救济。确定土地买卖是按总量还是按英亩，需要根据各种因素证明交易方的意图进行具体解释，这些因素中最重要的是合同条款或行为，包括声明买卖价格的模式以及描述土地的方式。

购买者获得救济的权利受到一个特定买卖是按英亩还是按总量，以及评估法庭决定买卖类型因素的影响，还需讨论支持买方废除或修改共同过失引发的土地数量缺失的不动产合同的事实证据。首先应讨论共同过失的因素，买方寻求土地数量缺失的救济正基于此，包括共同过失必须发生在合同订立时，该项过失对交易是实质性的，并且买方没有保证数量过失风险。接下来，讨论关于不同买卖类型的司法意见——是按英亩还是按总量，同时包括讨论合并原则如何影响买方的救济权。然后，详细分析影响法院决定买卖类型的各种因素，主要基于交易双方的意图及合同使用的语言，包括声明购买价格的方式、声明数量的方式以及是否有调查条款包括在合同中。土地数量共同过失案例中适用的同等救济形式需要检验，包括讨论废除和减少购买价格的修改合同，同时提供一张各个同等救济类型组成部分的清单。

除了前述部分，需要提供一张关于维持同等救济证据的清单。包括一系列的诉讼模式，特别是卖方要求买方实际履行的诉讼，买方的答辩以及对卖方要求实际履行的反诉，支持买方废除或修改合同的陈述，提供证词样品，这些证词来自解说性的事实模型，买方在其中寻求土地数量缺失的不动产买卖合同的废除或修改。卖方不动产经纪人及买方提供合同成立的重要材料即精确的英亩数，及合同是按英亩还是按总量计算，以及关于土地数量缺失的调查。

可见，土地流转是一个极为复杂的问题，即使只是买卖过程中土地数量的缺失，也会涉及很多法律问题，而美国法院通过判例法对一系列的问题进行了规定。

美国关于土地流转的案例很多，涉及民法、商法、合同法、土地法以及税法等，以联邦最高法院的判决为例，卖方在协商购买一些矿地的时候，口头答应只要所有权转移给卖方就将一部分土地转移给买方。买方同意支付价款及一部分卖方的费用。卖方也同意交付买方期票。当要移转卖方新获得的财产时，买方拒绝履行合同或支付卖方并且否认合同的存在。买方提起诉讼要求兑现期票。卖方答辩宣称根据双方签订的合同买方欠他钱和利息。初审法院支持买方对卖方合同存在证据的反驳，拒绝卖方提供合同证据，认为在欺诈条款以及口头证据下合同无效。陪审团支持买方基于票据的行为。上诉后，法庭推理认为表达合同无效不能被执行，交叉行为不能存在于默示合同中，并且卖方没有证据支持其获得衡平法上的救济。联邦最高法院的判决结果是进一步确认了有利于买方恢复卖方期票的行为。

从以上案例可以看出，土地流转过程中政府干预较少，绝大多数是私人之间的合同纠纷，这与美国发达的资本主义市场经济也是分不开的。

当决定土地流转是否构成对违反设立条款的补救时，法院不应当采取有利于政府的有效假设。通过指派财产操纵继续政府行为的风险需要更多司法审查调查而不是目前提供的有限政府假设。法院将土地流转问题与设立条款问题联系起来分析，可见土地流转不仅仅是单纯的经济关系和行政关系，还会涉及宪法关系。

3 日本土地流转信托产品及其背景分析

日本是东亚市场经济最发达的国家，其基于市场经济所发展起来的土地流转信托经验也值得中国在发展土地流转信托时借鉴。本章将对日本土地流转信托产品及其背景进行全面分析。

3.1 日本土地流转信托产品分析

3.1.1 日本土地信托制度历史进程

分析日本土地流转信托产品，需要先分析一下日本土地流转信托的历史进程。日本土地信托始于 1984 年，是在国家为提高土地使用率、促进经济发展的热潮中兴起的。

3.1.1.1 日本土地信托制度引进

自 1982 年，对于日本各个因改革而实施紧缩性财政的地方政府而言，为了既不增加财政支出又能扩大内需，"引进民间力量"的声音逐步占据上风。为了激活内需，整个日本的政界、官界都在积极主动提倡并大力支持土地信托的推行。而日本的各大信托银行利用当时的社会形势，为实现提供利用信托模式的创新产品以及日后开展充实的财务管理业务，积极推动土地信托的商品化进程。

在社会各界的努力下，终于在 1984 年 3 月签订了第一个土地信托的合约，日本的土地信托制度自此开始运用于实际。而通过土地信托，日本政府成功地将民间的活力引入土地开发公共事业中。

3.1.1.2 日本公有土地信托诞生

随着日本声势浩大地开展私有土地信托，土地信托的优点逐步展现出来，地方政府也希望通过引进土地信托制度，能够利用民间的资金和力量建设城市的基础设施以及对城市再行开发和建设。

日本当局在 1986 年修改了土地信托相关的法律，允许将国有土地及地方政府拥有的土地当作信托财产开展信托活动。

国家和地方公共团体可以用三种方式灵活开展土地信托活动：①国家和地方公共团体可以作为委托人，在公有的土地上开展信托活动以实现某些公益目标；②当在私有的土地上开展信托活动时，国家和地方公共团体为了实现某些公益目标从而成为租赁人；③可以将公有土地及私有土地集中并组合在一起，然后开展信托活动以实现某些公益目标。

公有土地在"第三方或者民间管理"和"自行管理和利用"这两种利用方式之外，还有一种灵活运用土地信托的方式。通过第三种运用土地信托模式，一方面国家及地方的公共团体在有效利用土地时能够继续拥有土地所有权，能够为以后的行政需要打下基础；另一方面国家及公共团体不需要自己经营土地，这样就可以减少支出，减轻财政上的负担。

在日本的公有土地信托中最重要的优势是，通过开展土地信托活动，减少了土地买卖之间的程序，使地价上涨的现象也有所减少。土地信托的这些优势让日本政府非常重视在各个地方推广土地信托模式。

3.1.1.3 日本土地信托的停滞

从 20 世纪 90 年代后期，日本泡沫经济瓦解后，因企业业绩的恶化等，土地流转信托的受托件数开始呈减少趋势。2011 年，日本不动产信托产品的存续金额为 24.9 兆亿日元，仅占日本信托业全部业务的 3.3%。日本土地信托陷入停滞状态。

3.1.2 日本土地流转信托产品模式分析

3.1.2.1 日本一般土地流转信托产品模式

日本土地流转信托产品模式，既包括一般土地的流转信托产品模式，也包括农地流转信托产品模式。日本一般土地流转信托产品模式见图3.1。

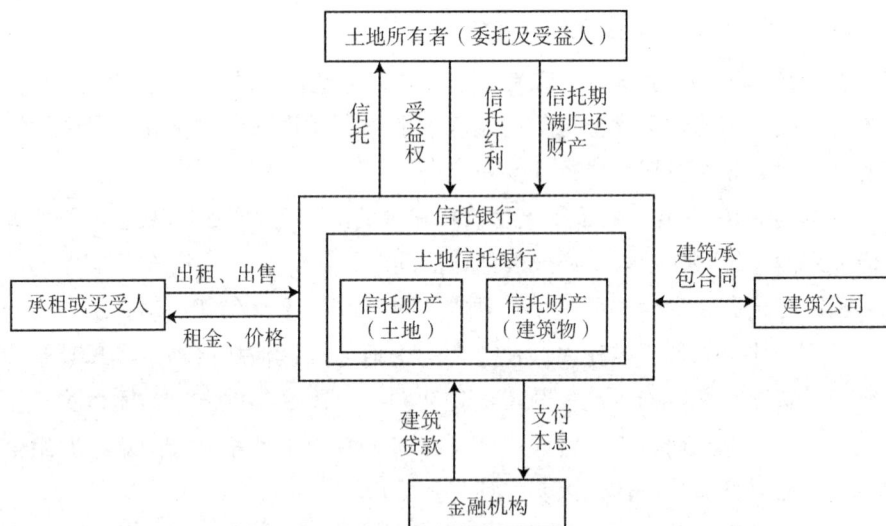

图3.1 日本一般土地流转信托产品模式

从图3.1可以看出，日本的土地信托是土地所有者将土地信托给受托人（信托银行），并从受托人管理和使用该土地的收益中获取信托红利。土地信托包括出售型和租赁型，前者指委托人将信托财产委托信托业者出售，受托人将出售所得，在扣除受托人的报酬及其他手续费用后，交付给委托人；后者指受托人无处分信托财产的权利，在信托期间信托业者应定期给付委托人信托收益，信托终了时，委托人仍保有原土地的所有权。

3.1.2.2 日本农地流转信托产品模式

日本农地流转信托产品模式分成两种模式：①农地买卖信托产品模式。②农地租赁信托产品模式。

（1）日本农地买卖信托产品模式（见图3.2）

日本农地买卖信托产品模式首先要双方签订信托合同，对设立信托的农用土地进行调查，审查设立内容，签订委托人与委托人指定的最低价格明确的信托合同。以福岛县为例，信托签订的期限原则上在5年以内。其次对信托财产的评价比照临近土地的交易价格以及生产力等因素。农户可以获得信

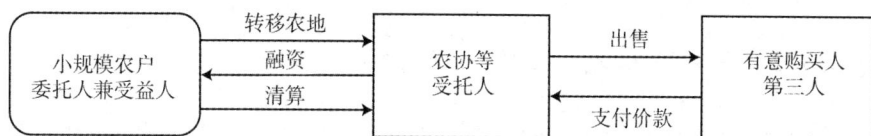

图 3.2　日本农地买卖信托产品模式

托合同缔结时土地评估价值的 70 % 的无利息融资，至合同终止期间为偿还期间。受托人对有意购买农用土地之人出售农用土地，扣除融资金额与信托期间的费用后，将剩余利益支付给受益人。委托人是小规模的农户，受托人是农用土地合理持有法人（在实践中，很多地方的土地合理化事业信托运作人都是公益法人，如福岛、熊本县等）或农协法人，为了委托人兼受益人（小规模的农户）的利益处分信托财产（农用土地），将取得的利益支付给委托人作为信托收益。

（2）日本农地租赁信托产品模式（见图 3.3）

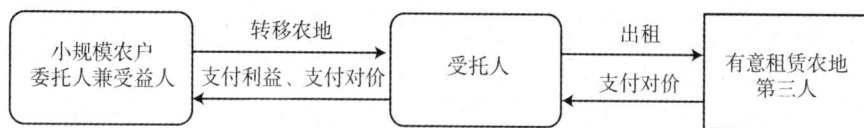

图 3.3　日本农地租赁信托产品模式

　　日本农地租赁信托产品模式是指农地的所有人将农用土地转移给受托人，由受托人选定租赁农用土地之人（经认定可以参与农业之人），为了受益人的利益管理运用信托财产的制度。受托后，受托人首先对设立租赁信托的土地进行调查，审核合同内容后与委托人签订合同。信托的期限与委托人协商决定（没有法令的限制）。受托人在租赁信托存续期间，以善良的管理人的要求来管理信托财产。管理信托所产生的费用（税金、事务管理费等）从信托农用土地的租金中扣除，租金剩余部分作为信托收益支付给受益人。这种模式既可以有效利用荒置的土地，又符合生活在都市的农用土地所有人的需求。

3.1.3 日本农地流转基本情况分析

日本农地面积不断减少，2008 年达到 462.8 万公顷，而农户平均经营耕地面积却在不断增加，2008 年农户平均经营规模达到 1.84 公顷，农地权利流转在推进农业规模经营方面发挥了重要作用。

3.1.3.1 农地不同权利流转面积情况分析

总体上看，日本农地流转呈现明显加快的趋向，同时所有权流转面积相对较低，但借贷权流转面积相对较高。2007 年产权流转面积为 3.3 万公顷，占农地面积比例为 0.71%；借贷权流转面积为 17.9 万公顷，占农地面积比例为 3.84%。日本 1997～2007 年农地不同权利流转面积情况见表 3.1。

表 3.1　日本 1997～2007 年农地不同权利流转面积情况

单位：万公顷,%

年份	1997	2002	2007
产权转让面积	2.90	3.20	3.30
占农地面积比例	0.59	0.67	0.71
租赁面积	8.30	10.60	17.90
占农地面积比例	1.69	2.22	3.84

3.1.3.2 日本不同地域农地租赁情况分析

借入耕地面积率为借入耕地面积与经营耕地面积的比例，是反映日本农地流转状况的重要指标。从日本不同地域的统计情况看，借入耕地面积率在2000～2005 年都有较大幅度的增长，2005 年冲绳地区借入耕地面积率达到了30.6%，接近 1/3 的经营耕地来自于农地租赁。

日本 2000～2005 年不同地域农地租赁情况见表 3.2。

表 3.2　日本 2000～2005 年不同地域农地租赁情况

单位:%

地域	2000 年	2005 年
东北	13.5	16.7

续表

地域	2000 年	2005 年
北陆	21.1	25.8
关东	15.7	20.2
东海	16.8	21.7
近畿	18.9	22.3
中国	16.3	19.8
四国	13.3	16.0
九州	21.2	25.3
冲绳	27.4	30.6
平均	18.2	22.0

3.1.3.3 日本农地租赁年限设定情况分析

从租赁年限设定情况看,不同时间段都有,有些未满1年,有些3~6年,有些长达10年以上。从时间比例来看,3~6年及10年以上两个时间段所占比例最大,占租赁权设定面积的70%以上。

日本2000~2004年农地租赁年限设定情况见表3.3。

表3.3 日本2000~2004年农地租赁年限设定情况

单位:%

租赁设定年限	2000 年	2004 年
<1 年	2.5	2.4
1~3 年	8.9	10.7
3~6 年	42.7	46.3
6~10 年	14.8	12.8
≥10 年	31.1	27.8
合计	100	100

3.2 日本土地流转信托产品经济金融环境分析

关于日本土地流转信托产品经济金融环境的分析，同样先从经济环境分析入手。由于日本是后发展起来的发达国家，其宏、微观经济环境与美国宏、微观经济环境均具有不同特征。关于日本土地流转信托产品经济环境的分析，分为宏观经济环境分析和微观经济环境分析。

3.2.1 日本土地流转信托产品宏观经济环境分析

从土地流转的视角看，宏观经济环境主要是指宏观调控政策、农业发展环境、信托业发展环境、人才发展环境这四个方面。

3.2.1.1 日本土地流转信托产品宏观政策发展环境分析

日本土地流转信托产品宏观政策发展环境包括两个方面：

（1）日本经济体制分析

从基本层面看，日本经济体制也是以市场经济为主的混合经济体制，与美国相同。但是，日本形成了一些自己独特的地方。日本经济体制的重要特点是日本政府一直重视和强调对其国民经济的管理、干预。当代日本的市场经济模式在资本主义世界中独树一帜，这种模式的形成既与日本从明治维新以来所逐步建立的具有东亚特色的市场经济体制有着历史的联系，又与战后日本学习欧美建立市场经济体制的经验有关，也是其同本国市场经济发展的实际相结合的结果。

日本的经济是在政府的直接扶植和保护下逐步发展起来的。第二次世界大战期间，日本实行"战时管制经济体制"，整个日本国民经济完全置于日本（军国主义）政府的统一控制之下。第二次世界大战结束后，一直到1952年基本实现经济复兴为止，在美国占领军控制下的日本政府仍然高度集中地控制国民经济，实行"统制经济体制"。直到20世纪50年代中期之后，日本才逐步确立以市场调节为基础的自由竞争机制。但是，日本政府并没有放松对宏观经济的干预，政府主导型的宏观经济管理体制一直延续到现在。只不过是日本政府控制宏观经济的手段和方式发生了变化，对日本经济的调控从行政手段为主改变为经济手段为主，从直接方式改变为间接方式。正是这种历史导致日本的经济虽为市场经济，但有着远比欧美各国更广泛、更深入和更有成效的国家参与和干预。欧美型的市场经济模式首先是市场制度自身的运动，政府干预只限于对市场制度自身运动的缺陷进行补充。

日本的市场经济模式则不只限于此，这是由日本特殊的国情及其市场经济形成和建立时期所处的特定历史环境决定的。"二战"之后的日本经济要在战争的废墟上重建，同时要尽快赶超欧美经济水平，世界经济发展的压力和日本自身的国情都不容许它走传统英美模式发展的漫长道路。为实现超常的发展速度，日本选择了政府主导型市场经济模式，将过去那种政府与垄断资本的密切关系演变为一种新型的政府强有力的指导经济活动的关系。日本的"政府主导型"市场经济是在市场竞争的基础上，由政府出面，积极主动而强烈地干预经济。这种干预不等于直接管制和行政强制，政府的计划是导向性的，主要通过产业政策有目标、有步骤地引导资源配置过程，推动经济发展。

（2）日本宏观调控体系分析

与美国宏观调控体系类似，日本宏观调控体系同样包括财政政策与货币政策。不过日本宏观调控体系还具有两个独特之处：

1）强有力的经济计划导向。

虽然市场机制也是日本资源配置的主要手段，但与此同时，日本政府在资源配置领域起着很强的导向作用，这是日本政府主导型模式最显著的特点。日本政府这种经济导向作用主要是通过实施各种经济计划实现的。"二战"后，日本政府为了使整个日本经济有秩序地发展，实行了一系列经济计划，具体计划形式包括：中长期经济计划、年度经济计划和国土开发、地区开发计划等。内容有主要发展目标、达成目标的基本政策和方针、经济增长速度、国民所得的增长速度等。

日本政府实施的这些经济计划具有如下特征：①日本经济计划具有综合性、协调性和相对稳定性。日本的经济计划是兼具现代西方资本主义国家的所谓预测型、政策型和调整型经济计划之长"合三而一"的产物，而且日本经济计划是政府同社会各集团及其代表人物反复协商、调整而最后确定的经济社会发展的"共同纲领"，具有较强的协调性。日本经济计划的基本目标具有连续性和相对稳定性。②日本的经济计划具有较高的科学性。③日本经济计划有一定的经济和政策保证。日本经济计划的这些特质使它的适应性更强、社会基础更广泛、基本目标更集中和稳定，从而对宏观经济过程形成了相对较强的控制力。日本的经济计划显示了政府调节市场经济环境的总趋势和国民经济未来的发展方向，为市场经济运行提供了良好的宏观条件。

2）卓有成效的产业政策调控。

日本政府运用产业政策调控经济的能力与效果在发达市场经济国家中最突出，也被认为是最成功的。日本产业政策又称产业合理化政策，它是针对产业而不是针对个别公司的，它不以某一公司作为国家重点扶持对象，而以产业作为扶持对象。日本通商产业省（简称通产省）负责制定和执行产业政策，目标是使各种资源加速流向有发展前途的日本产业，并使无竞争力的日本产业得以平稳淘汰。在支持一个新的日本产业的过程中，日本产业政策发挥了重要的两个基本作用：①造成竞争的环境；②促使企业能达到规模经济，使该产业中有足够的新公司加入竞争，并以在国际竞争中取胜为发展目标。日本在推行产业政策时很注意政策的时序性，即注意在不同时期重点发展产业的配套衔接关系。在20世纪40年代末到20世纪50年代中期，电力、运输、钢铁是日本实行产业合理化政策的重点产业。20世纪50年代中期到60年代中期，石油、化工、汽车、家用电器和电子工业则成为日本重点发展的产业。60年代中期以后，电子计算机和高级机械等发展成为日本新的重点发展产业。

日本之所以重视产业政策和计划的作用，形成其特有的宏观调控职能机构配置，是因为他们在输入欧美市场经济模式时，根据本国国情和经济发展战略的需要加以改造，并吸取了计划经济体制的某些长处。当然，作为一个市场经济国家，日本也充分运用财政、税收和金融等经济杠杆调节国民经济。但日本政府只是通过财税、金融等政策配套来保证经济计划和产业政策目标的实现。这些措施都是辅助性的，是围绕着经济计划和产业政策的施行展开的，目的在于保证经济计划和产业政策目标的顺利实现。

3.2.1.2 日本土地流转信托产品农业发展环境分析

在 1955～1973 年的"国民经济高速发展"时期，日本经济高速发展，迅速成为资本主义第二经济大国，仅次于美国。但是，作为世界经济大国的日本，却面临着农业发展极度萎缩的困境。2011 年，日本农业总产值 4.6 亿万日元，仅占国内生产总值的 0.98%，从经济发展规模上来看，日本农业微不足道。近年来日本粮食自给率大幅度下降，使得日本成为世界上最大的粮食进口国，面临严重的食品安全和粮食安全问题。在以农业人口老龄化，少子化为主的劳动力结构变动和以土地摆荒、耕地利用率降低为主的资源环境变动的双重制约下，日本不得不踏上以农地制度改革为核心的农业与农村振兴探索之路。日本当今农业面临着以下三方面问题：

（1）过疏化和老龄化

在贸易自由化与全球化的背景下，国际农产品市场竞争激烈，农业收入过低，农民从事农业的愿望与积极性下降，离农趋势明显。随着日本经济的发展，从 20 世纪 60 年代开始，日本农业劳动力大批外流，农业人口大量减少。据最新统计，从 1960～2011 年，日本劳动力人口中的农业人口比重从30% 下降到 2.5% 左右，而且其中 65 岁以上占 61%，平均年龄为 65.9 岁。从农村人口来看，日本 65 岁以上人口占农村总人口的 23%，而 65 岁以上农村人口占总人口的 35%。随着日本青壮年农业劳动力大量向非农转移，再加上日本老龄化、少子化加速，日本农村各地先后出现后继无人的局面。在日本，销售农户与农业经营体，是农业生产的主力。日本农业劳动力的缺失还表现为农户与农业经营体数量的减少。2005～2010 年，日本农户和农业经营体分别减少了 11.2% 和 16.4%。从农户结构来看，销售农户减少了 33 万户，比 2005 年减少了 16.9%，自给农户增长了 12000 户，比 2005 年增加了1.4%，而拥有土地的非农户增加了 172672 户，比 2005 年增加了 14.4%。以上数据表明，日本农户在总体上减少的同时，结构也在发生巨大的变化，主要表现在从事商品化生产的销售农户数量减少，拥有土地的非农户与自给农户数量增加，劳动力结构变化使得以山区为代表的农村人口越来越稀少，传统村落制度迅速瓦解，并引发了耕地摆荒危机。

（2）农户兼业化与耕地摆荒严重

与美国不同，日本农业也以小规模的分散经营为主，土地细碎化严重。

2010 年，每个销售农户的平均耕地面积为 2.02 公顷，农业经营体的平均耕地面积为 2.19 公顷，而自给农户的耕地面积更少。小规模的分散经营使得大多数农户农业收入过低，单靠农业收入不足以维持生计，纷纷走上了兼业化的道路。2011 年，日本的销售农户中，专业农户有 44 万户，只占全部销售农户的 28%。在兼业农户中，以农业收入为主要生活来源的"第一兼业农户"22 万户，占 14%；以非农收入为主的"第二兼业农户"占压倒性优势，占比高达 58%。可见，超过半数的农户从事工资水平较高的非农工作，大量的兼业农户给日本农地利用带来了障碍，同时也诱发了耕地撂荒问题。2010年日本撂荒耕地面积为 395981 公顷，比 2005 年增加了 2.6%，与 20 世纪 90年代相比，则增长了 1 倍左右。日本耕地撂荒表现为自给农户和拥有土地的非农户撂荒面积的增加。耕地撂荒深层次的原因在于：①农业劳动力过疏化与老龄化引发劳动力供给不足；②土地的农业收益比较低，而非农地价格高。农地所有者宁愿弃耕种，而抱有资产持有的心态等待被征用。尤其是在都市近郊，第二种兼业农户往往抱有较高的农地转用期待，他们宁愿放弃耕种与流转，形成撂荒耕地。

（3）低粮食自给率与农村凋零

自 20 世纪 60 年代开始，日本粮食自给率一直呈下降趋势，按照热量计算从 79% 下降到 39%。尽管日本政府一直在呼吁振兴农业，但是日本粮食自给率低的局面丝毫没有改观。低粮食自给率使得日本严重依赖进口，目前日本是世界上最大粮食进口国。相关资料显示，如果日本每年进口的农产品全部在日本国内生产的话，需要将近 1200 万公顷的耕地，是现在日本耕地面积的 2.5 倍。虽然受日本农耕文化传统与岛国忧患意识的影响，日本大米一直保持高自给率。例如，2009 年大米的自给率为 95%，其中用于主食的大米的自给率为 100%，但这是以日本水稻种植面积约占日本耕地总面积的 34.3%，约占水田面积的 63% 为代价的。除农业衰落之外，农村社会也出现凋零的趋势。农村社会的基础是村落，村落不只具有维持农业生产的职能，而且是在村落事务管理、传统文化传承、村民互助等方面发挥重要作用的社区性组织。截至 2010 年，日本共有村落 13.9 万个，比 1955 年的高峰时期减少了 11%。而且，现有的 13.9 万个村落中，能够发挥地域资源管理等职能的村落只有11.9 万个。在山区或丘陵地带，伴随着农村人口的过疏化与老龄化的发展，许多村落处于濒临灭绝的边缘。而在都市郊区，由于都市居民与农村居民的混住化，村落出现社区化倾向，村落职能正在逐渐丧失。

3.2.1.3　日本土地流转信托产品信托业发展环境分析

日本自明治后期从美国导入信托制度，其发展大致经过了五个阶段：第一阶段，引入初期的"乱"业经营阶段；第二阶段，20 世纪 20 年代至"二战"前的分业经营阶段；第三阶段，"二战"及"二战"后一段时间的混业经营阶段；第四阶段，20 世纪 50～80 年代的分业经营阶段；第五阶段，20 世纪 80 年代至今的相互渗透阶段。

当前日本信托业的代表是日本的信托银行，日本信托业在日本金融界具有相当的地位。悠久的信托历史使得日本本国国民对于信托的接受程度很高。作为农地流转模式之一的信托模式是在 1962 年修改《农协法》与《农地法》之后诞生的。其诞生至今已经经历了 54 年的时间。其土地流转信托模式种类丰富，有详细的法律法规进行约束。各方面体系较为成熟完善，值得各方借鉴。

3.2.1.4　日本土地流转信托产品人才发展环境分析

分析日本土地流转信托产品人才发展环境，首先要看日本农业人才素质情况。

（1）日本农业人口素质分析

作为世界经济大国的日本面临着农业发展极度萎缩的困境。在贸易自由化与全球化的背景下，国际农产品市场竞争激烈，农业收入过低，农民从事农业的愿望与积极性下降，离农趋势明显。随着日本经济的发展，从 20 世纪 60 年代开始日本农业劳动力大批外流，农业人口大量减少。据最新统计，1960～2011 年，日本劳动力人口中的农业人口比重从 30% 下降到 2.5% 左右，而且其中 65 岁以上占 61%，平均年龄为 65.9 岁。从农村人口来看，日本 65 岁以上人口占农村总人口的 23%，而 65 岁以上农村人口占总人口的 35%。随着日本青壮年农业劳动力大量向非农转移，再加上日本老龄化、少子化加速，日本农村各地先后出现后继无人的局面。在日本，销售农户与农业经营体是农业生产的主力。日本农业劳动力的缺失还表现为农户与农业经营体数量的减少。2005～2010 年，日本农户和农业经营体分别减少了 11.2%

和 16.4%。从农户结构来看，销售农户减少了 33 万户，比 2005 年减少了 16.9%；自给农户增长了 12000 户，比 2005 年增加了 1.4%，而拥有土地的非农户增加了 17 万户，比 2005 年增加了 14.4%。

（2）日本信托产业人才素质分析

日本信托业起步较早，发展较快。其信托立法比较完善，政府对信托业实施严格的分业管理，日本的信托业务以其具有的业务经营面宽广、方法方式灵活多样以及注重创新等特点涉及社会各个领域，对日本经济的稳定发展和人民生活水平的提高做出了巨大的贡献。

信托制度自 19 世纪末从欧美引入日本以来，日本的信托产业得到了蓬勃的发展，信托资产数额增长迅猛，截至 2006 年 3 月底，各类信托资产总额达 652 万亿日元，约为 45 万亿元人民币。日本庞大的信托市场造就了一批业务水平高超，信托业务繁多的信托公司。各种信托人才业务素质、技术水平、文化水平都居于世界前列。

日本悠久的信托历史传统，专业的信托队伍对于土地流转信托市场的发展起到了巨大的作用。而且由于日本农业人口素质面临着老龄化、少子化的现状，对于整个土地流转信托市场成交量的提升起到了一定的作用。而专业的信托队伍刚好可以满足整个土地流转信托市场的交易需求。

3.2.2 日本土地流转信托产品微观经济环境分析

3.2.2.1 日本土地流转带来的经济效益分析

日本土地流转带来的经济效益体现在如下两个层次上：

（1）农户从农地流转中获得了大量的直接经济收益

通过出售或出租农地这一"土地流转"行为，农户可以获得可观的安居或创业资金。"二战"后，普通水田的地价与普通水田进行水稻耕作所获得的利润之比即农地投资回报率，在 1952 年尚不到 10 倍，之后开始不断攀升。据估算，在经济高速增长期，日本农民通过土地买卖获得的收益约为从农业生产中获得收益的 30 倍。泡沫经济时期，这一比率进一步走高。可见，日本农民可以通过出售或出租土地获得大量的货币资金，从而有可能在改善自身生活条件的同时，大量购置农业生产设备、引进良种良畜、改善种植品种，日本的农业也逐渐从以谷物生产为主的纯农业向农、林、牧、果及旅游并举的广义农业转变。值得关注的是，城市化和工业化的发展，带动了大城市及其周边地区对工业用地需求的增加。同时，大量农村人口脱农并进入周边城市，又增加了对住宅用地和商业用地的需求。对于这些转为非农用途的土地而言，城郊的农地转用相对便利，增值幅度也较高。因此，日本农户从农地流转中获得的直接经济收益往往表现出以东京、大阪、名古屋等大城市为核心，由中心城市所在府县逐渐向周边府县及边缘乡镇、偏远乡镇等梯度扩散的特征。

（2）农户家庭的人均收入大幅提高，甚至高于城市家庭，城乡收入差距出现倒置

农地流转的一个直接影响是农户收入显著增加。1955 年、1960 年、1970年、1980 年、1990 年度，日本农户的平均总收入分别为 35.8 万日元、44.9万日元、159.2 万日元、559.4 万日元、839.9 万日元，增长了 20 余倍。而且，1955～1980 年，农户家庭收入与城市职工家庭收入之比提高了 20 多个百分点，两者的人均收入之比也由 1955 年的 77% 上升到 1990 年的 105%，1980 年甚至接近 116%。

收入水平的提高，带动了消费水平的上升。1960 年，日本全国的农民个人年均家庭开支为 6.07 万日元，1985 年大幅上升到 98 万日元，其增幅远远高于城市职工家庭成员。日本并未出现在后发展国家经济高速增长过程中经常出现的城乡差距、工农差距。不仅如此，农户消费水平的逐步提高，还有力地促进了日本扩大内需，为制造业和服务业的进一步发展奠定了较为扎实的国内市场基础。

3.2.2.2　日本土地流转提高的单位土地资源配置效率分析

时至今日，与美国等其他农业发达国家相比，日本以小规模农户为生产经营主体的农业结构仍未发生根本性改变。尽管如此，由于农户数量整体呈现下降趋势，农地集中化程度和农业劳动生产率得到了一定程度的提高，日本农业实现了适度规模经营。这也符合日本农地制度改革的基本方向。通过土地所有权、经营权和耕作权的分离，日本农村土地的利用效率有所提高。从 1965～1990 年，日本全国的农户数量由 605 万户下降到 383 万户，主要原因是单户持有土地面积在 2 公顷以下的小规模农户持续减少，由 559 万户减

至 254 万户，同期农业就业人口也由 1454 万人下降到 565 万人。受此影响，每一农户经营的平均耕地面积由 0.99 公顷上升至 1.33 公顷，农业生产指数和农业劳动生产率也分别上升了近 30 个和 70 个百分点。另外，通过耕地复垦整顿、围海造田、町村合并、土地集约化使用等方式，日本可耕农地的流失速度一定程度上得到了抑制。1961 ~ 1990 年，林地和草地面积的增加基本抵消了水田面积的减少。北海道等主要农产品生产基地的农地面积甚至有所增加，日本全国的耕地也并未因农地流转出现大幅流失。

3.2.2.3　日市土地流转的供求结构分析

随着日本农业人口的逐渐减少，农民从事农业生产的收益无法与兼业收益、政府补贴相媲美。而农民惜地心理促使农村农业用地的转让需求降低，通过持有的土地获取国家给予的补贴这一动机进一步促使农民不愿意放弃自己手中的土地。近年来政府有限制地开放"资本下田"，以及出台相应的政策，使日本土地流转信托得以发展，但是相对于日本庞大的信托产业的规模来说，日本土地流转信托所占信托市场份额、比例仍相对较小，且土地信托集中于非农业土地的信托交易。

由于日本的第二产业、第三产业发达，加之日本农业整体的衰退期，致使这个土地流转信托市场不论从市场规模、市场成交量等都属于偏小的细分市场。一方面是由于供方——即土地拥有者因为兼业收益、政府补贴、对流转权益有所疑虑等原因不肯将自己所拥有的土地进行流转；另一方面是由于需求方——土地经营者的限制门槛较高，对于企业经营实体进行土地流转的疑虑较高。所以整个日本土地信托市场更加偏向于自我持有，在交易双方为农民的前提下实现农业土地的流转。

但是随着农业人口老龄化的到来，原本农业人口的子女并未"子承父业"，日本政府的相关政策的实施，土地流转信托这一业务的市场必然会逐渐扩大。从最近几年的数据也可以证实这一点。2010 年农业经营体租入耕地面积 106 万公顷，比 2005 年增长 28.9%。从具体的耕地集中度来看，耕地面积 30 公顷以上的农业经营体数占全体的 26.2%，比 2005 年增长 5.5%。在以水田为主要对象的农业经营体中，耕地集中的趋势表现得更为明显。以上数据表明，在农户内部之间的农地流转，耕地主要从自给农户流向销售农户；在农户外部之间的农地流转，耕地主要从农户流向农业经营体，农户土地集中趋势不断加大。

3.2.3　日本土地流转信托产品金融环境分析

19 世纪末期，日本通过政府信用主导的方式，使得国营土地金融机构成为进行农村土地抵押贷款的主要机构，这样的金融机构有农工银行、日本劝业银行等。1896 年，日本成立劝业银行，其主要对农民土地的购买（租用）、荒山与荒地的开垦、大型水利工程项目的建设等业务实行融资，有长达 50 年的贷款授信期限。农工银行则主要负责向一些生产规模相对较小的地方性农业工程，以及农业生产所用原材料和机械设备的购买等行为提供信贷业务。1944 年，农工银行和劝业银行进行业务合并，在合并后，劝业银行成为普通的商业银行，主要由新建立的农林渔业金库代为履行劝业银行负责原来的农村土地融资服务业务。在日本，农林渔业金库成为事实上的日本国家土地银行。

"二战"之后，日本在农业协同组织基础上组建农村合作金融组织。与世界上多数国家的金融机构不同，该体系分三个层次，即中央农林金库、都道府县信用联合会与基层农协的信用合作组织，在运作的过程中，这三个层次的融资可以相互独立。

普通农民可以入股从而加入基层农协，进而基层农协入股后加入"信农联"，最后"信农联"通过入股加入了"农林中金"。进行抵押贷款业务时，"农林中金"给"信农联"提供贷款，"信农联"给基层农协提供贷款，最后，由基层农协给农民提供贷款。这种模式的最大特征在于，基层农协主要为农民的生产和生活开展贷款业务，农民会员在申请贷款时不需要提供担保，并且基层农协业务开展的目的不是盈利，政府部门为基层农协的贷款业务提供一定的补贴。

日本的农村合作金融组织见图 3.4。

日本农地金融机构为农业、农村长久发展提供了长期、低利率的资金。日本农地金融机构只提供农地抵押融资贷款，具有专业性强、贷款期限长、利率低、风险高等特性，这就使得农地金融机构不可能像商业性金融机构一样通过吸收社会闲散资金的方式来解决贷款资金来源问题。因此，发售农地债券、借入政府资金及吸收社员存款是农地金融机构重要的三大资金来源。

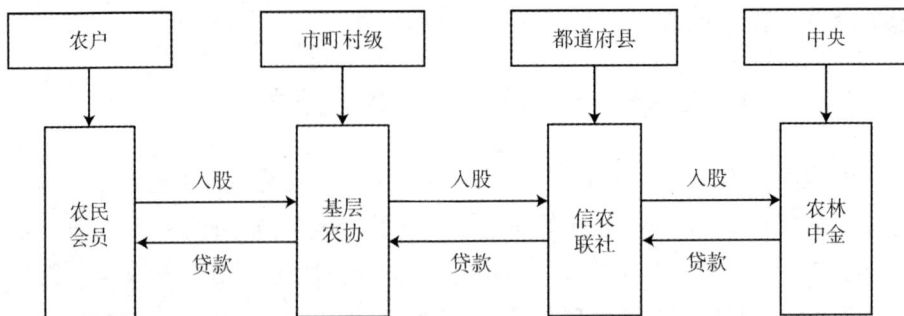

图 3.4 日本农村合作金融组织

日本农地金融机构的资金主要来源于日本的邮政储蓄及邮政简易保险等相关政府资金。

为了促进农村合作金融的发展，日本政府制定了《农业协同组合法》、《农林中央金库法》、《临时利率调整法》等一系列较为完善的农村合作金融法律法规体系。这些相关政策的出台，对保护农地抵押贷款参与者的合法利益，提高农协授权的信用度起到了积极的作用。同时，日本政府还制定了一整套较为完备的风险防控体制，如"存款保险防控机制"、"农村信用保险防控机制"、"农业灾害防控机制"，以及"相互援助机制"等。

3.3 日本土地流转信托产品法律环境分析

影响日本土地流转信托产品的法律环境包括三大类：①日本土地流转政策。②日本农业生产政策。③日本信托业法律环境。

3.3.1 日本土地流转政策分析

"二战"后，在处理农村和农地问题时，日本政府始终面临着一个两难困境：一方面，日本亟须加速发展非农经济，有效提升农业的规模经营水平，切实改变其传统农业分散经营的格局；另一方面，日本政府意图实施的任何关于农村的制度改革和政策调整都必须充分考虑农民的利益，不能操之过急。

这是因为，农村地区一直是日本最大政党——自民党的传统"票田"，农村地区的政权支持度和社会稳定度对执政党而言具有至关重要的意义。基于这一两难困境，日本实施农地流转制度改革时不得不步步为营、循序渐进。相关政策主要有以下五方面内容：

3.3.1.1　废除农地流动相关限制的政策分析

20 世纪 50 年代的日本《农地法》规定在府县这一范围内农户拥有的农地面积不得超过 3 公顷。这项规定适合家庭手工劳作，使农业机械化作业受到了很大的限制。《农地法》还规定，任何形式的土地租赁都必须得到国家的许可并采取严格的审查程序，使得土地使用权很难实现转移，农地也就难以集中、规模经营。《农地法》只承认农民家庭对农地的所有，农业法人和其他经营组织拥有土地被视为非法。

为了实现农地规模化经营，这些农地基本制度方面的重重限制必须予以取缔。从 1959 年开始，日本政府对《农地法》进行了数次修改，并且先后颁布了一系列新的农地经营法律。较为著名的有，1969 年的《农地振兴整备法》、1980 年的《农地利用增进法》和 1993 年的《经营基础强化法》等。这些法规的主要内容包括：①废除对农户取得农地面积和雇佣劳动力人数的限制。②允许法人和其他组织经营农业；放松对农地佃租层层审批的严格管理制度，如土地出租十年以上且双方签过书面合同的可以不经过批准；放宽对出租农户的出租面积和资格限定。③对土地权利转移管制和用途转移管制所涉及的土地面积做了富有弹性以及更加灵活的规定。④允许通过租赁、买卖、委托等多种形式流转土地，使农地向有经营能力的人集中。

从一系列农地法规可以看出，日本 20 世纪六七十年代以后农业政策的重心，已逐渐由"自耕农主义"向"经营主义"转变，也即以"耕作者"为中心转变为以"借地者"为中心。它们的一致目标是：促进农地流动，扩大农地经营规模，实现农地资源的优化配置。

3.3.1.2　建立健全农地流动市场中介服务组织政策分析

日本的农地流动市场中介服务组织数目众多、范围广大且互成网络。为了方便农户之间土地的买卖与租赁，日本在各地专门成立了不以盈利为目的农业土地管理公司。这类公司的主要业务是为农地流转双方牵线搭桥，提供信息平台。而且，它还有一个更深入的、更便利流转双方的业务，即从愿意出租和出让农地的农户那里租得和购买农地，然后再将土地出租或者卖给想租地或购买的农业生产单位。这使在时间上不同时的流转双方可以异时转出农地或转入农地。到1973年2月，日本全国共成立了36家农业土地管理公司，经其转出和转入的土地总量达到了1万公顷以上。日本的农业合作组织作为农业的最广泛组织也是一种重要的农地流转中介。它是一种更高层次的合作，可以使分散农户的零星土地通过它大面积地集中起来，以一定的方式实行连片规模经营，这也有利于采用适当的先进技术设备。

另外，日本还盛行一种农地流转中介，即"农地保有合理化法人"，其通常为日本各县、市、町、村政府及农协所建。它除了作为信息平台、提供异时租赁的作用之外，还为租赁双方提供租金支付上的方便。对于农地租出方的农户而言，可以经过它一次性获取所有年限的土地租赁收益，兼业农户可利用这笔较大的资金进行其他产业方面的经营。而对于农地租入方的各类经营体而言，则可以通过它分期付清（一般为一年一付）租入农地的使用费用，以减少各类农业经营者的运营成本。

3.3.1.3 激励农地流动、优化配置政策分析

（1）农地流动财政补贴

1）实行奖励长期出租农地、大面积出租农地的政策。

对于拥有农地的农户，凡出租土地3~6年者，每公顷给予10万日元的财政补贴，凡出租土地在6年以上者，每公顷给予20万日元的补贴。如果出租的面积较大，根据出租期限决定各自补贴的金额标准，然后适当地向上浮动。

2）鼓励分散经营的农户放弃经营农地。

如果兼业的农户卖出土地，减免卖出土地需要缴纳的收入税，同时政府给予农户额外62万日元用以补贴退耕。

3）补贴买入或租赁农地较多的农户。

对买入或者租赁农地较多从而经营中型或大型农场的农户，则给予其对应的农地规模经营补贴。

（2）农地流动的信贷优惠

在土地流入者中实施鼓励和支持的金融信贷政策，其流入土地越多则奖

励越多：①对于买入或者租赁耕地、农业设施用地、宜林地及放牧地的面积达到规定的较大标准者，给予相应的低息贷款支持。②对于买入或者租赁耕地、农业设施用地、宜林地及放牧地的面积达到规定的特大标准者，给予相应的无息贷款支持。③对于流入土地（无论购买或租赁）并通过相应的资质检测进而成为政府承认的认定农业者（主要有三类：a. 农业法人；b. 自立农户；c. 新兴的具备相应生产规模农地的农户），可以享受长达 25 年的低息贷款。

（3）农地流动的税收激励

日本从 1997 年就开始着手调整固定资产税，从而减轻土地所有者的土地税负。日本在 1998 年又进一步停收地皮税，减少个人、法人及其他组织之间的土地转让收益税额。日本曾设置法人超短期拥有土地税用以抑制投机者尤其是法人的土地投机交易行为，在这次税制改革中也一起废除这项税目，用以激活土地交易，促进土地合理、有效的投资和利用。另外，日本实行政策减免通过流转拥有大中型农场者某些方面的税负，用以促进土地的快速流转，进而形成土地的规模化经营。

3.3.1.4 加强农地整治以提高农地流动效率政策分析

一般的商品交易结构包括交易主体、交易客体，决定交易成功与否的关键不仅在于交易主体，而且交易客体的状况尤其是其质量也至为重要。农地交易也是如此，土地质量较差肯定会影响农地的交易频率、交易效率，农地流动、配置效果肯定不好。日本政府意识到了这一重要规律，积极通过土地整治来促进农地的流动。

日本的山地、坡地、洼地较多，贫瘠现象也比较严重。日本政府就逐步在一定区域平整土地：挖平、挖低坡地、山地，挖出的土壤再填入洼地，形成新的可耕地。同时再对这些土壤进行肥力改良，或者混入较好的土质，或者搭配几种不同的能够相互作用改善土壤状况的土质，或者加入一些有机元素，努力把贫瘠的土地改造为肥沃的耕地。为了固化、推行这一做法，日本制定并多次改进《土地改良法》，取得了很好的效果。日本也通过加强农地基础设施建设来改善农地的质量：①修建田间的道路；疏通耕地中的排水渠道。②修建田间的水利灌溉设施，如挖机井、铺设管道，配置抽水设备以及其他相关电气化设施等；搞好水土保持工作，如防风带、防沙带、绿化带的建设等。③安装田间的通信设施、监控设施。为了合并一家一户极其零散的小块耕地，日本也实行一定范围内的土地整理，即选择群众基础较好或者第二产业和第三产业较为发达的地区，此区域内农户的土地都必须合拢到一起，经过平整、配套建设、土壤改良、重新区划后，一部分农民可能要退出土地，或者自愿出卖、出租土地，或者自身资质不合格被勒令退出，这样土地被重新分配，剩下的农户就可以得到连片且面积也较大的农地。从此种意义上讲，这种农地整理本身就是一种土地流转方式。日本的农地整治大大提高了农地流动化率。

3.3.1.5 培植农地经营新型主体政策分析

家庭农户虽然在生产效率上有一定的优势，但资金短缺、技术落后、市场风险抵御能力较差。因此，其在生产中也存在着一定程度的劣势，所以农户家庭流入、扩大土地进行规模化经营肯定是有限的。农业的专业化、规模化、现代化经营一定要有适合新形势的能接纳大量土地的新的农业经营主体不断涌现。日本培养农地经营的新型主体应是其农地流动制度的另一个方面。其培植的新型农地经营主体主要是农业法人，具体包括三种新型农地经营主体：

（1）农事组合法人

这种新型农地经营主体具有五个特征：①参加者须为农民，登记注册须为5人以上。②法人内部经营业务的表决实施"1人1票"制。③理事须由成员出任。④合伙资金无限额，由成员均摊，实施有限责任。成员所持份额的继承与转让，均须得到组合的认可。⑤组合内的分配，以成员的劳作量和所出设备的多寡为依据。

（2）农业生产法人

农业生产法人又分为合名公司（指由两个以上成员组成，每个成员对公司债务负有无限责任的无限公司）和合资公司两种。它们的经营范围为农业及与农业有密切关联的林业及其附属事业；成员是劳动或农地的提供者，劳动的提供者是指每年能在经营岗位150日以上的"长期从事者"，土地提供者是指农地所有权的出售者或出租者；理事等经营责任者的半数以上应是"长期从事者"。

（3）有限公司

这种新型农地经营主体具有七个特征：①对"社员"资格无限制，是否农民皆可。②以完全营利为目的。③成员以 50 人为限。④以资本为中心，实行 1 股 1 票主义。⑤注册资本金须在 300 万日元以上，每股为 5 万日元。⑥股份转让在公司成员之间可自由进行，若向非成员转让须经公司总会认可。⑦分配按成员的出资比例进行。这些农业法人组织一个比一个灵活、有效，一个比一个更接近于现代化农业的经营形式。

3.3.2 日本农业生产政策分析

3.3.2.1 日本农业生产权益保障机制分析

1952 年的《农地法》规定要"加强租地农户的权利"，这就引起了出租土地农户的担心：租地的一方会不会不归还土地？这种担心导致有地农户不愿出租土地。1970 年，日本政府对《农地法》进行了修改，但土地流转是租地农户和出租农户双方的事情，需要双方都感到放心才行。《农地法》修改以后农地流动化仍未见进展的一个重要原因是，租地农户和出租农户之间仍不能达到相互信任——租地农户担心租地权得不到保证，不能安心种地；出租农户担心租地农户到时不归还土地，不能放心出租。为此，日本政府于 1975 年又修改了《农地法》，但仍难以消除出租土地农户的担忧，农地的权利移动至 2005 年仅达到约 16 万公顷，农户的平均经营耕地面积也没有大的提高。

3.3.2.2 日本农产品价格政策分析

由于"二战"期间粮食供应紧张，日本于 1942 年制定了"粮食管理法"，以防止粮食严重不足导致国民挨饿。战后初期，粮食政策仍是保护消费者的政策，在国民购买力较弱的背景下，政府努力将大米价格维持在战前水准，比国际价格还低。1945 年日本的粮食价格水准约相当于国际价格的一半，这种低价格一直维持到 1953 年。与此同时，政府还拿出补助金，将进口粮食廉价地供给国民。进入 20 世纪 60 年代，日本粮食产量有所增加，国民收入有所提高，以至于农业政策可以不必多考虑消费者家计了。特别是在高速增长期以后，农政的照顾对象转向农民，粮食政策转变为保护生产者的政策，通过抬高米价维持农户收入。至 1967 年，生产者米价年均升高 9.5%，进入了"高米价时代"。高米价政策刺激了大米生产，大米产量在 1967 年增加到 1445 万吨，致使大米过剩。米价的提高又加快了消费者的"离米"倾向和饮食生活西洋化，致使人均大米的年消费量从 1962 年的最高值 118 公斤减少到 2006 年的 61 公斤，总消费量从 1963 年的 1341 万吨降低到 2005 年的 874 万吨。高米价政策对土地流转造成一定的负面影响。这是因为随着经济增长，日本农村出现了越来越多的不把农业当作主业的"兼业农户"，对于这类农户而言，兼业收入超过了农业收入，但他们仍不放弃农业，尽管他们耕作小块农地，成本很高，但因为米价也高，致使"兼业农户"的高成本农业照样可以维持，况且自家也要吃，与其购买高价大米，不如自给自足更划算。兼业农户不放弃农耕，就导致主业农户无法从兼业农户那里通过租地或买地来集聚农地以扩大经营规模，稻田很难向生产率较高、生产成本较低的主业农户集聚，从而导致在各种农作物中，稻米产业的结构改革最落后，主业农户占稻米总产量的比例最低。比如，主业农户占小麦总产量的 74%、蔬菜的 83%、牛奶的 96%，而占稻米总产量的比例仅为 37%。

3.3.2.3 日本强制"减反"政策分析

日本政府采取的高米价政策一方面抑制了消费，另一方面刺激了生产，结果导致大米过剩。为此，在 1970 年以后日本政府以"调整生产"名义，依靠财政投入来实施"减反"政策，也就是强制规定一部分稻田休耕，并对因此受到损失的农民发给补贴。由于强行实施减反政策的结果，水田面积在 1970 年以后开始减少。一部分稻田转种蔬菜等其他农作物，一部分稻田干脆被放弃了。主业农户即使租了或买了土地，也不被允许种稻米；而拥有农地的农户则靠着减反政策获取补助，不种田照拿钱，对土地就更不愿撒手。由此可见，强制性减反政策大大限制了土地的流动性，妨碍了农业向大规模经营发展，导致日本农业的国际竞争力十分脆弱。通过"减反"或休耕等缩小耕地面积的方法来维持农作物价格的做法，是日本特有的政策，欧美各国政府均未采用这种政策。近年来鉴于人口减少和老龄化以及人均大米消费量减少，日本政府为维持米价反而进一步加强了遭诸多非议的减反政策。有专家指出，再过 40 年，日本全国只需种植 50 万公顷的稻米就够了。

3.3.2.4 日本农业准入限制政策分析

长期以来,企业进入农业不仅受到法律的限制,而且受到农业团体的强烈反对。农业团体强烈反对公司取得农地的表面理由是,担心公司的进入会助长土地投机。但迄今为止,通过将250万公顷的农地转用于非农方面而赚钱的主要不是股份公司,恰恰是农户自身。现在,65岁以上的农业从事者占全部农业从事者的比例高达80%,日本农业已成为名副其实的"老人农业",其原因之一就在于民间企业不能大举进入农业,而限制企业进入农业,在很大程度上就意味着限制有意从事农业的年轻人进入农业,从而导致农业的后继者仅能从300万农户的后嗣中产生,而不是从1亿多国民当中产生。而农民的后代中又有相当部分的年轻人不愿子承父业,倾向于流入大城市,其结果,"后继无人"成为日本农业衰退的一个重要原因。当然,股份公司搞农业经营未必都能够成功,失败的例子也不少,但至少应该把股份公司看作是农业的后继者之一。

直到2003年5月,日本政府才允许股份公司、餐饮连锁店在十分有限的"经济结构改革特区"内租借农地开展种植(一公顷土地的租借费约为20万日元),同时允许商社从事农资及农产品的经营。

2005年,农林水产省又开始实施一项新的农业改革方案,其中一个重要内容就是修改《农地法》,促进农地的集中和有效运用。日本农林水产省初步认为,以允许法人企业进入农业生产和经营领域为主要内容的"农业特区"政策是有效的,决定将农业特区政策向全国推广,允许一般法人企业进入农业生产和农产品经销领域,在提高农业生产效益的同时,努力改变日本农业分散型的经营方式,扩大农业生产规模,发挥规模经营效益,提高日本农业的竞争力。新的改革方案还把自然环境的保护放在十分重要的地位,表明政府将通过法规、税收和行政等措施对破坏农村环境的行为加以严惩,同时对环保农户和生产绿色农产品的农户支付一定的补助金。

3.3.3 日本信托业法律环境分析

3.3.3.1 日本信托业法律法规体系分析

虽然日本的信托业引自于美国,但是其信托业法律体系与美国却有很大的不同。日本法律体系属于大陆法系，而美国法律体系则属于英美法系。日本的法律法规以成文法的形式表现出来，而美国法律法规则是以判例法为主的法律体系。相比于美国的信托业，日本的信托业起步比较晚，但是有着很快的发展，同时法律法规体系和监管体系也很完善。《信托法》和《信托业法》是日本信托业的单独立法，为日本信托业的发展提供了最基本的法律保障，除此之外，日本信托业还有着包括《信托贷款法》、《信托投资法》、《兼营法》以及《担保公司债券信托法》等在内的完善配套法规。其中，《信托法》是最基本的信托法规，对信托定义、信托关系当事人的权利和义务等方面都做出了明确的规定；与《信托法》相比，《兼营法》、《信托业法》以及《担保公司债券信托法》都是特别法，都是规范信托经营活动的法律法规；同时，《信托贷款法》和《信托投资法》又与《信托业法》和《兼营法》不同，相对于《信托业法》和《兼营法》来说，它们也是特别法。除了上述的信托法律法规，日本信托业还有着与信托相关的配套制度，共同构成了日本完善的信托法律法规体系。例如，会计制度、税收制度、信托财产登记制度等，为促进日本信托业的发展起到了重要作用。

3.3.3.2　日本信托业监管体系分析

日本信托监管体系分成三个层次。

（1）法律监管体系

日本形成了相对完备的信托法律法规体系，将日本的信托业纳入了法制化的轨道，进而有利于信托业的快速、健康发展。

（2）政府和央行监管体系

日本关于信托业的监管，以 1998 年为界，可以分为两种模式：一种是以日本大藏省为主导的监管体系，另一种是以日本金融厅为主导的监管体系。

历史上，日本的信托业一直由日本财政部即大藏省根据《信托业法》实施集中监管，大藏省规定信托银行的信托业务和银行业务要分开经营，同时也实行分开核算，对其监管也是行业内部监管。

1997 年，日本的金融体系受到亚洲金融危机的较大冲击，日本民众对金融体系改革的呼声越来越高。加上日本金融监管体系确实存在监管不善的问题，于是，1998 年 6 月之后，大藏省的金融监管权被分离出来，金融监管厅（旧 FSA）就这样成立了。旧 FSA 主要职责是监管证券公司、银行、保险公司以及小金融机构等大多数金融机构。金融重建委员会（简称 FRC）于同年 12 月成立，和大藏省平级，主要职责是及时采取措施对濒临破产的金融机构进行校正。旧 FSA 于 2000 年 7 月改名为金融厅（简称新 FSA），原大藏省的金融政策制定权也被划归金融厅所有，至此，金融监管权以及金融政策制定权都归新 FSA 所有。同年，大藏省所属的金融计划、立案机也被划归金融厅所有。FRC 即金融重建委员会于 2001 年 1 月解散，新 FSA 即金融厅接管了其所有的职能，至此，金融厅开始集金融监管权于一身。

（3）行业自律监管体系

行业自律监管主要是指日本信托业协会的监管，日本信托业协会成立于 1919 年，通过发表提案将自己的观点、立场表达给相关部门和机构，并发行月刊《Shintaku》，在日本信托行业的监管过程中发挥了重要作用。

目前，日本已形成了较为健全和完善的以行政机构监管为主，行业团体自主管理为辅的金融监管体系。

4 美国、日本土地流转信托产品发展模式及其环境借鉴分析

在了解了美国、日本土地流转信托产品模式及其环境之后，需要分析一下中国设计土地流转信托产品可以从美国、日本借鉴哪些有益经验。

关于美国、日本土地流转信托产品发展模式借鉴分析，先进行土地流转信托产品模式发展经验借鉴分析，然后再进行信托产品模式环境发展经验借鉴分析。

4.1 美国、日本土地流转信托产品模式发展经验借鉴分析

4.1.1 美国、日本土地流转信托产品模式总结

借鉴美国、日本土地流转信托产品模式发展经验，需要先对美国、日本土地流转信托产品模式进行一下总结。

4.1.1.1 美国土地流转信托产品模式总结

美国土地流转信托产品模式共有三种：①土地保护信托产品模式。②社区土地流转信托产品模式。③土地开发融资型土地流转信托产品模式。其中，前两种都是公益性土地流转信托产品模式，后一种是营利性土地流转信托产品模式。

在现阶段，中国推行公益性土地流转信托产品模式尚不成熟，因此，对

于中国设计土地流转信托产品模式有借鉴意义的就是美国土地开发融资型土地流转信托产品模式。

美国土地开发融资型土地流转信托产品模式，是开发者（委托人）购买一块生地，再将该土地所有权信托给受托人，签订信托契约，受托人发行土地信托受益凭证，而由委托人销售该受益凭证给市场上的投资人，受益凭证代表对信托财产土地所有权的受益权，销售受益凭证所得资金用来改良土地，然后将土地出租给由该开发者组成的公司，受托人收取租金，承担给受益凭证持有人固定报酬的义务，并将剩余租金用来买回受益凭证。

美国土地开发融资型土地流转信托产品模式具有以下三个特点：①通过资金的"集合"，解决开发土地尤其是生地所需的巨额资金。②为投资者提供投资于利润丰厚的土地产业的机会，同时也可以降低个体投资风险。③投资人所拥有的受益凭证可以流动，具有较强的变现性。

4.1.1.2　日本土地流转信托产品模式总结

日本土地流转信托产品有两种模式：①基本模式。②农地专业模式。由于农地专业模式是由日本农林中央金库这样的专门农业合作型金融机构主导，对于中国信托投资公司的借鉴意义并不大，因此，对于中国设计土地流转信托产品模式有借鉴意义的就是日本土地流转信托产品的基本模式。

日本土地流转信托产品的基本模式是，土地所有者将土地信托给受托人（信托银行），并从受托人管理和使用该土地的收益中获取信托红利。日本的土地流转信托产品包括两种形式：①出售型，这种形式是指委托人将信托财产委托信托业者出售，受托人将出售所得在扣除受托人的报酬及其他手续费用后，交付给委托人。②租赁型，这种形式是指受托人无处分信托财产的权利，在信托期间信托业者应定期给付委托人信托收益，信托终了时，委托人仍保有原土地的所有权。

日本土地流转信托产品的基本模式具有以下三个特点：①替代性，即通过土地信托方式解决了土地所有者具有土地开发的积极性，但无能力开发的现象，具有替代性。②稳定性，即土地所有者将土地信托给信托银行，在信托期内租赁信托可获取稳定的信托红利。③高效性与多样性，即吸取民间土地信托制度能够高效配置、利用土地的特点，使国有土地的管理与处置手段多样化。

4.1.2 美国、日本土地流转信托产品模式借鉴分析

美国、日本土地流转信托产品模式，对于中国土地流转信托产品模式设计可以有两个方面的借鉴之处。

4.1.2.1 成立农用土地专业信托机构分析

中国农用专业土地信托机构应按照"依法、自愿、有偿"的原则，把分散在一家一户的土地集中起来，以解决部分农户"有地无力开发、有力无地开发"的弊端，在稳定承包权的基础上，加速经营权的流转，同时有效解决了土地供需矛盾，促进了农村产业结构调整。

土地信托机构应该包括如下四项主要职能：

（1）信息传递职能分析

中国农用专业土地信托机构应该定期举行土地流转信息发布会，向社会推介被委托土地的使用权转让信息，公开招标高效农业开发项目，让原土地承包经营者可获得土地信托分红。

（2）中介服务职能分析

中国农用专业土地信托机构应该协调流转双方提出的有关事宜，在平等协商的基础上，落实合约关系，维护双方利益。中国农用专业土地信托机构应该可以代理发行受益凭证，为受托人融通开发资金服务，为投资者拓宽投资领域服务，并从中收取相应劳务酬金。

（3）监督管理职能分析

中国农用专业土地信托机构应该对土地流转后的用途进行监督管理，以提高土地利用"三态"效益为目的，以促进土地资源可持续利用为宗旨。

（4）经营管理职能分析

土地信托机构可运用其信托基金，直接或联合从事土地的开发经营管理。关于农用土地信托机构，可以组建专业化的农用土地流转信托机构，更应该鼓励现有的信托投资公司成立专门的农用土地流转信托分部。

4.1.2.2 建立土地投资信托基金分析

土地开发需要巨额资金，财政拨款、个人自有资金等途径往往受资金来源的限制而满足不了需求，建立土地投资信托基金可有效解决土地开发资金

不足问题。土地投资信托基金是土地信托部门为开发经营土地而设置的营运资金，其主要来源有四部分：①银行等金融部门吸收的土地信托存款。②政府发行的土地证券。③企事业单位待用的土地信托基金。④预算外自有资金等。

　　土地开发经营过程中所需的巨额资金可通过土地信托机构向金融机构贷款（农业贷款，政府扶持、利率优惠）来筹集，金融机构可通过出售贷款债权的方式向广大投资者再融通资金，既增加投资渠道，又分散金融风险。

4.1.2.3　构建农用土地流转信托产品模式分析

　　借鉴美国、日本的土地流转信托经验，并结合我国农村土地产权实际情况（农村集体土地所有权不变、承包权相对稳定、经营权可合理流动），可以构建如下的中国农用土地流转信托产品模式：①原土地承包者作为委托人与受益人将土地信托给土地信托机构。②土地信托机构作为受托人可将土地经营权以出租、转让、转包、入股等方式给土地开发经营者，从而收取租金、转让（包）金或股利。③土地信托机构也可以与专业土地开发公司通过签订土地开发合同，收取开发收益（开发公司按合同取得相应酬金），然后将土地使用权再进行出租、转让等活动。④土地信托机构负责将信托红利给委托人。

4.2　美国、日本土地流转信托产品经济金融环境发展经验借鉴分析

　　如果把土地流转信托产品比喻为一粒种子，其发展环境就是种子生长所依赖的土壤。从宏观视角看，只有为土地流转信托提供适宜的发展环境，土地流转信托产品才能不断被创新出来。而从微观视角来看，如果没有适合的发展环境，如何努力尝试设计土地流转信托产品都没有可行性。对于设计土地流转信托产品的企业来说，必须分析经济金融发展环境。

4.2.1　美国、日本土地流转信托产品经济环境发展经验借鉴分析

经济发展环境是土地流转信托产品发展的基本环境，在这方面，美国、日本有相当多有益经验值得中国发展土地流转信托产品时借鉴。

关于经济发展环境，将从社会经济体制、宏观调控体系、微观基础、人力发展四个方面展开。

4.2.1.1　美国、日本社会经济体制发展经验借鉴分析

美国、日本是当今世界经济最发达的主要经济体，其社会经济体制具有一些共同特征，值得中国完善经济体制时借鉴。

（1）美国、日本社会经济制度发展经验借鉴分析

在社会经济制度方面，美国、日本经济体制都是混合经济体制。这是第一个基本特征。在美国、日本经济中，其绝大部分都属于私有经济。这是第二个基本特征。而在私有经济中，又都是以大企业作为主导的。这是第三个基本特征。

混合经济是集市场经济与计划经济于一体的社会经济体制，即使是市场经济最发达的美国，也是混合经济。因此，中国也必须构建混合经济体制。按照中国关于混合经济体制的界定，混合经济是集公有制经济与非公有制经济于一体的社会经济体制。对于中国来说，公有制经济和非公有制经济都是社会主义市场经济的重要组成部分，都是中国经济社会发展的重要基础。中国必须毫不动摇地巩固和发展公有制经济，坚持公有制主体地位，发挥国有经济主导作用，不断增强国有经济活力、控制力、影响力。同时，中国必须毫不动摇鼓励、支持、引导非公有制经济发展，激发非公有制经济活力和创造力。

改革开放经过 30 多年的发展，中国非公有制经济爆发了巨大的活力，在 GDP 中所占比重已经超过 60%，税收贡献率超过 50%，新增就业率超过 90%，对基础设施投入占的比重超过 60%。

与美国、日本相比，中国目前社会经济体制在前两个基本特征方面已经大体完成，只是在第三个基本特征方面还有很长的路要走。

美国财富期刊发布的 2014 年世界 500 强排行榜上，中国（含中国香港、中国台湾）已达到 100 家，仅次于美国，而多于日本，成为财富 500 强第 2 大上榜国。但是，内地 92 家上榜企业中，绝大多数都是国企，特别是央企，非公有制企业比例很低。

在推进非公有制经济发展方面，中国还需要做好如下三项工作：

1）完善产权保护制度。

产权是所有制的核心。中国应该健全归属清晰、权责明确、保护严格、流转顺畅的现代产权制度。应该在中国形成这样的产权制度效果，一方面，公有制经济财产权不可侵犯，另一方面，非公有制经济财产权同样不可侵犯。

国家应该保护各种所有制经济产权和合法利益，保证各种所有制经济依法平等使用生产要素，公开、公平、公正参与市场竞争、同等受到法律保护，依法监管各种所有制经济。

2）积极发展混合所有制经济。

国有资本、集体资本、非公有资本等交叉持股、相互融合的混合所有制经济，应该是中国基本社会经济制度的重要实现形式，这既有利于国有资本放大功能、保值增值、提高竞争力，更有利于各种所有制资本取长补短、相互促进、共同发展。中国应该允许更多国有经济和其他所有制经济发展成为混合所有制经济。中国应该鼓励国有资本投资项目允许非国有资本参股。中国应该允许混合所有制经济实行企业员工持股，形成资本所有者和劳动者利益共同体。

3）支持非公有制经济健康发展。

非公有制经济在支撑增长、促进创新、扩大就业、增加税收等方面具有重要作用。中国应该坚持权利平等、机会平等、规则平等，废除对非公有制经济各种形式的不合理规定，消除各种隐性壁垒，制定非公有制企业进入特许经营领域的具体办法。

中国应该鼓励非公有制企业参与国有企业改革，鼓励发展非公有资本控股的混合所有制企业，鼓励有条件的私营企业建立现代企业制度。

（2）美国、日本经济调节机制发展经验借鉴分析

在社会经济机制方面，美国、日本都以市场竞争为基本调节手段。在对待竞争的问题上，美国、日本共同点主要表现在下述两方面：①都强调竞争

的重要性，同时又都看到个人和企业（特别是私人垄断企业）有一种排斥竞争的本能，因此不能寄希望于其自发存在的竞争秩序，而是重视建立人为的有序的竞争。②为了建立这种有序的竞争，不仅要直接制定若干必要的调整竞争秩序的法规，例如美国的反托拉斯法、日本的禁止垄断法等，而且还要间接地为建立有序竞争创造重要的条件，例如币值稳定、市场开放、契约自由等。

经验表明，国民经济中的竞争原则不会自然而然地得到贯彻，它必须通过一种国家规定的"人为秩序"加以保护。这就是美国、日本一系列反垄断法和相应的国家机构出现的原因。然而，为了形成有效的竞争秩序，人们还必须做出种种努力间接地为此建立必要的框架条件，如正确运用货币政策。在竞争秩序里，货币政策起着首要作用。如果不能成功地保证一定的币值稳定，一切实现秩序的努力都将白费，因为，通货膨胀将会严重干扰价格的调控机制和信号功能。例如，必须开放市场，封闭供求意味着企业削弱或者完全取消市场上的竞争。在市场经济条件下，谁封闭市场，就是犯法，应对造成的损失承担责任。例如，契约自由是开展竞争的重要前提条件，因为只有在家庭和企业可以自行决定何时何地买卖何物的情况下，竞争才能正常运行起来。

在经济调节机制方面，中国需要建设统一开放、竞争有序的市场体系，使市场在资源配置中起决定性作用。中国必须加快形成企业自主经营、公平竞争，消费者自由选择、自主消费，商品和要素自由流动、平等交换的现代市场体系，着力清除市场壁垒，提高资源配置效率和公平性。同时，中国必须反对垄断和不正当竞争。

（3）美国、日本国家的社会经济职能发展经验借鉴分析

美国、日本政府管理社会经济生活的思路主要是两点：①国家任务主要是为整个社会经济生活的正常运转创造框架条件，而不是自己直接从事经济生产活动。②力争缓和经济发展所带来的三大弊病：a. 经济的周期性波动；b. 经济结构的不协调；c. 社会的极大不公。

为了遵循上述基本思路和达到上述社会经济政策目标，战后美国、日本都发展或完善了一系列经济政策工具，包括竞争政策、货币政策、财政政策等。

鉴于中国依然坚持社会主义公有制为主体的社会经济制度，不可能完全照搬美国、日本的国家社会经济职能，但中国的确需要在转变政府职能方面取得突破。

中国政府必须全面正确履行政府职能，中国各级政府必须进一步简政放权，深化行政审批制度改革，最大限度地减少中央政府对微观事务的管理，市场机制能有效调节经济活动，一律取消审批，对保留的行政审批事项要规范管理、提高效率；直接面向基层，由地方管理更方便有效的经济社会事项，一律下放地方和基层管理。

中国各级政府要加强发展战略、规划、政策、标准等制定和实施，加强市场活动监管，加强各类公共服务提供。中国应该加强中央政府宏观调控职责和能力，加强地方政府公共服务、市场监管、社会管理、环境保护等职责。推广政府购买服务，凡属事务性管理服务，原则上都要引入竞争机制，通过合同、委托等方式向社会购买。

4.2.1.2 美国、日本宏观调控体系发展经验借鉴分析

美国、日本能够发展成为世界两个经济最发达的国家，其宏观调控体系功不可没，值得中国借鉴。与美国、日本两国相比，中国更接近日本。因此，中国宏观调控体系借鉴日本的成分应该更多一些。

现阶段，中国宏观调控体系需要在如下两个方面进行完善：

（1）中国健全宏观调控体系分析

宏观调控的主要任务是保持经济总量平衡，促进重大经济结构协调和生产力布局优化，减缓经济周期波动影响，防范区域性、系统性风险，稳定市场预期，实现经济持续健康发展。中国必须健全以国家发展战略和规划为导向，以财政政策和货币政策为主要手段的宏观调控体系，推进宏观调控目标制定和政策手段运用机制化，加强财政政策、货币政策与产业、价格等政策手段协调配合，提高抉择水平，增强宏观调控前瞻性、针对性、协同性。形成参与国际宏观经济政策协调的机制，推动国际经济治理结构完善。

中国应该深化投资体制改革，确立企业投资主体地位。企业投资项目，除关系国家安全和生态安全、涉及全国重大生产力布局、战略性资源开发和重大公共利益等项目外，一律由企业依法依规自主决策，政府不再审批。强化节能节地节水、环境、技术、安全等市场准入标准，建立健全防范和化解

产能过剩的长效机制。

中国应该完善发展成果考核评价体系，纠正单纯以经济增长速度评定政绩的偏向，加大资源消耗、环境损害、生态效益、产能过剩、科技创新、安全生产、新增债务等指标的权重，更加重视劳动就业、居民收入、社会保障、人民健康状况。加快建立国家统一的经济核算制度，编制全国和地方资产负债表，建立全社会房产、信用等基础数据统一平台，推进部门信息共享。

（2）中国深化财税体制改革分析

财政是国家治理的基础和重要支柱，科学的财税体制是优化资源配置、维护市场统一、促进社会公平、实现国家长治久安的制度保障，必须完善立法、明确事权、改革税制、稳定税负、透明预算、提高效率，建立现代财政制度，发挥中央和地方两个积极性。

中国深化财税体制改革应该做好如下两项工作：

1）改进预算管理制度。

中国应该实施全面规范、公开透明的预算制度。审核预算的重点由平衡状态、赤字规模向支出预算和政策拓展。清理规范重点支出同财政收支增幅或生产总值挂钩事项，一般不采取挂钩方式。建立跨年度预算平衡机制，建立权责发生制的政府综合财务报告制度，建立规范合理的中央和地方政府债务管理及风险预警机制。

中国应该完善一般性转移支付增长机制，重点增加对革命老区、民族地区、边疆地区、贫困地区的转移支付。中央出台增支政策形成的地方财力缺口，原则上通过一般性转移支付调节。清理、整合、规范专项转移支付项目，逐步取消竞争性领域专项和地方资金配套，严格控制引导类、救济类、应急类专项，对保留专项进行甄别，属地方事务的划入一般性转移支付。

2）完善税收制度。

中国应该深化税收制度改革，完善地方税体系，逐步提高直接税比重。推进增值税改革，适当简化税率。调整消费税征收范围、环节、税率，把高耗能、高污染产品及部分高档消费品纳入征收范围。逐步建立综合与分类相结合的个人所得税制。加快房地产税立法并适时推进改革，加快资源税改革，推动环境保护费改税。

中国应该按照统一税制、公平税负、促进公平竞争的原则，加强对税收优惠特别是区域税收优惠政策的规范管理。税收优惠政策统一由专门税收法律法规规定，清理规范税收优惠政策，完善国税、地税征管体制。

4.2.1.3　美国、日市微观基础发展经验借鉴分析

土地流转信托产品微观基础主要是农业和信托业。

（1）美国、日本农业发展经验借鉴分析

美国、日本农业在现代化过程中取得了两项成就：①农民数量大幅度逐步减少，但却没有出现所谓的农民工问题；②农村经济比例大幅度下降，却没有出现农民贫困问题。这非常值得中国农业发展借鉴。

推动中国农业发展，中国需要做好如下两项工作：

1）完善主要由市场决定农产品价格的机制。

凡是能由市场形成价格的农产品都应该交给市场，政府不进行不当干预。中国应该完善农产品价格形成机制，注重发挥市场形成价格作用。

2）加快构建新型农业经营体系。

中国应该坚持家庭经营在农业中的基础性地位，推进家庭经营、集体经营、合作经营、企业经营等共同发展的农业经营方式创新。

中国应该鼓励农村发展合作经济，扶持发展规模化、专业化、现代化经营，允许财政项目资金直接投向符合条件的合作社，允许财政补助形成的资产转交合作社持有和管护，允许合作社开展信用合作。鼓励和引导工商资本到农村发展适合企业化经营的现代种养业，向农业输入现代生产要素和经营模式。

（2）美国、日本信托业发展经验借鉴分析

美国、日本信托业的发展表明，信托发展与国家经济增长阶段有很大关系。

经济增长处于高速发展阶段，融资需求强烈，信托业务融资化特征相对显著，这本身是信托制度适应外部经济环境变化的表现。目前，我国依然处于相对增长较快的阶段，融资需求依然较为强烈，因为信托业需要进一步优化信托融资功能发挥的路径，实现差异化经营目标。同时，我国还需要加强信托文化的普及，进一步发掘其他信托业务需求，从而有利于提高信托业收入来源以及未来融资信托业务收缩可能带来的冲击。

信托公司发展根本还在于专业化经营，因而我国信托业仍需要加强业务

的专业性，培育和招聘更多专业人才，深化信托制度的应用空间和范围，加快信托业务创新，提高市场竞争力。信托公司仍需要加强渠道建设，细化客户管理，通过客户管理系统，细化客户管理策略，分析客户金融服务需求和投资偏好，为客户指定个性化产品推荐财富管理方案。信托公司需要加强风险管理能力的提升，加强各种风险管理工具的应用，诸如评级体系、预警体系等，提高风险管理量化水平，形成良好的风险文化和报告体系。信托公司需要进一步加强品牌建设和宣传，向社会和市场传递企业经营理念、发展愿景等，增强经营透明性，强化客户的认同感和信任度。同时，信托业也需要通过横向兼并收购和纵向兼并收购，实现综合化、规模化经营，提升综合经营实力。

4.2.1.4 美国、日本土地流转信托产品人才发展环境借鉴分析

公开数据显示，至 2012 年一季度末，中国信托业管理资产规模已达 5.3 万亿元，超过证券投资基金公司管理的基金规模，成为我国四大金融支柱之一。

但是，在信托业这种快速增长行业，专业人员配备并没有跟上，不仅是总量上少，质量上也是良莠不齐。这已经成为中国信托业发展的重要制约因素。

为了给中国信托业提供充足的人力资源，中国政府与企业应该采取如下三项措施：

（1）以学习型组织为依托，注重员工的继续教育与培训

从中国信托企业视角看，必须做好人才的培训工作。信托行业是知识密集型行业，企业之间的竞争就是人才的竞争。中国信托企业应该依托公司战略发展路线图，对业务、管理两大类人才余缺进行分析，认真研究当前和未来行业骨干人才引进、培养和调整的相关措施。结合企业中长期发展规划，提出中长期人才引进的数量、层次和标准，重点确立"人才引进的主要人群"和"人才引进的重点方向"，前瞻性地做好高层次创新人才的配置规划。

在引才途径上，中国信托企业一方面通过知名猎头公司等专业机构获取人才，或通过行业专家推荐；另一方面通过引进先期引进人才的同学、同事或者合作伙伴关系等"以才引才"的方式。

中国信托应该坚持民主公开竞争择优，建立竞争性选拔机制，以"能者

上、平者让、庸者下、劣者汰"为用人导向，实施岗位胜任特征评价。

中国信托企业应该创新人才培训模式，提高员工队伍的素质能力。

（2）建立了完善的人力资源市场机制

从政府视角，可以采取措施促进劳动力供求双方之间建立有效的联系，成立多种类型就业辅导机构。

（3）建立全方位的人力资源评估及素质测评体系

政府、企业和行业协会可以合作构建全方位的信托业人力资源评估及素质测评体系，为人才和企业之间合理双向选择建设科学、合理的平台。

4.2.2　美国、日本土地流转信托产品金融环境发展经验借鉴分析

金融环境是信托产品发展所依赖的直接环境。美国、日本在土地流转信托产品金融环境发展方面有值得中国借鉴的经验。

中国应该积极推进农村金融体制改革，应该主动适应农村实际、农业特点、农民需求，不断深化农村金融改革创新。

各级政府应该综合运用财政税收、货币信贷、金融监管等政策措施，推动金融资源继续向"三农"倾斜，确保农业信贷总量持续增加、涉农贷款比例不降低。

各级政府应该完善涉农贷款统计制度，优化涉农贷款结构。延续并完善支持农村金融发展的有关税收政策。开展信贷资产质押再贷款试点，提供更优惠的支农再贷款利率。

中国应该鼓励各类商业银行创新"三农"金融服务。农业银行"三农"金融事业部改革试点覆盖全部县域支行。农业发展银行要在强化政策性功能定位的同时，加大对水利、贫困地区公路等农业农村基础设施建设的贷款力度，审慎发展自营性业务。

中国国家开发银行要创新服务"三农"融资模式，进一步加大对农业农村建设的中长期信贷投放。中国应该提高农村信用社资本实力和治理水平，牢牢坚持立足县域、服务"三农"的定位。中国政府应该鼓励邮政储蓄银行拓展农村金融业务。提高村镇银行在农村的覆盖面。积极探索新型农村合作

金融发展的有效途径，稳妥开展农民合作社内部资金互助试点，落实地方政府监管责任。

各级政府应该做好承包土地的经营权和农民住房财产权抵押担保贷款试点工作。

中国应该鼓励开展"三农"融资担保业务，大力发展政府支持的"三农"融资担保和再担保机构，完善银担合作机制。支持银行业金融机构发行"三农"专项金融债，鼓励符合条件的涉农企业发行债券。开展大型农机具融资租赁试点。完善对新型农业经营主体的金融服务。强化农村普惠金融。继续加大小额担保、财政贴息贷款等对农村妇女的支持力度。

4.3　美国、日本土地流转信托产品法律环境发展经验借鉴分析

推行土地流转信托，设计土地流转信托产品的发展需要法律环境保驾护航。美国、日本土地流转信托产品法律环境发展经验值得中国借鉴。

4.3.1　美国、日本土地流转法律环境发展经验借鉴分析

美国、日本的经验充分表明，土地流转是市场经济体制或混合经济体制中的必然现象，政府应该制定相应的法律，一方面，促进土地流转，提供土地的利用效率；另一方面，也进行必要的限制，避免土地流转引发严重的社会经济问题。

借鉴美国、日本土地流转法律环境发展经验，中国可以在如下八个方面完善土地流转法律环境：

（1）建立城乡统一建设用地市场的法律环境

中国应该在符合规划和用途管制的前提下，通过制定、完善相关法律允许农村集体经营性建设用地出让、租赁、入股，实行与国有土地同等入市、同权同价。中国应该缩小征地范围，规范征地程序，完善对被征地农民合理、规范、多元的保障机制。中国应该扩大国有土地有偿使用范围，减少非公益

性用地划拨。中国应该通过制定、完善相关法律，建立兼顾国家、集体、个人的土地增值收益分配机制，合理提高个人收益。中国应该通过制定、完善相关法律，完善土地租赁、转让、抵押二级市场。

（2）构建推动中国农业经营模式创新的法律环境

中国应该以法律形式坚持农村土地集体所有权，依法维护农民土地承包经营权，发展壮大集体经济。中国必须以法律形式稳定农村土地承包关系并保持长久不变，在坚持和完善最严格的耕地保护制度的前提下，应该通过制定、完善相关法律，赋予农民对承包土地占有、使用、收益、流转及承包经营、抵押、担保的权利，允许农民以承包经营权入股发展农业产业化经营。中国应该通过制定、完善相关法律，鼓励承包经营权在公开市场上向专业大户、家庭农场、农民合作社、农业企业流转，发展多种形式规模经营。

（3）赋予农民更多财产权利的法律环境

中国应该通过制定、完善相关法律，保障农民集体经济组织成员权利，积极发展农民股份合作，赋予农民对集体资产股份占有、收益、有偿退出及抵押、担保、继承权。中国应该通过制定、完善相关法律，保障农户宅基地用益物权，改革完善农村宅基地制度，选择若干试点，慎重、稳妥推进农民住房财产权抵押、担保、转让，探索农民增加财产性收入渠道。中国应该通过制定、完善相关法律，建立农村产权流转交易市场，推动农村产权流转交易公开、公正、规范运行。

（4）推进农业转移人口市民化的法律环境

中国应该通过制定、完善相关法律，推进农业转移人口市民化，逐步把符合条件的农业转移人口转为城镇居民。中国应该通过制定、完善相关法律，创新人口管理，加快户籍制度改革，全面放开建制镇和小城市落户限制，有序放开中等城市落户限制，合理确定大城市落户条件，严格控制特大城市人口规模。中国应该通过制定、完善相关法律，稳步推进城镇基本公共服务常住人口全覆盖，把进城落户农民完全纳入城镇住房和社会保障体系，把在农村参加的养老保险和医疗保险规范接入城镇社保体系。中国应该通过制定、完善相关法律，建立财政转移支付同农业转移人口市民化挂钩机制，从严合理供给城市建设用地，提高城市土地利用率。

（5）健全自然资源资产产权制度和用途管制制度

中国应该对水流、森林、山岭、草原、荒地、滩涂等自然生态空间进行统一确权登记，形成归属清晰、权责明确、监管有效的自然资源资产产权制度。中国建立空间规划体系，划定生产、生活、生态空间开发管制界限，落实用途管制。中国健全能源、水、土地节约、集约使用制度。

（6）划定生态保护红线

中国应该坚定不移地实施主体功能区制度，建立国土空间开发保护制度，严格按照主体功能区定位推动发展，建立国家公园体制。建立资源环境承载能力监测预警机制，对水土资源、环境容量和海洋资源超载区域实行限制性措施。对限制开发区域和生态脆弱的国家扶贫开发工作重点县取消地区生产总值考核。

（7）实行资源有偿使用制度和生态补偿制度

中国加快自然资源及其产品价格改革，全面反映市场供求、资源稀缺程度、生态环境损害成本和修复效益。中国坚持使用资源付费和谁污染环境、谁破坏生态谁付费的原则，逐步将资源税扩展到各种自然生态。中国稳定和扩大退耕还林、退牧还草范围，调整严重污染和地下水严重超采区耕地用途，有序实现耕地、河湖休养生息。中国应该通过制定、完善相关法律，建立有效调节工业用地和居住用地合理比价机制，提高工业用地价格。中国应该坚持谁受益、谁补偿原则，完善对重点生态功能区的生态补偿机制，推动地区间建立横向生态补偿制度。发展环保市场，推行节能量、碳排放权、排污权、水权交易制度，建立吸引社会资本投入生态环境保护的市场化机制，推行环境污染第三方治理。

（8）改革生态环境保护管理体制

中国应该建立和完善严格监管所有污染物排放的环境保护管理制度，独立进行环境监管和行政执法。建立陆海统筹的生态系统保护修复和污染防治区域联动机制。中国应该健全国有林区经营管理体制，完善集体林权制度改革。

4.3.2　美国、日本信托业法律环境发展经验借鉴分析

美国、日本的经验充分表明，土地流转信托产品发展必须依托相应的信

托业法律环境。由于时间的推移，社会经济发展形势的深刻变化，原来的信托业发展环境已经发生了根本性的变化，2001 年颁布的《中华人民共和国信托法》已经不能很好地满足我国信托业的监管需要，完善中国信托立法势在必行。借鉴美国、日本信托业法律环境发展经验，中国可以在如下三个方面完善信托业法律环境。

4.3.2.1 修订信托法

信托法是信托业的母法，其完善与否直接决定着信托业的发展状况。2001 年颁布信托法时，由于借鉴了英美法系的立法模式，在当时坚持"宜粗不宜细"的原则，再加上对"法律移植"和"本土化"如何进行衔接客观上也有难度，使得信托法缺乏应有的完整性和可操作性，特别是不能满足信托法立法 10 多年之后社会发展对民事信托、营业信托及公益信托的多样化需求。因此，信托法必须修订。

根据美国、日本信托法律法规体系的发展经验，仅指望对信托法进行完善就解决所有主要问题的想法并不符合信托业立法的基本模式。一方面，中国立法机关应该修改作为信托业母法的信托法；另一方面，也应该启动关于信托业各个领域的子法的立法工作。

中国对信托业各个具体业务领域制定子法，可以将信托法所确立的信托制度具体化，形成从一般到特殊的完整的信托业法律法规体系。

4.3.2.2 制定信托法子法

制定信托法子法，可以做如下五个方面的具体工作：

（1）完善信托业市场主体法律法规分析

完善信托业市场主体法律法规重点是要规定信托业市场主体（通过是信托投资公司）的法律地位及其应该承担的法律权利义务。制定这类法律法规，应该塑造具有创新能力的信托业市场主体，同时对其行为进行必要的规范。

关于信托业市场监管主体，银监会于 2006 年 12 月 28 日发布了《信托投资公司管理办法》。不过，无论从立法层次，还是具体条文方面看，中国关于信托业市场主体法律法规都需要完善。

（2）制定信托业客体法律法规分析

信托业的客体就是信托业赖以运行的信托财产。信托业客体法律法规的核心目的就是保护信托业的客体，即信托财产。这类法律法规在信托业法律法规体系中占有十分重要的地位。这类法律法规应该规定信托财产的保护方式和保护范围，确保建立信托财产从取得、使用到转让的一个完整且高效的运作程序。关于信托业客体，中国还没有专门的法律法规，亟待制定。

（3）制定信托市场交易行为法律法规分析

信托市场交易行为是信托业最基本的活动，其创新性和规范性对于信托业健康发展意义十分重大。信托市场交易行为法律法规的核心目的就是为信托市场交易主体的市场交易行为设定公平、合理的交易规则，以此来引导并规范信托市场主体的行为，提高信托市场的交易效率和交易效果。关于信托市场交易行为，中国还没有专门的法律法规，亟待制定。

（4）制定和完善信托监管法律法规分析

对于政府来说，监管必须遵守相应的法律法规。信托监管法律法规的立法目的，既是对信托业主体的监管，也是对政府管理信托业的合理限制。关于信托监管，中国也没有完整的法律法规，亟待制定和完善。

（5）制定信托收益分配法律法规分析

信托收益是信托业运行的目标，合理界定信托收益的分配，对于信托业健康发展的意义不言而喻。信托收益分配法律法规的立法目的，是对信托业收益进行合理的分配，是对信托各方利益主体关于信托收益平衡机制的合理设定。关于信托收益分配，中国也没有完整的法律法规，亟待制定。

4.3.2.3 完善相关配套法律法规体系分析

信托业发展离不开相关配套法律法规体系的配合。中国可以在如下四个方面进行信托相关配套法律法规的完善：

（1）完善税收法律法规分析

信托活动必然涉及信托财产转移、管理以及信托收益的分配等问题，这就需要与税收法律法规进行配合。信托法律法规体系建设与税收法律法规体系应该在信托税收领域进行有效配合，既防范避税、偷税等行为，又避免重复征税。

（2）完善会计法律法规分析

信托活动必然涉及信托业主体的会计活动，由于信托业会计具有一定的特殊性，现有的单一会计法律法规体系难以全面而有效地记录信托业的特殊活动。信托法律法规体系建设与会计法律法规体系应该在信托会计领域进行有效配合，合理界定信托会计主体，重新设立信托会计要素，重构信托会计恒等式，以构建适合信托业发展的信托会计模式。

（3）完善破产法律法规分析

信托业是经营风险很高的产业，没有破产法律法规体系，信托业主体就不可能真正发展成为自主经营的市场主体。

在信托业破产法律法规立法方面，可以借鉴美国、日本的成功经验，建立信托业主体破产或退出制度，以大幅度减轻信托业主体破产给信托财产委托人以及信托业的冲击。

（4）完善信用法律法规分析

信托业运行的社会机制就是社会信用，缺乏社会信用，信托业只会陷入混乱发展状态中。社会信用法律法规体系的完善对于中国信托业的健康发展十分重要。

4.3.3　美国、日本农用土地流转法律环境发展经验借鉴分析

针对农用土地流转，借鉴美国、日本的经验，中国可以在如下两个方面进行法律发展环境的完善：

4.3.3.1　完善农用土地流转信托支持体系分析

（1）政策法规支持体系分析

虽然中国有《信托法》，然而，中国农用土地信托发展滞后，要真正促进土地信托经营业务的发展，尚需制定有关规范各种农用土地信托经营业务的政策法规及实施细则，特别是关于土地投资信托基金如何具体运作，土地信托红利确定的依据，土地信托经营业务的税费制度，土地信托产权的流转补偿与变更登记问题等。

（2）市场支持体系分析

推进农用土地流转信托，中国还需要做好如下四项基本工作：

1）支持培育土地流转经营者分析。农村土地产权流转根本在于解决"有地无人种、想种无地种"的问题，因而培育土地经营者是土地产权流转能否顺利进行的关键。目前我国农村土地流转经营者主要有一般农户、种养大户、工商业主等；主要经营形式有大户承包型、农庄经营型、股份合作型、公司经营型、产业化经营型等，重点应支持种养大户与工商业主进行规模化经营，投资高效农业，以发挥其人力、资金、市场与技术的优势。

2）市场信息支持分析。流转土地的区位、数量、质量、地貌等条件以及补偿标准、流转形式均存在着较大的差异性，建立流转土地信息库，多渠道、多形式向辖区内外及时发布土地资源信息，可增强土地市场透明度，有助于土地高效流转。

3）监督机制支持分析。土地流转后的用途应遵循"不改变土地的农业用途，确保耕地复耕能力，确保耕地总量动态平衡，确保土地资源可持续利用"的原则。建立监督机制，依法查处土地流转后的违法用地行为，使流转后的土地利用真正做到合理与高效。

4）资金支持分析。根据投资测算，目前，每整理、开发、复垦1公顷的耕地需要投资近万元。随着土地整理、开发与复垦难度的递增，土地流转经营者所需投入资金量越来越大，为此需要财政部门、金融机构、民间组织等资金上的大力支持。

（3）技术支持体系分析

由于土地开发整理内涵是随着时间的推移不断丰富的，以土地整理最具代表性的德国为例，19世纪以前的土地整理主要是针对农地分散、零碎等问题实行集中；20世纪初期，侧重于服务基础设施和公共建设实施土地整理；到了20世纪70年代又增加了景观生态和环境保护，以实现经济、社会、环境的协调发展。因此，土地开发整理技术也需要不断更新与完善，以适应土地开发整理内涵的需要。

4.3.3.2　完善农用土地流转信托支持体系难点分析

现阶段，完善中国农村土地流转信托制度需要明确如下三大难题：

（1）特别立法分析

在信托业较为发达的日本除了有《信托法》、《信托业法》、《兼营法》等基本法律外，还根据不同信托业务种类而创设信托特别法，如《贷款信托法》、

《证券投资信托法》、《抵押公司债券信托法》及《土地信托法》等。我国虽然出台了《中华人民共和国信托法》，但其过于宏观，在现实中难以操作。在提倡依法治国的今天，一切行为必须置于法律和制度框架之下。我国土地信托应进行特别立法。在条件还不十分成熟的情况下，可以条例的形式出现，对相关法律进行必要的补充，使我国农村土地信托事业健康、有序发展。

（2）土地信托委托人分析

中国农用土地信托的委托人究竟是谁，是村委会还是承包户？我国宪法、土地法、农村土地承包法等明确规定，农村土地属于集体所有，而有权代表集体的组织有：村民小组、村委会、乡（镇）集体经济组织。但究竟哪一个集体经济组织是集体土地的主体，事实上并不清楚。有的地方将集体土地所有权证发给村委会，村委会作为土地信托制的委托人也就顺理成章。但是按照农村土地承包法的规定，土地承包经营权流转的主体是承包方，承包方有权依法自主决定土地承包经营权是否流转和流转的方式。村委会将土地发包给农民后，作为承包方的农民就自动取得了流转选择权，如果村委会作为委托人，那将是对农民承包经营权的肆意剥夺和对国家法律的严重践踏。因此，应该以农村承包地使用权人作为委托人更为合适。

（3）对受托人约束性分析

关于农用土地流转信托，还是应该在信托成立时明确对受托人的约束。对农用土地流转的受托人，至少要做出两条限制：①破产者不能充当受托人。②未成年人、精神病患者等无判断能力的人也不能担任受托人。

依据美国、日本的经验，农业土地流转信托的受托人可以是个人，也可以是法人。但是在中国，由于中国个人信用体系发展尚不成熟，以个人作为受托人在近期并不妥当。同时，由政府相关部门出资设立土地流转信托机构也不宜提倡。这是因为这种依托行政力量建立的土地流转信托机构，容易依靠行政手段向成员农户租用土地，再以土地入股经营或包给其他个人或法人单位经营，从而使这种流转变异为"反租倒包"。而"反租倒包"从根本上违背了农民的意愿，为《中共中央关于做好农户承包地使用权流转工作的通知》所明令禁止。综合分析，由具有独立财产，能独立承担民事责任的法人充当较为适宜，该法人须是能履行土地信托职能、独立承担民事责任的中介组织，如土地信托中心、土地信托合作社、土地信托投资公司等中介组织。

中篇　产品设计

信托怎么做？
咱们来想想！

5 中国土地流转信托产品既有模式分析

关于土地流转信托，中国已经探索出一些产品模式。在这些探索者中，既有中国农村地方政府，也有中国大型信托投资公司。

5.1 中国农村地方政府探索的土地流转信托产品模式分析

5.1.1 中国土地流转信托产品的绍兴模式分析

浙江省绍兴市绍兴县于 2001 年率先试行了农村土地流转信托，至今已形成了一定的规模，在国内产生了很大的影响，其土地流转信托的形式也是国内最规范的。因此，研究绍兴县的农村土地流转信托模式对构建我国农村土地流转信托模式有深刻的借鉴意义。

5.1.1.1 绍兴模式概述

绍兴县对全县的土地利用情况进行调查，将土地流转信托试点主要设在了土地流转规模比较大的柯桥镇，该镇土地承包经营权可流转的比例高达80%多，有 22442 亩耕地可流转，而丰富村、先锋村和路南村这三个村因为土地流转规模大、村级经济较为发达、农户流转土地愿望比较强烈，被选取作为土地流转信托的试点村。土地流转信托试点成功后，绍兴县将该模式在全县推行，20 个乡镇的 774 个村都可以实行土地流转的信托模式，见图 5.1。

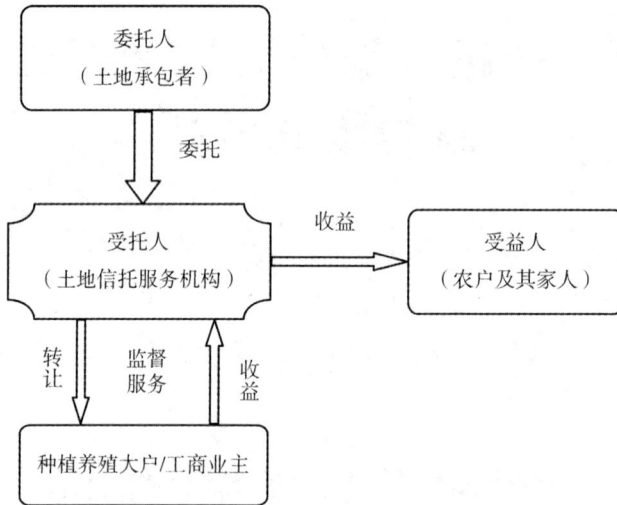

图 5.1　中国土地流转信托产品的绍兴模式

浙江绍兴县土地流转信托的特色就是设立了县、镇、乡三级土地流转信托服务机构。这三级土地流转信托服务机构作为土地承包经营权信托流转的受托人发挥了核心的作用，主要提供登记和发布土地供求信息、推介土地开发项目、协调供求双方、指导签证、追踪服务和调处纠纷等服务。县级土地流转信托服务机构是在县土地经营管理总站内设立的土地流转信托服务中心，由镇农办、经管站、土管所、司法所等成员组成，总管全县土地流转信托的日常工作，同时由县政府分管农业的副县长领导，县农办、农业局、林业局、水产局、土管局、县法制局等为成员建立了县土地流转信托领导小组；镇级土地流转信托服务机构是设在镇农办内的土地流转信托服务站，由分管农业的副镇长任站长，负责管辖区域内的土地流转信托工作；村级土地流转信托服务是村经济合作社，同时由村经济合作社主任牵头，村委负责农业的副主任、文书作为成员，建立了土地流转信托领导小组，负责管理村土地流转的日常工作。这种三级土地流转信托服务机构的设置使责任分层，可以进行垂直管理。绍兴县内若有农户愿转让其水田、旱地、滩涂、山林等的土地承包经营权或者种植养殖大户和工商业主需要受让土地承包经营权，都可以委托这三级土地流转信托服务机构办理相关的土地流转信托业务。

绍兴县土地流转信托主要就是在坚持"稳定土地所有权，维护土地承包权，搞活土地使用权"的原则下，农户将无力或者不愿耕种的土地使用权委托给村经济合作社，村经济合作社将诸如土地类型、坐落位置、流转面积、承包权证等土地信息汇总到镇信托服务站并由其登记造册建立土地流转信托档案，而镇信托服务站可向社会公开发布土地信息招揽经营者，种植养殖大户通过招投标的方式取得土地使用权。若本镇的种植养殖大户消化不了本镇流转的土地，县信托服务中心可将多余的土地发包给工商业主和经营能手。

中国土地流转信托产品的绍兴模式流程如下：

（1）农户申请与受理

农户向村经济合作社书面申请流转其土地，村经济合作社就农户的申请情况，统一接受农户委托的土地，并逐一与农户签订土地承包经营权的委托合同。而后，村集体结合土地资源的条件统一规划整理村经济合作社受托后的土地，以利于土地能够被种植养殖大户和工商业主集中连片开发，并进行专业化的规模经营。

（2）委托土地流转信托中心

村经济合作社将从农户手中受托过来的土地流转信托给镇土地流转信托服务站或土地流转信托服务中心。村经济合作社将详细记载需要流转土地的类型、位置、面积、流转期限和处理经济关系的要求等信息的《土地使用权委托流转申请书》递交给镇土地流转信托服务站或土地流转信托服务中心。镇土地流转信托服务站核实查对《土地使用权委托流转申请书》中的相关信息后，将相关信息记录在土地使用权流转储备库登记簿中，统一整理储备入库。

（3）项目推介

镇土地流转信托服务站通过广播、电视、剪报、互联网等多种新闻媒体形式，向社会公开发布土地储备和开发土地资源的信息，并推介发展效益农业项目。

（4）经营者申请

有意投资农业项目的种植养殖大户和工商业主可向土地流转信托服务中心就需要受让土地的位置、面积、期限和处理经济关系的要求等信息以书面形式提出土地流转信托申请。镇土地流转信托站审核种植养殖大户和工商业主的资信、资本和经营能力后，将种植养殖大户和工商业主的相关信息登记入册。

（5）谈判

镇信托服务站根据土地承包经营权流转的供求信息，初步配对村经济合作社和种植养殖大户，并协调双方意见，使其能够直接谈判。谈判达成一致后，双方签订土地使用权承包（倒包）合同。这样一来，土地承包经营权就从农户手中流转到了种植养殖大户。

（6）跟踪服务和调处纠纷

土地流转信托服务中心在土地流转后继续对土地经营者进行跟踪服务和调处纠纷，论证土地经营者开发效益农业项目的可行性，监测土地经营者的经营状况，提供市场信息、信贷、农业技术、司法调解等相关服务，以维护土地流转信托当事人的合法权益。

（7）分红

村经济合作社和土地经营者等相关利益主体在土地流转经营一年后按照承包合同分配土地经营取得的收益。

5.1.1.2　绍兴模式经验分析

中国土地流转信托产品的绍兴模式有如下三项经验：

（1）在政府适当引导下实施整体的市场化运作

绍兴县实行的土地流转信托中，政府对土地流转信托给予适当的指引和规范，县、镇和村的各级相关部门引导和管理当地的土地流转，在农民自愿原则下，不使用行政手段强迫农民进行土地流转。以此为基础，遵循土地流转信托市场规律，实施土地流转信托市场运作，促使土地流转信托趋向合理化、集约化和规范化发展，从而促进土地的规模化经营，提高农业的生产效益。

（2）制定土地流转信托相关的鼓励优惠政策

为了促进土地规模化经营，支持种田能手、经营大户和从事农产品生产或加工的公司企业用土地流转信托的方式扩大其经营规模，政府相关部门出台相应政策文件，鼓励和支持他们把农产品的销售渠道拓宽，把企业做大做强。另外，政府相关部门向大规模经营土地的个人和企业给予一定的资金支持，通过经济补贴或贴息支持的手段增强他们通过土地流转实现集约化经营土地的积极性，在一定程度上解决大规模农业生产面临的资金困难问题。

（3）建立及完善土地流转信托机制

土地流转信托的顺利进行与相对完善的土地流转信托机制紧密相关。绍兴县拥有县、镇和村的三级土地流转信托服务体系，土地承包方将土地承包经营权委托给土地流转信托服务体系，然后流转到需求方如种田大户等，从而节约了土地承包经营权流转过程中供需双方的匹配成本，使供需双方能够有效快速对接，从而促进土地大范围、大规模流转。绍兴县的土地流转信托登记备案制度、土地流转档案管理制度和土地流转纠纷信访制度有效地规范了当地的土地流转信托行为，为土地流转信托在全国其他地区的推行和发展作了良好的示范。

5.1.2 中国土地流转信托产品的益阳模式分析

2010 年 4 月以来，湖南省益阳市在沅江市草尾镇启动了农村土地流转信托试点。经过探索，取得了良好成效，成为破解"三农"难题的重要突破口，被专家称为"益阳模式"。

5.1.2.1 益阳模式背景分析

中国土地流转信托产品益阳模式创立源于三个背景：

（1）益阳市草尾镇条件优势

草尾镇位于湖南省益阳沅江市的东北部，辖区总面积为 143.5 平方千米，其中镇区面积为 2.5 平方千米，耕地大约为 15 万亩，是一个典型的农业大镇。近年来，外出务工的收入远远大于在家务农的收入，农业的劳动报酬无法满足农民的生活需求，大量农民涌入城市务工，随之降低的是农民经营土地的积极性以及对土地的依赖性。在这样的背景下，农民自发流转土地并开始普及。据统计，到 2009 年底，草尾镇农民自发流转的土地面积达到了 4.8 万亩。但是，农民自发流转土地的过程中出现了很多弊端，由此带来的问题日益凸显，尤其是土地纠纷事件，所以引导土地有序流转的任务亟须进行。2010 年 4 月，益阳市正式启动了草尾镇的试点工作。

草尾镇作为试点单位的主要原因有三点：①农业经济发展状况比较好。

②草尾镇并不是位于城市与农村的接壤地带，土地性质单一，试点工作容易开展。③草尾镇已经有一定规模的土地以传统方式进行了流转，这意味着，信托公司可以减少资金将分散土地整理连片的成本。据草尾镇土地流转信托服务中心主任杨佑南介绍，全镇共有耕地15万亩，自2006年以来通过各种形式流转的土地面积已达44%。

（2）益阳土地撂荒现象日益严峻

土地撂荒是目前中国农村共同的问题。除了少部分平原地带，我国大部分的耕地都存在规模偏小，分散细碎的特点，草尾镇也是如此，这种特点为农业经济的发展形成了难以突破的阻碍，土地规模小，现代化农业设备就难以普及，农业生产水平就上不去，那么农民收入就无法得到根本提高，而在物价和消费水平如此上涨的压力下，以务农带来的收入远远满足不了农民生活水平和生活质量的需求。伴随的现象就是农村大量的劳动力转入到城市，因此，土地撂荒现象日益严峻。

据调查，1998～2001年是草尾镇土地抛荒最严重的时期，遭弃耕的农田就有近5万亩，而全镇的总体耕地面积为15万亩，抛荒率竟高达30%。自从国家取消了农业税并开始出台生产补助，出现"返乡热潮"，土地撂荒现象得到一定改善，但随之而来的是，之前土地流转方式遗留下来的问题开始凸显，主要是对于土地承包权的归属问题的纠纷屡屡发生，难以解决。此外，加上政治效应的时限性，农民的积极性逐步消失，又开始出现大量闲置土地。

（3）农业规模发展的迫切要求

2003年的农村土地承包经营法中首次明确规定土地使用权可以依法进行流转。党的十七大提出："按照依法自愿有偿原则，健全土地承包经营权流转市场，有条件的地方可以发展多种形式的适度规模经营。"党的十七届三中全会指出，集约化农业发展是我国农业发展的必由之路。

在土地细碎分散，规模偏小的环境下，现代先进农业设备的普及受到阻碍。此外，单靠土地的收入无法支付农民额外去学习新的农业技术和知识的成本，如此恶性循环，小农经济无法突破。小农经济使得我国农村经济很难得到显著性的发展和突破，农民的收入很难得到根本上的提高。只有突破农村土地细碎狭小的桎梏，才能全面落实我国农业生产科学化、水利化、专业化、机械化和信息化。

在这样的背景以及政府正式引导之前，农民自发进行土地流转，这些传统方式主要包括转包、出租、互换、转让等。2011 年 3 月统计的益阳县土地流转情况见图 5.2。

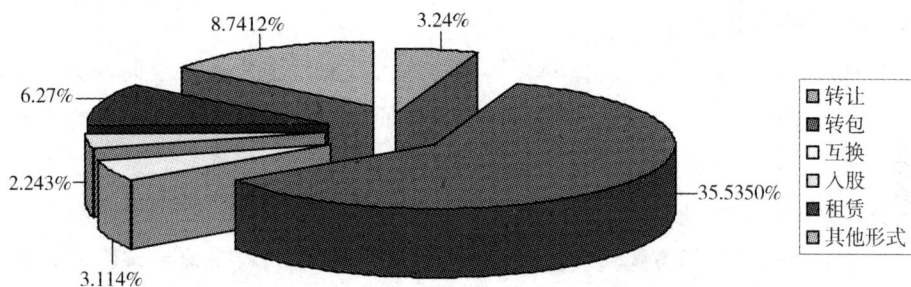

图 5.2　2011 年 3 月统计的益阳县土地流转情况

5.1.2.2　益阳模式构成要素概述

中国土地流转信托产品益阳模式由四大要素构成：

（1）主体要素

按照《信托法》第四节的规定，信托的三大主体分别是：信托关系的委托人、信托关系的受托人和信托关系的受益人。

在益阳信托模式中，信托关系的委托人就是益阳市沅江市草尾镇参加土地流转信托的拥有土地承包经营权的农民。

在益阳信托模式中，信托关系的受托人就是益阳市沅江市草尾镇土地流转信托机构。为了推进信托事业的发展，益阳市下辖的沅江市人民政府在 2010 年的 7 月，出资 200 万元资金，由其下属的草尾镇作为注册人，注册成立益阳市沅江市草尾镇农村土地承包经营权信托有限公司。该公司作为益阳市沅江市独资控股的国有公司，是益阳市沅江市草尾镇土地流转信托的受托人。

在益阳信托模式中，信托关系的受益人与其委托人是相同的，即都是益阳市沅江市草尾镇参加土地流转信托的拥有土地承包经营权的农民。对于中国农民来说，将其拥有土地承包经营权的土地参加流转信托，就是希望以此获得更高的收益，因此，委托人必然是受益人。当然，从更为严格的意义讲，二者之间还是略有区别，益阳模式的受益人不仅包括委托人，还包括委托人的未成年子女。不过，在中国农村，委托人的未成年子女也被理所当然认为是委托人，在这个意义上讲，依然可以认为益阳模式中的委托人和受益人是一致的。

（2）客体要素

从严格的意义上讲，信托的客体应该是信托关系委托人完全拥有所有权的财产。不过，在中国内地，农民对其承包的土地并没有严格意义上的所有权，因此，益阳模式中的信托客体并不是真正意义上的土地，而是这些参加信托关系的农民所拥有的农村土地承包经营权。参加信托的农民将其对土地的承包经营权以信托方式流转给益阳市沅江市草尾镇农村土地承包经营权信托有限公司，然后，该公司在益阳市进行作为受托人而获得的土地承包经营权招标，由那些新型农业生产经营主体，如农业生产企业或农业生产大户以招标方式来获得这些土地的承包经营权。

（3）收益要素

在益阳模式中，三个信托关系当事人的收益分配机制如下：

1）委托人（受益人）的收益。

由于益阳模式的委托人和受益人一致，因此，将二者合并分析。

作为委托人，参加信托关系的益阳市沅江市草尾镇农民可以获得土地租金。租金分两次领取。最初的租金计算公式是浮动的，随着土地生产的稻谷的价格而浮动，计算公式是：

土地租金 = 稻谷收购保护价 × 500 斤

在 2012 年以后，为了保护委托人的利益，又规定了每年每亩有 600 元的保底租金。

2）受托人的收益。

在益阳模式中，信托关系的受托人——益阳市沅江市草尾镇农村土地承包经营权信托有限公司是通过向投标其信托土地的新型农业生产经营主体收取服务费和风险保证金的方式获得合理的收益。服务费是每亩每年 10 元，风险保证金是每亩 100 元。

3）新型农业生产经营主体的收益。

虽然新型农业生产主体并不是益阳模式信托关系的当事人，但它们是益阳模式是否顺利运行的关键利益相关者，而且是益阳信托关系当事人利益的源泉。只有益阳信托土地的新型农业生产经营主体获得了合理的收益，它们才会继续经营益阳信托土地并向益阳信托公司缴纳各种租金、服务费和风险保证金。因此，在分析益阳模式的收益分配机制时，必须要分析这些新型农业生产经营主体的收益模式。

益阳土地流转信托公司规定，在缴纳完必须支付给委托人（受益人）的土地租金、必须支付给益阳土地流转信托公司的服务费和风险保证金之外，其余土地收益全部归这些新型农业生产经营者所有。

（4）监管要素

益阳信托模式的监管实行三种兼管相结合的监管模式：

1）政府监管。

在中国，政府监管是所有监管的基础。益阳模式涉及三级政府：益阳市人民政府、下属的沅江市人民政府，以及再下属的草尾镇人民政府。这三级地方政府，对益阳信托模式涉及的土地进行了三个方面的严格监管。首先是监管在农用土地流转信托之后，是否擅自改变了规定的流转土地的农业用途；其次对流转期限进行了严格监管，保证信托土地的承包经营权不能超过委托人的土地承包经营权的剩余期限；最后对信托公司的经营进行了严格的监管。

2）社会监督。

益阳模式的委托人（受益人），以及投标经营益阳信托土地的新型农业生产经营者构成了社会监督的主体，他们有权向益阳土地流转信托公司了解经营状况。此外，所有关注益阳模式的社会各界都是益阳模式的社会监督者。

3）企业自律。

益阳市沅江市草尾镇农村土地承包经营权信托有限公司制定了严格的管理制度，从内部进行管控，确保益阳市土地流转信托事业健康发展。

5.1.2.3　益阳模式制度设计

中国土地流转信托产品益阳模式的制度设计是为了适应当地实际情况而不断完善起来的，其制度主要包括如下九个方面：

（1）宣传

土地流转信托是一种将现代金融手段与传统农用土地相结合的新型土地利用模式，由于现代金融手段基本上是在西方孕育出来的，对于广大中国农民来说必然是陌生而新鲜的。在中国农村推行土地流转信托，宣传是第一关。在益阳模式中，作为土地流转信托受托人的益阳市沅江市草尾镇农村土地承包经营权信托有限公司，为了让益阳市沅江市草尾镇的广大农户加入到土地流转信托进程中来，派了大量的工作人员到各个村子召开村民参加的集体会议，积极向农民宣传土地流转信托的益处、流程，特别是收益分配方案，以此带动广大农民的积极性。

（2）适度奖励

在土地流转信托推行初期，考虑到农民的实际情况，政府出台一些适度的奖励，还是能够起到一定的推动作用的。为此，益阳市沅江市草尾镇人民政府制定推进土地流转信托的奖励办法。首先，对于土地流转信托推行速度快、质量高的项目，优先安排国家涉农项目资金；其次，对于经营农用土地面积超过500亩的新型农业生产经营主体，一次性奖励现金1万元；最后，对于参加土地流转信托的农民，优先安排到新型农业生产经营主体工作，并优先提供就业技能培训的机会。

（3）组织申请

益阳市沅江市草尾镇农村土地承包经营权信托有限公司规定，草尾镇愿意参与土地流转信托的农户，必须亲自填写土地流转信托的申请书。在申请书上，要明确注明其委托土地的情况，主要包括：具体位置、实际面积、用途属性。信托公司要求申请者以组为单位，至于组的设定，则由各村依据其实际情况设置。各组制定组长，组长统一在村登记后，上报到信托公司。对于土地流转信托比率达到或超过80%的组，组长就可以直接向信托公司提出申请。

（4）考察

益阳市沅江市草尾镇农村土地承包经营权信托有限公司在接到组长或村长提交的申请书后，就安排其工作人员对所申请的土地进行实地考察。通过实地考察、核对申请书所涉及的土地情况，特别是要核查位置、面积、属性、耕作条件等方面。

（5）签署协议

在实地考察的基础上，信托公司将根据申请书所涉及土地的品质确定租赁价格，并与申请者就价格进行必要的协商。在协商达成一致后，益阳市沅江市草尾镇农村土地承包经营权信托有限公司就作为受托人与委托人签署土地流转信托协议。这份协议还只能具有临时性，如果在六个月内还没有招租到新型农业生产经营者，农民就可以继续耕种自己的土地。

（6）土地招租

益阳市沅江市草尾镇农村土地承包经营权信托有限公司建立了信托平台，并在这一平台上设置了专门的网页、宣传栏等向社会各界发布其拟招租土地的具体情况，以此吸引新型农业生产经营者前来租用土地，进行新型农业项目开发。信托公司将对愿意来租用土地的新型农业生产经营者进行必要的资格验证，主要验证其资金实力、管理能力、经营计划、耕作水平等内容。新型农业生产经营者可以在信托公司的带领下到信托土地进行实地考察。

（7）与新型农业生产经营者签署合同

在实地考察后，如果拟租用信托土地的新型农业生产经营者与信托公司均满意后，双方就共同商定合同内容。签署合同的流程如下：信托公司与农户签订土地流转信托合同，然后再与新型农业生产经营者签署信托土地租赁合同。两份合同均到益阳市的公证处进行合同公证。两份合同都签署后，作为委托人的益阳市沅江市草尾镇农户将其承包的土地交付给作为受托人的信托公司，信托公司向委托人支付第一笔租金；最后，信托公司再将土地交付给新型农业生产经营主体，并从后者那里收取土地租金。

（8）相关事宜设定

为了确保租用土地的农业性质，以及维护作为委托人的广大农户的切实利益，信托公司规定，新型农业生产经营者，需要在第一年向公司支付保证金，每亩保证金是200元。如果新型农业生产经营者提前终止租赁合同，则保证金不予退还。如果新型农业生产经营者能够履行完合同，则这份保证金可以抵扣其最后一年的土地租金。

在土地出租之后，信托公司依然会进行日常管理，并对新型农业生产经营者进行跟踪服务，主要是提供农业生产技术咨询、农产品销售等服务。

租赁期限是双方签署合同关系的重要事项。租赁期限短，不利于新型农业生产经营者进行投资，难以实现土地价值最大化。但也不能长，因为土地承包经营只有三十年，而在签署合同时，剩余时间已经不足三十年。益阳市沅江市草尾镇农村土地承包经营权信托有限公司一般建议将租赁期限设定为十年或稍长。

（9）合同维系

在土地流转信托过程中经常会出现作为信托关系委托人的农户想收回土地承包经营权的现象。为此，益阳市沅江市草尾镇农村土地承包经营权信托有限公司规定，农户主动要求退出土地流转信托关系，必须经同村2/3的农户的同意。

此外，信托公司还规定，在信托关系终止时，返还的土地未必是原地块，而是大体价值相当的地块。而且，因提前退出而造成的各自损失，均由退出的农户承担。

5.1.2.4　益阳模式运作流程分析

草尾镇政府出台的《草尾镇农村土地流转信托暂行办法》，对土地流转信托的运作流程、合约管理、优惠政策、纠纷解决办法、政府职责和法律条文做了明文规定。该办法指明农地信托流转是围绕农村土地流转信托进行的投资方，在开展土地流转信托前期、中期和后期不同阶段均不以盈利为目的。

中国土地流转信托产品益阳模式如图5.3所示。

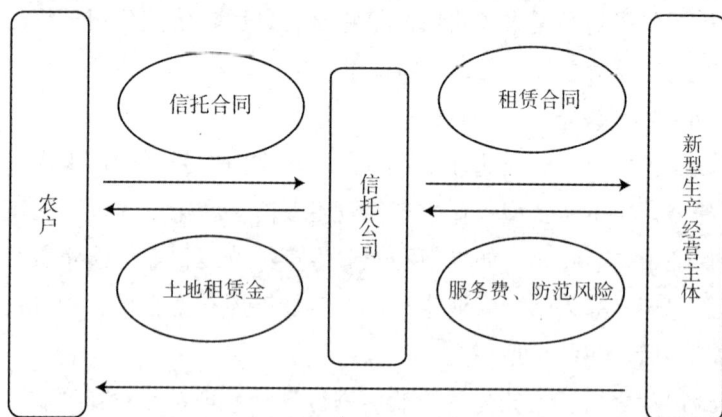

图5.3　中国土地流转信托产品益阳模式

5.1.2.5　益阳模式经验分析

湖南省益阳市从2009年起探索土地流转信托模式，通过"政府信托"

的方式将农户分散的土地流转集中起来，再以合同方式租赁给农业公司或大户，这种政府扮演"中间人"角色的模式，较好地解决了传统土地流转中双方屡屡违约的难题，在减少土地抛荒、激活农村资源要素、加大农业投入等方面起到了积极作用。

益阳模式主要有如下三项经验：

（1）政府"一肩挑两头"搭建稳定流转平台

益阳市土地流转信托是由政府全资注册成立的信托公司，负责土地信息收集和发布，在做好产业规划，接受农民土地委托，并与农民签订信托流转合同后，筛选农业经营公司，向其发包土地，并对其经营进行监管，同时整合涉农资金、实施相关项目。

在这个过程中，农民首先与信托公司签订意向性协议，信托公司在三个月内寻找合适的企业（大户）。如逾时未找到合适对象，或农民对对象有疑虑，土地将返还农民手中。双方就租金达成协议后，企业（大户）一次性付清一年租金，信托公司再在每年3月和8月分两次付给农民租金。此外，企业（大户）还需向信托公司缴纳每亩100元的押金和每亩10元的管理费。

益阳模式做法有三方面特点：①通过"三角形"关系形成了更为稳定的土地流转契约关系，农民把承包经营权信托给政府后，在随意退出方面受到制约。②政府作为中间人，积极发挥整合项目、提高土地资源利用效益等功能。③可以兼顾多方面利益特别是保障农民利益，而且这种信托关系可以继承，具有稳定和长期的特性。

自2009年开展土地流转信托以来，目前试点已由草尾镇扩大到全市12个乡镇，流转率提升到45%，有的乡镇提升到70%以上。

（2）"一举三得"破解土地流转"瓶颈"

益阳模式，让农民和企业（大户）吃了"定心丸"，部分解决了新形势下农业主产区耕地抛荒严重、大户不敢投入、农民增收缓慢等难题。

1）破解土地抛荒问题。

2007年之前，益阳全市耕地大规模抛荒，部分乡镇抛荒面积甚至达到1/3。当地干部向记者反映，为了解决抛荒，当地采取了分片包干、收取代耕费等行政措施，甚至将治理抛荒作为考核干部的指标，但隐性抛荒等问题依然难以根治。土地流转信托之后，抛荒现象得到极大改善。现在可以说在草尾镇土地抛荒的问题已经得到根治。

2）破解大户不敢投入问题。

在益阳市进行土地流转信托试点后，益阳农业种植大户可以一次与政府下属的土地流转信托公司签订 10 年的合同。这种长期、稳定的合同制可以让他们安心投入。

3）破解农民增收问题。

益阳参与土地流转信托的农民以集体方式与市政府组建的信托公司签订了 8 年合同，流转价格比自发流转每亩高 100 多元，而且农民还可以作为员工参与到土地流转信托后的农业生产基地中来。目前，益阳市土地流转信托后的农业生产基地中绝大部分工人都是参与信托流转的农民。

（3）对症下药防范"三个风险"

益阳的土地流转信托模式仍存在三方面潜在风险，需要在进一步的探索中不断完善政策，加以防范。①规避政治风险，考虑到经济波动中可能出现大量农民工返乡，要解决他们的隐性失业和生活保障问题。②减少稳定风险，随着土地收益不断提高，与土地相关的纠纷越来越多，在土地流转中更要做好各种矛盾调处化解，从体制、机制上保障农民的权益。③减少行政风险，政府介入后，要防范对农户可能造成的权力侵害，比如对土地流转中的"钉子户"采取强制措施等行为。

针对这些风险，益阳市陆续出台了以下三项针对性措施：

1）通过土地确权，让农民放心。

益阳市已启动农村集体土地和房屋确权颁证试点，全面完成了确权工作。

2）建立矛盾调处机制，化解不稳定风险。

在益阳市所有关于土地流转信托的文件材料中，"农民自愿"都被提及并强调。根据相关负责人介绍，信托机构的设置实际上是采用的"1＋1"模式，即在成立土地流转信托投资公司的同时，还成立土地流转信托服务中心。服务中心主要协助完成土地确权，处理土地经营中的矛盾纠纷，帮助经营者进行开发项目的可行性论证，组织委托方（农民）进行技能培训并提供就业介绍等工作。而这其中，向农民宣讲信托流转、说服农民流转手中的土地是当下服务中心的主要工作。

3）政策设计上建立退出机制，防范可能出现的强迫行为。

根据益阳市的规定，在合同约定的期限内，农户不得随意提前终止合同，一定要求退出的，应当经过同村农户 2/3 以上人数同意，并且其退出后可取回的地块由村民委员会按照大约等值的原则确定。草尾镇土地流转信托公司副总经理曹建安告诉记者，为了防止政府可能出现的腐败现象，草尾镇土地流转信托公司正在探索成立有基层组织、农民代表和专业技术人员参加的监事会。各级财政、国土、农业等部门也将对土地流转信托公司的资金使用、项目建设和土地经营等情况进行监管。

5.1.3　中国土地流转信托产品的沙县模式分析

5.1.3.1　益阳模式历史回顾

沙县模式是中国农业土地流转信托产品发展模式的后起之秀。福建省三明市沙县通过学习借鉴外地模式，结合实际，先行先试，大胆创新，探索建立具有自己特色的土地流转信托机制。

沙县土地流转经历了农户自发流转、政府推动流转和企业信托流转三个阶段。农户自发流转的无序、无组织、口头约定多等因素，造成民间纠纷较多，土地闲置现象依然严重，制约了规模农业发展。为此，沙县从 2006 年开始，由政府推动土地流转工作，并取得了较好的成效，农业规模化、设施化、园区化、机械化保持强劲的发展势头。

2011 年 5 月，沙县出资 150 万元，成立国有性质的源丰、金茂两家农村土地承包经营权信托公司，并在全县的 11 个乡镇设立分公司，探索土地流转信托模式，建立了土地流转信托运作机制。

5.1.3.2　沙县模式经验分析

沙县模式有如下三项重要经验：

（1）统一信托

沙县各个村在农户自愿的前提下将本村农地经营权统一信托于两家公司，受托后两家信托公司再统一向外来承租农地的农业大户和农业公司进行流转。两家信托公司作为联系土地流转双方的经济责任主体，参与土地流转的全过程，这相当于在流转双方间筑起一道"防火墙"。信托流转，权利、义务、责任明确，对农户、公司、经营业主均有约束，三方都放心、省心、满意。

两家信托公司采取统一委托、统一流转、统一分配的工作机制，大大提高了土地流转效率，不仅简化了流转土地程序，还可以让业主通过网络平台查阅土地流转信息。

推行土地流转信托模式，激活了大量闲置、零散的土地，沙县土地流转率已高达 67.9%。通过土地流转，还催生了一大批种粮大户，提高了农业机械化水平。目前沙县种粮规模 30 亩以上农户有 1103 户，农业机械化综合水平达 40%。

（2）二次收益

信托流转让土地活起来了，但还要让农民的钱袋子鼓起来。沙县农民现在将土地流转出去了，不仅可以获得土地租金，还可以每年从村里领到分红。这就是二次收益。

根据沙县规定，信托公司通过对信托土地改造、改良所产生的增值溢价部分，60% 归农户，40% 作为信托发展基金；县政府扶持的、在流转土地上投入的项目配套资金，60% 无偿扶持业主，40% 作为有偿投入逐年从业主收益中收回，而这收回的资金，同样 60% 归农户，40% 补充信托发展基金。沙县模式既改良了农业设施，又提高了农民收益，还有利于信托资金的良性运作，实现了"三赢"。

（3）配套支持

沙县财政投入 100 万元，建立县、乡两级土地流转服务平台，规范土地流转信托程序，制定了风险防控措施。同时制定了贷款贴息、扶持农民专业合作社、吸引外来务农人员等配套扶持政策。2013 年，全县累计有 165 个农业规模经营业主，通过金融部门贷款 1.29 亿元，县财政贴息 648.5 万元；投入 100 万元，扶持 227 个农民专业合作社，带动农户 1.5 万户；吸引外来务农人员近万人，有效缓解了沙县农村劳动力不足问题。

5.2 中国大型信托投资公司探索的
土地流转信托产品模式分析

在土地流转信托产品模式的探索方面，中国有大型信托投资公司取得了一定的成效。

5.2.1 中信信托公司探索的土地流转信托产品模式分析

5.2.1.1 中信信托公司安徽宿州土地流转产品模式分析

中信信托公司探索了两种土地流转产品模式，取得了一定成效，但依然面临着一些困难。中信信托公司探索的第一种土地流转信托模式是在宿州实施的。

（1）中信信托公司安徽宿州土地流转产品模式概述

2013年10月10日，中信信托公司发布公告宣布"中信·农村土地承包经营权集合信托计划1301期"正式成立，这意味着国内首单土地流转信托正式落地。

该信托计划涉及流转的土地面积达5400亩，信托期限为12年，信托受益权采用结构化设计，信托计划的A类委托人为安徽省宿州市埇桥区人民政府，信托计划成立时发行A类信托单位5400万份。

该项目远期流转面积是2.5万亩，与土地承包经营权的期限相一致。

农村土地承包经营权信托是委托人（土地承包经营权人）在一定期限内将土地承包经营权委托给受托人，受托人在坚持土地集体所有和保障农民承包权的前提下，按照土地使用权市场化的需求，通过规范的程序，以土地出租等方式将土地经营权在一定期限内依法、有偿转让给其他公民或法人从事农业开发经营。

流转后的土地拟建设现代农业循环经济产业示范园，由安徽帝元现代农业投资有限公司作为服务商提供服务。园区规划为五大板块，涉及二十多个子项目,具体包括现代农业种植及水资源保护工程、现代化养殖、生物质能源和基质肥项目、设施农业和农业物联网、农业科研平台。

(2)结构化混合型信托计划

中信信托公司安徽宿州土地流转产品计划采取了结构化混合型的产品设计,信托计划里既有财产权,即土地承包经营权信托,又包括资金信托计划。

资金信托分为两部分:一部分资金用于流转土地区域内的土地整理和农业设施建设以及现代农业技术推广应用;另一部分资金用于解决地租的支付。

整个信托计划为12年,但资金信托则存在不同期限,有的是两年,有的为解决流动性支付的资金信托计划期限可能就三个月。

信托计划的收益来自地租收入,包括一些设施也会用于出租。除地租外,农民还可以再分享增值部分的绝大部分,初步定的比例是70%。

信托公司收费的依据亦在于土地增值发生变化,只有在土地上的一些基础设施,包括一些技术因素导入、产业方的对接产生了增值效益之后,才有信托公司的收益。这里面的收益也包括农民的浮动收益。

(3)订单式风险控制措施

在风险控制方面,中信信托公司安徽宿州土地流转产品计划的措施之一是订单措施,整个运营过程并不盲目,指向很明确,用订单来保证,也就是一个闭合的产业链条。

如果地租有市场风险,服务商有提供差额补足的义务。此外,该计划亦存在农户中途退出的风险。针对这一风险,可以由政府直属的土地仲裁机构来做,没有信托机构介入之前,这个局面可能更为复杂,吸引信托机构的介入,在很大程度上解决或者缓解了这种局面的产生。

5.2.1.2 中信信托公司山东青州土地流转产品模式分析

继安徽宿州项目后,中信信托公司又在山东青州启动了1850亩土地流转项目。

中信信托公司山东青州土地流转产品模式中的委托人为农民自发组建的土地合作社,至此中信信托公司推出的两种不同土地流转信托模式业已成型。

中信信托公司第二单土地流转项目试点地为山东潍坊青州市,首期将流转何官镇南小王村晟丰土地股份合作社的1850亩土地,未来预计总规模超过万亩。

与首单安徽宿州土地流转项目类似，这单土地流转项目也将采取事务管理类信托＋资金信托的模式，一方面通过土地流转形成集约化经营，另一方面通过信托资金的介入对接农业生产经营过程中产生的资金需求和短期流动性缺口。

不同之处在于，"山东模式"以农民自发组建的土地合作社为委托人，以土地经营权设立财产权信托。而土地合作社也充当了流转土地的经营主体，而非如宿州项目引入安徽帝元公司作为服务商。

自 2008 年 9 月起，南小王村村民就以所拥有的土地承包经营权入股，成立了土地股份合作社，进行土地流转。目前，合作社共拥有 1850 亩土地，进行无公害蔬菜大棚种植、有机蔬菜种植、粮食种植、良种繁育等经营活动。

5.2.1.3 中信信托公司土地流转产品模式所面临困难分析

中信信托公司土地流转产品模式，特别是宿州项目面临着两大难题待解决。

（1）项目所依托的示范园运营遭遇"瓶颈"

2011 年下半年，安徽帝元生物科技有限公司通过招商引资落户埇桥区朱仙庄镇，并成立了帝元公司，意在打造包括种植业、养殖业、生物质能源、设施农业和农业科研五大板块的现代农业循环经济产业示范园。在埇桥区和朱仙庄镇政府的支持下，帝元公司分两批从朱仙庄镇下辖的朱庙村、塔桥村流转农业用地 5411.42 亩。

然而，安徽帝元生物科技有限公司原先五大板块的规划只有种植业得以顺利开展，其余四大板块中的养殖业、生物质能源都是示范园的核心项目，目前均已立项，但是却遇到土地性质、资金方面的"瓶颈"。

由于示范园里的土地都是耕地，根据国家相关规定，耕地只能种植农作物，帝元公司后续的养殖业、生物质能源无法在耕地上开展。

（2）融资难使得资金链承压

目前，支撑示范园运转主要靠帝元公司自有资金以及政府补贴。截至2013 年 11 月底，帝元公司自示范园项目启动后，已先后投入 7500 万元，建成 3000 多平方米的宿舍楼和综合楼，7000 多平方米的玻璃连栋大棚，13 栋温室大棚等基础设施建设，示范园项目出现了资金短缺。此外，帝元公司已先后三次转给朱仙庄镇财政所土地租金 1476 万元。示范园成立至今投入已接近 1 亿元，但目前没有利润，帝元公司只能继续追加投资。

示范园五大板块耗资巨大，帝元公司自身财力有限。由于银行贷款质押登记需要产权证，但示范园的土地都是当地农民的，帝元公司无法办理各种有效权证，所以说银行贷款这条路走不通。

目前针对农企的融资平台太少了，商业银行对农企融资门槛设得很高，一般都要求抵押，但是农用地不能抵押，农村住房商业银行也看不上。

由于资金承压，帝元公司和中信信托公司进行联系，希望获得中信信托公司的资金支持。中信信托公司认为，信托资金的使用需要符合该公司放款条件，示范园后续项目还需相关政府部门批准才能开展，中信信托公司只会在项目开启需用资金的时点才会打款。截至 2015 年 4 月底，该项目用地仍未获批复，项目依然不能上马，中信信托公司的资金依然难以下发，该信托项目依然未能正式落地。

5.2.2 北京信托公司探索的土地流转信托产品模式分析

北京信托公司是继中信信托公司之后第 2 家进行土地流转信托产品探索的大型信托公司。

5.2.2.1 北京信托公司土地流转产品模式概述

关于土地流转信托产品，北京信托公司形成了自己独特的产品模式。2013 年 11 月 7 日，"北京信托·土地流转信托之无锡桃园村项目"在江苏无锡落地。这是北京信托公司的第 1 单土地流转信托产品。该项目采取"土地合作社"+"专业合作社"的双合作社设计，即首先将拟进行信托的土地经营权确权到村民个人，再由村民以其土地经营权入股土地合作社，土地合作社作为委托人以土地经营权在北京信托公司设立财产权信托。

同时，阳山镇桃园村的水蜜桃种植大户成立水蜜桃专业合作社，北京信托公司代表桃园村土地流转信托将土地租赁给水蜜桃专业合作社。合作社全体股东均为该村有种植桃树特长的村民，员工亦为村民，解决了部分农民就业问题。

相比于引入外界第三方机构，将土地租赁给当地村民发起的专业合作社，能够充分发挥当地种植能手熟悉农村事务、土地特性、种植环境、种植技术、病虫害防治等优势，也能起到谨慎经营、慎重决策的作用，实现土地利用效益的最大化。2014 年 3 月 9 日，北京信托公司在北京地区的土地流转信托第 1 单产品落户密云县，延续了其产品模式。

北京信托公司土地流转产品模式有两个显著特色：

（1）土地经营权股权化 + 双合作社

阳山镇是中国著名的桃乡，水蜜桃的主产地，而水蜜桃产业已经成为阳山镇现代高效农业、生态农业及支柱性农业产业。为提高土地经营效率、实现规模经营，并保证村民能够长期受益，阳山镇决定设立土地流转信托。

此次"桃园村项目"于 2013 年 11 月 7 日正式成立，不设定固定信托期限，但不少于 15 年（最短至 2028 年）。而桃园村项目中，北京信托公司引入了土地股份合作社，使土地经营权股份化。具体做法是，在符合当地建设规划及土地利用总体规划的前提下，依据《中华人民共和国农民专业合作社法》等相关法律法规，以村民自愿为原则，桃园村村民以其享有的、已经确权到户的土地承包经营权作为出资，并按照规定依法履行相应的土地评估作价流程，入股成立桃园村土地股份合作社。土地股份合作社依法享有土地经营权，其合作社成员取得由惠山区农办发放的土地股份合作社股权证书，享受信托计划受益权。

北京信托公司的上述设计是为未来实现土地流转信托收益权份额化并且凭证化做准备的，未来农民可以凭借标准化的"土地受益凭证"定期领取收益，甚至这一凭证还可以进行转让。

此外，土地股份合作社未来还可以以股权作对价进行相关产业的投资，使土地股份合作社成为一个经济主体，而不是行政化的组织。

（2）种植合作社锁定土地用途

土地流转信托通过将农民的土地承包经营权转化为信托受益权，使农民摆脱了对身份的依赖。土地流转信托没有使农民真正丧失土地，而是将农民从土地中真正解放出来。土地流转信托后，将加速农民向农业工人身份转化，有效推进城镇化进程。

不同于中信信托公司引入第三方服务商安徽帝元的做法，桃园村项目土地的经营主体为"灵俊水蜜桃专业合作社"，合作社全体股东均为阳山镇桃园村有种植桃树特长的村民，农民可成为合作社雇佣的农业工人，获得工资

性收入，也解决了"失地"农民的就业问题

北京信托公司江苏无锡土地流转产品模式通过将土地租赁给"水蜜桃专业合作社"提前限定了土地使用用途，避免了土地在流转过程中土地使用人出于利润最大化的片面考虑进行土地经营决策，从而忽视了农业生产的生态、社会影响。另外市场关注的便是信托收益的分配问题。

无锡阳山镇桃园村项目中，收益由"固定收益＋浮动收益"两部分组成。信托成立后，每个信托年度受益人按照其持有的信托单位享有固定信托利益；随着土地、果树的培育投入期结束，数个信托年度后，受益人除了前述固定收益外开始享有浮动收益。

除此之外，按照北京信托公司的设计，其还将根据相关主体的融资需求，开发资金信托产品，为相关主体提供投融资服务，比如为水蜜桃专业合作社提供前期资金支持，为村农提供财富管理信托服务，从而形成"财产权信托"和"资金信托"平行推进的"双信托结构"。

5.2.2.2 北京信托公司土地流转产品模式优势分析

北京信托公司的"双合作社模式"在密云县水漳村的具体情况是，村里成立集体经济股份合作社和圣水樱桃合作社，由集体经济股份合作社把土地经营权委托给信托公司，信托公司再把土地租赁给圣水樱桃合作社，收取固定的租金。

与此同时，北京信托公司向圣水樱桃合作社提供1800万元的信托资金，帮助其扩大生产、改善经营。等到圣水樱桃合作社能够产生利润的时候，北京信托公司可以得到一定比例的分红。

在北京信托公司土地流转信托产品推行之后，项目所在的密云县水漳村这两年发展非常快，主要得益于土地流转后农民不再束缚于土地之上，可以发展多种经营，因此收入增加幅度很大。密云县水漳村对这种双合作社模式的土地流转信托产品模式很欢迎。

密云县水漳村土地流转想法启动于2010年。先是成立村经济合作社，流转土地150亩。随着规模的不断扩大，后来又将村内1260亩土地以每亩1000元的价格，全部流转到了村经济合作社，建设起以草莓、樱桃、葡萄等为主的产业园区。同时为提高农产品附加值，提升土地产出效益，采取立体种植的方式，在葡萄园内间作红薯。不过，由于基础薄弱加上现代农业前期投入大、产出慢，经济合作社负担沉重。这个时候，在北京农研中心的牵头下，水漳村与正在找土地流转信托项目的北京信托公司一拍即合，达成了合作协议。

信托公司提供 1800 万元的信托资金，相当于一个贷款额度。圣水樱桃合作社可以以借贷的形式，支付土地租赁费用，也就是村民的土地流转费用。不同于普通的出租土地，这样做的目的就是让土地仍然掌握在村集体手中，最大限度地利用信托公司提供的资金、技术、市场信息等多方面的帮助，发展村集体经济。由于两个合作社都是全体村民入股，村民将来还可以享受分红收益，与此同时信托公司享受利息和分红两块收入，双方的合作是共赢的。从北京市密云县水漳村项目的实施效果看，北京信托公司的双合作社模式取得了初步的成功。

6 土地流转信托产品设计原理分析

6.1 土地流转信托产品设计要素分析

在设计土地流转信托产品之前，需要了解设计土地流转信托产品所涉及的要素。按照《中华人民共和国信托法》的定义，信托是指委托人基于对受托人的信任，将其财产权委托给受托人，由受托人按委托的意愿以自己的名义，为受益人的利益或者特定目的进行管理或者处分的行为。可见，信托的基本要素包括委托人、信托目的、受托人和受益人，设计土地流转信托产品显然要考虑这些基本因素。此外，作为特殊的信托产品，土地流转信托产品设计还有一些特殊因素需要考虑。

6.1.1 土地流转信托产品委托人分析

信托中的委托人是指将财产委托他人管理处分的人，是通过信托行为把自己的财产转移给受托人并委托受托人为自己或自己指定的其他人的利益或特殊的目的对信托财产进行管理或处分，并以此设立信托的人。委托人设立信托是基于对受托人的高度信任，如果委托人对受托人欠缺这种信任，则绝不可能将自己的财产交给后者运用。从这种意义上说，委托人在信托关系中的地位十分重要，在一定程度上可以说没有委托人就没有信托。就委托人资格而言，具有行为能力的自然人、法人、非法人组织都可以作为委托人而创设信托。

6.1.1.1　土地流转信托产品委托人特征分析

由信托制度的原理可知，农村土地流转信托的主体是由委托人、受托人和受益人这三方当事人构成的。

委托人是信托成立的先决条件，如果没有委托人设立信托意愿，信托关系就不会产生。我国信托法的相关规定表明，委托人应当具有完全民事行为能力，而且拥有合法、确定的可转移财产或者财产权。由于我国实行土地公有制，土地所有权归国家和集体所有，农地承包者只享有土地承包经营权，可以依法、合理地使用土地。因此，在我国农村土地流转中，信托的委托人是拥有土地承包经营权的农地承包者。一般来说，农地承包者就是农民，农民可以按照自己的意志，在不改变农村土地承包经营权的前提下，将农村土地承包经营权信托给受托人，并由受托人管理和处分承包地的使用权。

受托人是在信托关系中依据委托人的信托意图，有权以自己的名义管理或处分被授予的信托财产的当事人，在信托关系中起着核心作用，其资信的好坏和能力的高低都会直接影响信托的效果。在我国农村土地流转信托中，土地流转信托机构就是受托人。土地流转信托机构受农地承包者委托，凭借其专业技术、雄厚的资金和管理能力对信托的土地承包经营权进行经营管理。在浙江绍兴县的土地流转信托中，县、镇、村三级土地流转信托服务机构作为受托人推动着该县土地流转信托的正常运行，但这种土地流转信托服务体系带有官方性质，县、镇、乡政府和村委会的行为可能不规范，会过多干预农民的自主经营权，带有行政垄断的可能，这会给引进自由市场竞争机制造成障碍。为了促进农村土地在我国更加公平、公正的流转，土地流转信托机构的设立可在绍兴县的基础上，逐渐摆脱官方性质，设立县、镇、村三级土地流转信托服务体系，但是这种土地流转信托服务机构的成员跟绍兴县的有所区别，不是由政府部门的相关成员组成，而是由土地流转信托服务机构的专门成员构成，同时这种土地流转信托服务机构要采取与县（镇）农办、农业局、林业局、水产局、土管局、县府法制局等相关政府部门合作的方式运作，由于我国农村土地的特殊性，为保障土地流转信托市场的有序进行，相关政府部门有权监督土地是否合法、合理地流转。

6.1.1.2　土地流转信托产品委托人权利分析

中国法律在信托立法中赋予了委托人许多权利，对于土地流转信托的委托人来说，主要有以下几项权利：

（1）知情权

委托人的知情权包括了解情况权和查阅复制权。《中华人民共和国信托法》第二十条明确规定："委托人有权了解其信托财产的管理运用、处分及收支情况，并有权要求受托人做出说明。委托人有权查阅、抄录或者复制与其信托财产有关的信托账目以及处理信托事务的其他文件。"

（2）信托财产管理方法的变更权

信托产品管理方法，就是受托人管理、运用、处理信托财产，以使其保值增值的方法。一般在设立信托时，在不违反法律、行政法规的前提下，由委托人在信托文件中明确规定信托财产的管理方法。信托运行过程中，受托人应按信托文件的规定管理信托财产，无权擅自变更信托财产管理方法。由于信托财产的管理权属于受托人，委托人不得随意干涉受托人的管理活动，更无权随意更改信托财产的管理方法。然而，在信托过程中，客观情况会不断变化。信托成立后，由于客观情况的变化，可能会发生设立信托时未能预见的特别事由，致使原来采用的信托财产管理方法无法继续采用或继续采用会危害信托目的和受益人利益的实现。有鉴于此，《中华人民共和国信托法》第二十一条明确规定："因设立信托时未能预见的特别事由，致使信托财产的管理方法不利于实现信托目的或不符合受益人的利益时，委托人有权要求受托人调整该信托财产的管理方法。"

（3）对非法强制执行信托财产的异议申诉权

土地流转信托产品的财产具有独立性，除因信托前的原因发生的权利或者信托事务处理过程中发生的权利外，不得强制执行。如果债权人要求强制执行或拍卖信托财产以实现其对受托人的债权，那么委托人、委托人的继承人、受托人或者受益人，均有权向法院提出异议，要求停止强制执行或拍卖。

（4）解聘、决定受托人辞职和选任新的受托人的权利

一般情况下，为了保证信托财产管理的连续性，受托人一经接受委托，即不得随意辞去其受托职责，但如果受托人或者信托管理人有渎职行为或者委托人有其他重要理由，委托人或者其继承人以及受益人有权请求法院解除受托人的职务。

（5）要求受托人承担信托责任的权利

受托人违反信托规则而使信托财产遭受损失，或者受托人违反信托规则而处分信托财产，或者受托人违反信托规则而获利益的时候，委托人有权利要求该受托人承担法律责任。

6.1.1.3 土地流转信托产品委托人义务分析

委托人的义务，法律法规没有明确规定，但委托人地位的确立和委托人权利的获得，其先决条件就是将其合法所有的财产委托给受托人经营、管理、使用和处理，并签订相应的契约或合同。

6.1.1.4 土地流转信托产品委托人选择分析

对于拟进行土地流转信托产品开发的企业来说，选择委托人时应该考虑如下两个因素：

（1）拟信托的产品项目开发潜力

由于土地流转信托不能改变土地的性质，只能继续保持农业土地，因此，其开发潜力就决定了信托产品的盈利情况。现阶段，土地流转信托产品只能选择那种土地肥沃，农产品有市场竞争优势的土地作为拟信托产品项目用地。

（2）委托人的产权状况

信托机构需要清楚委托人的资产状况，确保委托人的资金清晰，来源合法。这样，信托机构才能最大限度维护自己的利益，避免因为不必要的因素造成损失。在此过程中，委托人要尽可能告知信托机构自己资金的来源、经营的业务等必要信息。

由于目前农业土地正处于确权阶段，只有那些已经完成土地确权地区的农村集体组织及其成员，其土地产权情况才值得开展土地流转信托产品的开发。

6.1.2 土地流转信托产品信托目的分析

信托目的是指委托人通过信托行为要达到的目标。它是委托人设定信托的出发点，也是检验受托人是否完成信托事务的标志。确认信托行为的成立必须要有一定的目的。信托目的一般由委托人提出，可以有各种各样的内容，比如希望实现财产的增值，通过信托保存财产不致受损失，实现对信托财产的处分等。

（1）信托目的必须具有合法性

信托目的必须具有合法性，通过信托行为想要达到的目的必须符合国家的法律规定，不能有悖于现行的法律法规，不能损害他人正当的合法利益，也不能有损于国家与集体的利益，不能妨害社会秩序与正常的风俗习惯。如果目的违法，不能确认其信托行为的成立。《中华人民共和国信托法》第十一条规定的信托无效情形中与信托目的不合法相关的有两款：一是信托目的违反法律、行政法规或者损害社会公共利益；二是专以诉讼或者讨债为目的设立信托。之所以规定以诉讼或者讨债为目的设立的信托无效是考虑到在我国，委托人可以通过律师或者其他法律手段进行诉讼或讨债。为了避免兴讼或滥讼，许多国家（如日本、韩国、英国）都在这方面加以限制。当然，如果信托的目的是对财产进行管理或处置，而在管理过程中附带诉讼或者讨债，一般认为还是有效的。我国信托法明确信托目的不能损害他人的合法利益，在第十二条中规定："委托人设立信托损害其债权人利益的，债权人有权申请人民法院撤销该信托。人民法院依照前款规定撤销信托的，不影响善意受益人已经取得的信托利益。"

（2）信托目的要有可行性

开展信托业务最后就是要实现特定的目的，为了做到这一点，就要求最初设立的目的具有可行性，也就是说经过受托人的努力后有可能达到的信托目的。如果通过信托行为要达到的目的根本无法达到，这种信托便没有成立的条件。

（3）信托目的要有受益人认可性

受益人是信托活动中的利益真正享有者，信托业务最终是要实现受益人的利益，因此，受益人有权决定是否同意信托目的。如果受益人不愿意接受委托人事先设定的目的，那么信托的执行便失去了意义。

6.1.3　土地流转信托产品受托人分析

受托人是对信托财产按照信托行为的规定进行经营、管理、使用和处理的人。

6.1.3.1　土地流转信托产品受托人权利义务分析

（1）土地流转信托产品受托人权利分析

在信托中，受托人的权利主要有以下六个方面：

1）具有对信托财产进行独立的经营、管理、使用和处理的权利；

2）具有按信托文件约定取得报酬的权利；

3）具有因处理信托事务所支出的费用、对第三人所负债务，要求以信托财产承担的权利，但因受托人自身过错造成的除外；

4）经委托人和受益人同意，有请求辞任的权利；

5）在不得已的情况下，具有委托他人代为处理信托事务的权利；

6）信托终止后，受托人有留置信托财产或者对信托财产的权利归属人提出请求给付报酬、从信托财产中获得补偿的权利。

（2）土地流转信托产品受托人义务分析

受托人的义务主要有以下六个方面：

1）为受益人的最大利益处理信托事务的义务；

2）诚实、信用、谨慎、有效管理信托财产的义务；

3）将自身固有财产与信托财产进行分别管理、分别记账的义务；

4）有保存处理信托事务，完整记录并每年定期将信托财产的管理运用、处分及收支情况报告委托人和受益人的义务；

5）对受托人、受益人以及处理信托事务的情况和资料负有保密的义务；

6）以信托财产为限向受益人承担支付信托利益的义务。

从以上可以看出，由于信托财产上的权利具有"二元性"，受托人的义务相应地也就具有了"二元性"。一方面，受托人对信托财产具有"对物的义务"，即有管理和处分信托财产的义务，这是由信托财产所有权的本质决定的。另一方面，受托人对受益人又负有"对人的义务"，即有忠实地为受益人利益管理处分信托财产并将信托利益支付给受益人的义务，这是由受益权的本质决定的。

6.1.3.2　土地流转信托产品受托人类型分析

由于信托必须基于信用体系，而中国个人信用体系尚未建立，且个人难以承担巨额土地流转信托投资，在现阶段，土地流转信托产品受托人只能是专业信托投资公司。专业信托投资公司一般会具有如下六大优势：

（1）专业优势

专业信托投资公司的专业性是个人或者律师等不可比拟的，他们长年从事此类业务，积累了很多的经验。他们可以为个人提供专业的投资方案、法律咨询等方面的信息。

专业信托投资公司的专业优势突出表现在它们能够进行土地流转信托产品经营模式的创新设计。中国的专业信托投资公司通过对于农业经营模式的创新，创造了如"信阳模式"、"双社模式"等农业经营的创新模式，而这是超越了其他土地流转模式所独有的创新模式，创新的经营模式可以提高土地经营的利润，同时合理利用土地资源。而不同的信托公司之间的竞争力也体现在对于经营模式的设计创新之上。

（2）规模优势

专业信托投资公司通过土地流转信托将大量的土地集中在一起经营，在信托公司具有雄厚的资金实力与专业化的人才优势的背景下，可以实现土地经营的规模经济效应，减少土地经营的成本，在增加经营效益的同时，还可以在最大限度上利用土地资源，避免土地资源的浪费。因此，可以说信托公司的资金与人才实力同样决定了信托公司的竞争力。

（3）资源优势

在金融市场中，信息的不对称可能造成非常重大的影响。而专业信托投资公司与个人相比，有着同行业和其他各个行业广泛的资源和消息，这些资源和消息都能对他们的投资决策造成影响，从而为受益人带来利益。

（4）团队优势

专业信托投资公司一般人员庞大，可以满足不同类型信托的要求。如有的人需要房地产信托，则有专人负责房地产信托类的产品；有的人需要货币性信托，则有专门的货币性信托团队。

（5）风险优势

由于专业信托投资公司资本庞大，投资分散，他们抵御风险的能力也比一般的个人要强。所以，风险优势也是专业信托投资公司相对于个体的一大优势。

（6）渠道优势

与个人相比，专业信托投资公司所能提供的投资渠道更广。个人投资者很难对每个行业都有准确的把握，而专业信托投资公司却可以对大多数行业有正确的把握，掌握好投资的时机和规模。同时，很多个人投资者的投资市场只能限制在国内，而专业信托投资公司可以开展海外业务，投资国际市场。

6.1.3.3 土地流转信托产品受托人选择分析

在选择专业信托投资公司时，主要考虑以下两个基本因素：

（1）信誉度

信誉度是信托机构的灵魂，一个信托机构只有具备一定的信誉度后才会被大众所接受，也才能赢得越来越多的订单。在选择信托机构时，信誉度也是客户关注的重要因素，客户普遍认为，取得过成功的信托机构在之后再次成功的概率较大。因此，对于信托机构而言，提高信誉度是他们获得更多关注的关键。

（2）资金实力

资金实力是选择信托受托人的另一个重要因素，具有资金实力的信托机构抵御风险能力强，在由于机构违反合同的情况下造成损失时具有赔偿能力。因此，对信托机构而言，必须具备足够的资金实力才能承担家族信托的要求。如果资金实力不够，则需要寻求担保。

在信托的过程中，受托人应定期与委托人联系，介绍信托资金的投资方向、收益等情况，做到信息及时披露，加强双方的互信。同时，受托人可以对他们的工作收取一定的报酬。在委托人支付给受托人的费用中，可以以信托本金的价值为基础来确定，还可以以信托的总收入为基础来确定，有时也可以以两者为基础来确定，但一般都应设一个最低年度费用。受托人也可能会根据信托的全部本金分配额来收取佣金费用。

6.1.4 土地流转信托产品受益人分析

受益人是享受信托利益的人。有效设立土地流转信托后，委托人转交给受托人的财产自动成为信托财产。对于信托财产，其所有权很特殊，主要表现在所有权和利益相分离。一方面是受托人能够像享有真正所有权那样管理并处置信托财产，和受托人一起从事交易行为的第三方也以受托人为信托财产的权利行使主体和相关法律行为当事人。另一方面是这种受托人的所有权和民法上的所有权概念有所不同。受托人并不能因为自己的利益使用和处置信托财产，也不具有对信托财产造成毁坏性处分的权利，更不可以将管理和处分信托财产得到的利益归自己所有。受托人必须按照信托合约全力为受益人的利益合理、妥当地管理和处分信托财产。总而言之，信托财产收益的真正拥有者是信托行为中的受益人。

6.1.4.1 土地流转信托产品受托人特征分析

在信托行为中，受益人是指委托人在信托协议中指定的享受信托受益权的人，受益人既可以是委托人本人，也可以是其他人。我国的土地流转信托模式中，因为委托人是农村土地的承包者，这些承包者以信托方式把土地承包经营权流转出去的目的是获取更高收益，所以受益人通常是土地承包经营权的拥有者本人或者是其家庭成员。

6.1.4.2 土地流转信托产品受托人权利义务分析

信托受益人是指享受信托利益的人，信托利益不仅包括信托过程中产生的收益，也包括信托到期时的剩余财产。因此，受益人的权利主要有以下几个方面：

第一，承享委托人所享有的各种权利；

第二，有依法转让和继承信托受益权的权利；

第三，有将信托受益权用于清偿到期不能偿还的债务的权利；

第四，信托终止时，信托文件未规定信托财产归属的，受益人有最先取得信托财产的权利；

第五，当信托结束时，有承认最终决算的权利，只有当受益人承认信托业务的最后决算后，受托人的责任才算完成。

另外，需要注意的是，受益人的受益权不仅具有债权的特性，还具有物权的特性，这集中体现为受益人的收益权具有追及性，即受托人违反信托宗旨，处分信托财产而使信托财产旁落他人之手时，受益人有权向转得人请求返还该财产。受益权的追及性使得受益人在法律上的地位几乎可与所有权人相提并论，因为所有权人在其所有物被无权处分之人转让给第三人时，也无权从第三人处追索该物。

就受益人的义务而言，一般认为，当受托人在处理信托业务的过程中，由于不是因为自己的过失而蒙受损失时，受益人就有义务接受受托人提出的费用要求或补偿损失的要求，在信托收益中予以扣除。但是，如果受益人放弃收益权利，就可以不履行这个义务。

6.2　中国土地流转信托产品运营模式设计

设计中国土地流转信托产品运营模式，首先需要研究中国土地流转信托产品运营机理。

6.2.1　中国土地流转信托产品运营机理研究

6.2.1.1　土地流转信托产品投资对象分析

关于中国土地流转信托产品运营，核心是投资对象分析。我国土地流转信托的投资对象就是信托财产，而信托财产是受托人因承诺信托而取得的财产。只要具有金钱价值的东西，如动产和不动产、专利权及著作权等无形财产权、物权和债权等都可以作为信托财产。作为稀缺资源的农村土地能带来经济利益，农村土地承包经营权也是能够产生经济利益的，可以成为信托财产。因此，在我国农村土地流转信托中，信托财产不是国外的那种土地所有权，而是农村土地承包经营权。有意于投资农业的种田能手、工商企业等都可以间接从农地承包者手中获得农村土地承包经营权，积极开发，实现规模经营，获得丰厚的利润回报。

6.2.1.2　土地流转信托产品收益分配分析

对于土地流转信托产品，其信托收益的多少是信托产生效果的直接体现，信托的收益来源是土地流转信托机构拥有农村土地承包经营权后对土地的经营和管理，种田能手与工商企业等经营者用转包、转让、入股及出租等方式，获得土地流转信托机构通过信托行为所拥有的土地承包经营权，并支付一定的转包费、转让费、股利或租金等，它们构成了信托收益。

根据信托原理，信托收益应当全部属于受益人，即归土地承包经营权所属的农地承包者本人或者其家庭成员所有，但最终支付给受益人的信托收益应当扣除一定的费用。这样的费用包括：①属于原农地承包者需要缴纳的相关的土地税费，例如土地承包费、乡统筹费及村提留等。②在利用受托土地承包经营权经营管理受托土地时产生的各项费用、损失以及债务等，例如在电视、广播、报纸及网络等平台上宣传土地流转信托时产生的费用，以及受托人在金融机构融通资金时产生的债务等。③支付给受托人的报酬。信托制度规定，受托人可以依据信托合同拥有信托报酬请求权，需要在受益人享受的信托收益中减去付给受托人的报酬。对于付给受托人的报酬，双方可以在信托协议中约定固定的最低报酬点，若信托收益达到双方约定的水平，支付给受托人的报酬可按双方约定的比例提成，这种方式可以激励受托人更加高效地经营和管理受托的土地。

由于目前对委托人和受益人应缴纳的相关税赋尚无明确的法律规定，因此该信托净收益中包含委托人和受益人可能缴纳的相关赋税。

利润分配率问题主要包括以下两个问题：

（1）分配人分析

这个问题是关于利润分配者的问题，也就是受益人的问题。信托受益人表明的是一种受益的法律地位，对于同一信托中的具体信托受益人数量，法律没有限制性规定。对于土地流转信托产品来说，受益人与委托人完全相同。

（2）分配数量分析

根据《中华人民共和国信托法》第四十五条规定："共同信托受益人按照信托文件的规定享受信托利益。信托文件对信托利益的分配比例或者分配方法未作规定的，各信托受益人按照均等的比例享受信托利益。"因此，如果委托人对财产有其他分配方式，必须通过信托文件体现。这时，当信托受益人为两人或两人以上的，各信托受益人依信托文件确定的数额、份额或分配方法享有信托利益，或者由受托人依照信托文件的规定行使自由裁量权，确定各信托受益人的信托利益。

在信托协议生效的过程中，受托人每年在信托经营活动中会获得一定的利润，也可能发生亏损，这些利润或亏损如何分配也是信托协议中重要的内容。在协议中，每年的利润既可以按剩余财产的分配份额分配给受益人，也可以按其他规定的分配方式分配给受益人。同时，信托协议中还可以规定将信托收益继续放入原信托中，也可以按一定时间取出或者其他方式取出。对于信托收益的用途，信托协议中也可以做出规定。

6.2.1.3 土地流转信托产品期限分析

《中华人民共和国土地管理法》第十四条规定，农民集体所有的土地由本集体经济组织的成员承包经营，从事种植业、林业、畜牧业、渔业生产。土地承包经营期限为三十年。《中华人民共和国农村土地承包法》第二十条同样规定，耕地的承包期为三十年。

农村土地承包三十年不变的政策是 2003 年 3 月 1 日起施行。对于土地流转信托产品开发企业来说，理论上的期限只能到 2033 年，距今还有不到 20年时间。

当然，实际进行土地流转信托时，委托人与受托人应该在上述期限内进行协商确定信托的期限。

6.2.1.4 土地流转信托产品损失赔偿分析

由于金融市场具有风险性，因此信托产品也具有很大的风险性。从信托角度看，委托人、受托人及受益人三者任何一方的债权人都无权主张以信托财产偿债。从委托人来说，其既已将所有权让与受托人，其债权人自然就不能对不属于委托人的财产主张权利。从受托人来说，他承受的只是名义上的所有权而非实质的或真正的所有权，因此其债权人也无法对信托财产主张权利。从受益人来说，他的权利只是依照信托规定享受信托利益，因此其债权人至多只能代位受益人请求受托人交出依信托规定所享受的信托利益，而不能对信托财产本身提出任何主张。

如果信托财产出现了损失，信托机构怎么办呢？按照相关法规，对于信托机构而言，他们承担的应该是有限责任。信托的有限责任特征根源于信托财产的独立性，在信托的内部关系和外部关系中都有体现。从信托的内部关系来看，信托设立后，委托人除在信托文件中保留相应的权限外，就退出了信托关系，信托的内部关系只表现为受托人和受益人之间的权利义务关系。受托人负有依信托文件规定为受益人利益管理处分信托财产的义务，受益人相应享有请求受托人忠实执行信托事务并支付应得信托利益的权利。但受托人因信托关系而对受益人所负的债务（支付信托利益），仅以信托财产为限度负有限清偿责任。也就是说，只要受托人在信托事务处理过程中没有违反信托并已尽了职守，即使未能取得信托利益或造成了信托财产的损失，受托人也不应以自有财产负个人责任。未能取得信托利益的，可以不向受益人支付；信托财产有损失的，在信托终止时，只需将剩余财产交出即可。

当然，如果信托利益的未能取得或信托财产的损失，是由受托人的失职或违反信托而造成的，那么受托人必须以自有财产负个人责任。在《中华人民共和国信托法》第二十六、二十七、二十八条中，分别规定了信托违反责任的三种情形：受托人利用信托财产为自己谋取利益的责任；受托人将信托财产转为其固有财产的责任；受托人将其固有财产与信托财产进行交易或者将不同委托人的信托财产进行相互交易的责任。从信托的外部关系来看，狭义上的信托外部关系仅指在信托事务处理过程中第三人（含交易相对人）分别与委托人、受托人和受益人的关系，相应的信托外部关系的有限责任是指三方信托当事人对因信托事务处理所发生的债务（合同之债和侵权之债）都只以信托财产为限负有限清偿责任。进一步来说，由于信托财产名义上的所有权人是受托人，出面处理信托事务的也是受托人，因此，因管理信托所签订的契约以及所产生的侵权行为而发生的第三人责任，其承担人只能是受托人，受到损害的第三人无权请求委托人和受益人负责，这是各国信托法的一项基本原则。法律上之所以做出这样的安排，是为了使受托人不致因履行职责而受到无谓损害，从而更好地发挥信托的社会机能。

当然，如果受托人对第三人的责任是因其违反信托而引致，则其个人责任不得排除，这同样也是为促使受托人更好地尽其职责。

广义上的信托外部关系包括了委托人、受托人和受益人分别与其债权人（含交易相对人）或其他第三人的关系。我国《信托法》为防止委托人以设立信托的方式恶意逃避债务，保护其债权人的利益，专门就委托人的债权人对损害其利益的信托的撤销权做出了具体规定，即委托人设立信托损害其债权人利益的，债权人有权申请人民法院撤销该信托，但人民法院撤销信托时不能影响善意受益人已经取得的信托利益。

因此，对于受托人处理信托事务所产生的利益，除依信托规定应支付给受益人的以外，应归属于信托财产；所产生的损失，除非是由受托人失职造成，否则也应由信托财产本身来承担。所以，信托产品不能确保保本或达到一定的收益。如果信托公司没有违背合同，信托损失只能由信托资产承担。如果信托公司违背了信托合同或相关的法律法规并造成了损失，则可以向信托公司申请赔偿。

6.2.1.5 土地流转信托产品监管体系分析

农村土地按照信托模式流转后，为保证土地流转信托的委托人、受托人和受益人等各方当事人的利益，对土地流转信托实施监管必不可少，监管应包括以下三个方面的内容：政府监管、社会监督和行业自律，其中以政府监管为主，社会监督和行业自律为辅。

政府监管无疑是土地流转信托监管最具有权威性和强制力的监管，能够从根本上保护委托人和受益人的利益，弥补社会监督和行业自律的不足。农村土地流转信托后，政府应该首先依据《农村土地承包法》的相关规定对土地进行监管，关注流转的土地是否被改变了农业用途，流转期限是否限定在承包期内。根据《农村土地承包法》可知，耕地的承包期为 30 年，草地的承包期为 30 ~ 50 年，林地的承包期为 30 ~ 70 年，土地应该在相应的法定流转期限内流转。同时，政府的主管机关也应该严格审批土地流转信托机构的市场准入，检查其运行、退出和清算是否合法，并对其违法经营行为实施处罚。

社会监督可由土地流转信托的委托人和受益人向土地流转信托服务机构了解其信托财产的经营管理、处分及收支情况，并要求土地流转信托服务机构做出相关说明，以保证信托财产受到合法、合理的处置。同时，社会上的其他任何单位和个人都能够对土地流转信托服务机构实行社会监督。

行业自律是指在一些土地流转信托很盛行的地方，由当地土地流转信托服务机构自发建立相应的土地流转信托行业组织以此来监督其成员单位是否遵守了行业规范，这样一来，可以提高土地流转信托服务机构的服务意识和管理水平，有效促进我国农村土地流转信托快速、健康地发展。

6.2.2 中国土地流转信托产品运营流程设计

在借鉴日本、美国和浙江绍兴县土地流转信托经验的基础上，依据我国现行的土地流转政策，可以设计如下的土地流转信托产品运营模式，见图6.1。

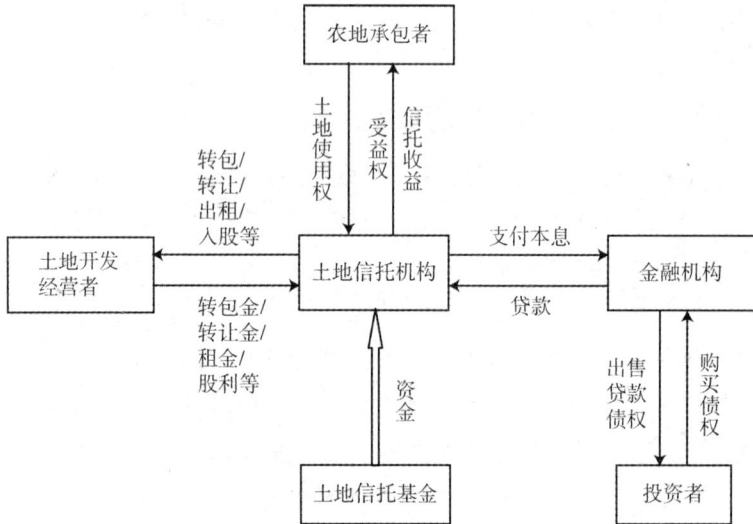

图 6.1　中国土地流转信托产品运营流程

（1）成立土地流转信托机构

土地流转信托机构，可以由现有专业信托投资公司担任，也可以由现有专业信托投资公司与对方政府合资组建。该机构在县、镇、乡设立三级分支机构，由非政府部门的专业人员组成，并长期保持与相关政府部门的合作，主要为土地流转提供经营管理、信息传递、中介服务和监督管理等服务。县级土地流转信托中心总管全县农村土地流转信托的日常工作，而镇、乡二级土地流转信托中心则负责土地流转信托的具体业务。

（2）委托申请

需要进行土地流转的农地承包者向土地流转信托机构提出土地委托申请，申请内容主要包括流转土地的类型、面积、位置、委托年限和经济关系处理要求等，同时种田能手和工商企业等土地开发经营者也将所需土地的相关信息报土地流转信托机构登记，土地流转信托机构将土地委托人和受让人的信息进行汇总备案。

（3）委托资格审查

土地流转信托机构对原农地承包者的委托资格和土地开发经营者的经营资格进行审查确认。

（4）流转信息发布

土地流转信托机构应该利用广播、电视、报纸、互联网等媒体发布农村土地承包经营权流转的出让和受让信息。

（5）办理土地流转

土地流转信托机构根据汇集的土地委托和受让信息，协调配对土地流转供求双方的要求，以转包、转让、出租或者入股等方式将土地使用权流转到合适的土地开发经营者手中。

（6）资金筹措

土地流转信托机构可以向银行等金融机构贷款来筹集土地开发经营资金，以满足种田能手和工商企业等在土地开发经营过程中需要的巨额资金要求。同时，这些金融机构可通过出售贷款债权来吸引广大投资者，达到再融资的目的。这就分散了银行的金融风险，增加了投融资渠道。土地流转信托机构也可以在一些发达地区设立土地流转信托基金，这些土地流转信托基金主要来源于预算外的自有资金、政府发行的土地证券、银行等金融机构吸收的土地流转信托存款、企事业单位待用的土地流转信托基金、社会或者政府部门捐赠的资金等。

（7）追求服务

土地流转信托后，土地流转信托机构继续对土地承包经营权的委托人和受让方进行追踪服务，督促土地流转信托合同的有效履行，在法律和政策范围内及时调整双方的纠纷。

（8）收益分配

土地流转信托后，土地开发经营者向土地流转信托机构缴纳转包金、转让金、租金或者股利等土地承包经营权流转的相关费用，土地流转信托机构在扣除相关的费用后将信托收益分配给农地承包者及其家庭成员。

6.3 中国土地流转信托机构组织结构设计

借鉴美国、日本的土地流转信托机构的组织结构，可以发现，土地流转信托机构组织模式有公司型与契约型两种，而这两种都可以为中国土地流转信托所借鉴。

6.3.1 中国土地流转信托机构公司型组织结构设计

中国土地流转信托机构公司型组织结构见图6.2。

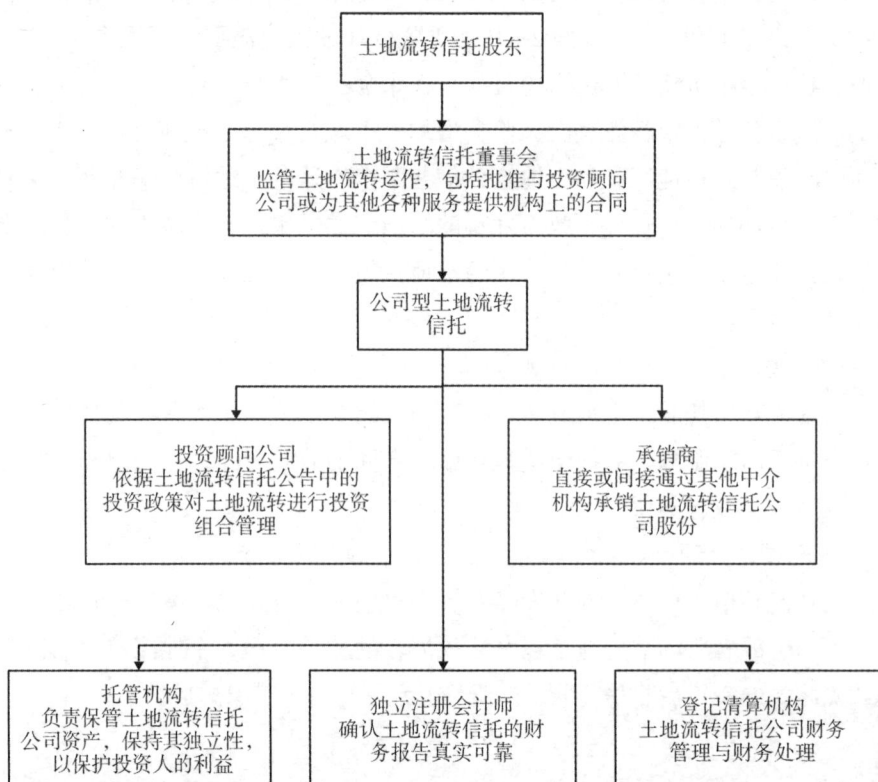

图6.2 中国土地流转信托机构公司型组织结构

公司型信托是以公司的组织形式来集合投资人的资金，投资人认购基金份额后，成为该信托的股东，信托的重大事项和投资政策由公司董事会决定。美国的信托大多数是公司型基金，拥有较为成熟的法律规范和运作模式。公司型信托包括以下七大基本要素：

（1）股东

与一般的公司股东一样，土地流转公司型信托机构的股东享有各种相应的权利，包括选举董事权，对投资政策发生实质性变化、信托的投资顾问合同签署等重大事项有表决权，且必须得到多数股东的批准。

（2）董事

公司型信托由董事负责监管，由于董事实际上是投资人财产的管理者，所以信托的相关法律比一般公司法对公司董事有更严格的要求。董事在管理中必须以一位理性人管理自身财产那样的谨慎态度来管理财产，其决策必须遵循合理的经营判断标准；建立完善的投资与管理评审程序，以审核信托各外部服务提供商（如投资顾问公司或承销商）的经营等。这些对董事的要求在法律上就表现为董事必须负有"信赖义务"，美国的法律要求信托公司的独立董事必须占董事的40%以上，以保护投资者利益，防止内部交易，加强监管职能。

（3）投资顾问公司

投资顾问公司根据信托的目标与政策来管理投资组合，将投资决策下达给相关机构。信托与投资顾问间的权益关系由彼此之间的投资顾问合约规范。由于信托的投资决策由投资顾问公司决定，其资格与行为受到相当严格的规范，特别要防止顾问公司自身的自易行为及其他关联交易。由于外部顾问公司固有的高代理成本问题，导致使用内部管理或顾问形式的信托公司逐渐增加，学术界出现了内部管理与外部管理孰优孰劣的争论（关于外部管理和内部管理的讨论见下章）。

（4）承销商

在美国，大多数信托为开放式且规模在不断扩大，必须随时处理投资人的认购或赎回，此项业务一般通过承销商进行。承销商行为由有关证券经济方面的法律规范。

（5）托管机构

为保护投资人的利益，信托依法必须有独立的机构托管。在美国，几乎所有的信托都有托管银行。

（6）登记清算机构

信托聘用登记清算机构负责对信托股东账户进行管理及维护，计算及分派股利，制作与传递股东账户说明书、联邦所得税清单及其股东告示。一些登记清算机构还负责制作及邮送股东交易记录、账户余额，以及提供其他各种服务。

（7）独立注册会计师

注册会计师对信托进行独立、公正的财务审计，并向投资者和公众发表审计意见，增强信托运营的透明性，保护投资者利益，确认财务报表的真实、可靠。公司型信托一般是一个虚拟公司，特别是外部管理型公司，几乎所有涉及信托经营管理的功能模块都通过合同契约的形式交由其他第三方机构承担。董事会负责与所有第三方签订合约，并履行监督职能，董事会处于公司型信托组织结构的核心地位。

6.3.2 中国土地流转信托机构契约型组织结构设计

中国土地流转信托机构契约型组织结构见图 6.3。

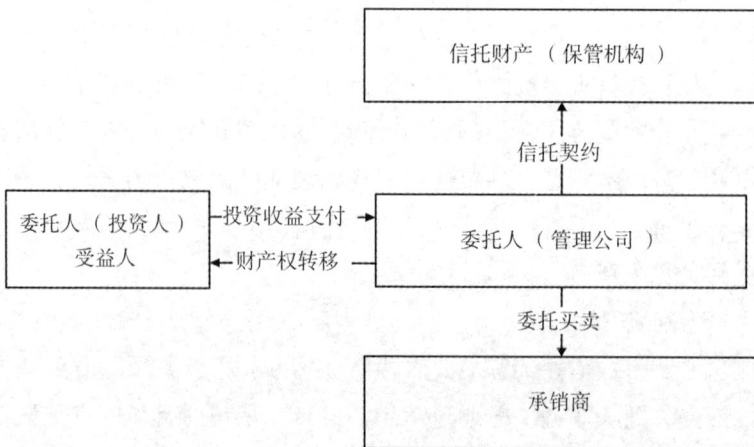

图 6.3 中国土地流转信托机构契约型组织结构

契约型土地流转信托不以公司的组织形式来集合资金，而是以信托契约的方式来组织各方的关系。其组织机构首先由土地流转管理公司与土地流转托管机构订立信托契约，根据该契约的规定向投资人出售土地流转受益凭证，投资人将资金交由受托人进行投资管理，托管人负责土地流转财产的保管，当事人之间的权责关系由信托契约来规范。

契约型土地流转信托机构的当事人一般包括投资人、土地流转管理公司和土地流转托管机构。

在契约型土地流转信托中，投资人权益的保护依靠信托法理对受托人的投资行为进行有效规范。对土地流转受托人的规范主要体现在以下两个方面：

6.3.2.1　土地流转契约型信托机构信托契约分析

信托契约规定了各当事方的基本权利与义务，是规范土地流转行为的基本框架。其中涉及投资人权益的约款包括如下七项：①土地流转的目标与政策，是土地流转管理公司投资行为的依据。比如，权益型土地流转规定管理公司只能以管理、经营土地为主营业务，主要收入来源为规模化经营土地带来的收入；抵押型土地流转信托主要为具有土地权益的抵押人提供贷款，其主要收入来源是抵押贷款的利息收入。②土地流转的基本特征，包括土地流转的总额、土地流转的单位总数、是否可以追加发行及存续时间等。③土地流转保管机构的责任与义务。④投资收益的分配方式、政策及时间。⑤土地流转所应负担的费用项目及计算方式，以及土地流转管理公司与土地流转托管机构之间报酬的计算方式。此项内容涉及土地流转的运营成本，对投资人的利益十分重要。⑥土地流转净资产的计算方法。⑦其他重要事项。土地流转信托契约的结构对于投资人利益的保护非常重要。

6.3.2.2　土地流转契约型信托机构信托原则分析

契约型土地流转信托以信托法理构造当事方关系，所谓信托是指受托人对其控制的财产（信托财产）进行管理而产生的对其他人（受益人、委托人）的"平衡责任"。受托人须在信托约款规定和法律规定的行为准则内行使信托责任，否则将被视为违反信托责任。依据信托法，土地流转契约型信托机构所涉及的信托原则主要包括如下三项：

（1）信托财产独立原则

投资人认购土地流转单位后，财产所有权转移至信托投资管理公司（受托人）。但是，正如信托法理所规范，信托一旦设立信托财产即自行封闭与外界隔离，成为一项独立运作的财产，仅服从于信托目的。土地流转管理公司只拥有形式所有权，不具备收益权。信托财产的独立性是保证受益人实质上拥有所有权的重要设计。具体内容包括如下三项内容：①财产分离设计，受托人必须将信托财产与自有财产或其他信托财产相分离；②连续性设计，信托设立后，受托人即便因为死亡、解散（受托人为法人时）、破产、丧失行为能力、辞职、解职，或其他不得已事由而终止其处理信托事务的职务，信托关系不因此消灭；③信托财产独立性设计，受托人的债权人不得对信托财产强制执行，信托财产所产生的债权不得与受托人自身的债务相抵。

（2）利益冲突交易防免原则

受托人在信托法下对受益人负有"忠实义务"，即受托人须以受益人的利益为处理信托事务的唯一依据，而不得在处理事务时，考虑自己的利益或图利他人，也就是要避免与受益人发生利害冲突行为。利益冲突交易防免机制可以分为两个方面：首先，受托人严禁与信托财产发生交易行为，否则受益人可以自由选择承认或撤销此交易；其次，受托人如果与受益人发生交易，必须能证明此交易"公平透明"，否则受益人可以申请撤销。

（3）受托人信赖义务原则

信托关系下的信赖义务包括注意义务与忠实义务。注意义务本是英美法系下的概念，在大陆法系中称为"善良管理人"的注意义务。我国信托法第二十五条有相似规定，即要求受托人在处理信托事务时应该具有正常的技术与谨慎水平。忠实义务要求受托人必须以受益人的利益为唯一的行为标准，不得在处理信托事务中图利自己或除受益人以外的第三人。

综上所述，契约型土地流转的投资人权利保护机制依赖于对土地流转受托人投资行为的有效规范，其相关机制为信托法理，包括信托契约、信托财产独立机制、受托人忠实义务与注意义务的规范。

7 中国农用土地整合型土地流转信托产品设计

随着政策导向的日渐明确，众多信托公司都开始关注土地流转信托，中信信托公司、北京信托公司先后推出土地流转信托产品。但究竟如何获得预期盈利，进而长期经营，还是需要各专业信托投资公司深入研究的课题。

7.1 中国土地流转信托产品备选开发模式分析

对于拟投身土地流转信托产品开发的中国大型信托投资公司来说，设计土地流转信托产品之前，需要了解在现阶段，中国土地流转信托产品究竟有几种模式。

7.1.1 中国土地流转信托产品现有代表性开发模式对比分析

现在中国各大信托投资公司已经开发出了一些具有特色的土地流转信托产品。最有代表性的两种土地流转信托产品分别是中信信托公司开发的安徽省宿州土地流转产品和北京信托公司开发的江苏省无锡市桃园村土地流转产品。

7.1.1.1 两种代表性土地流转信托产品概述

中信信托公司开发的安徽省宿州土地流转产品基本模式为：农户将农村土地承包经营权委托给当地政府，由当地政府与信托公司签订土地承包经营权信托合同，再由信托公司出租给第三方经营，信托公司在获取收益后转由

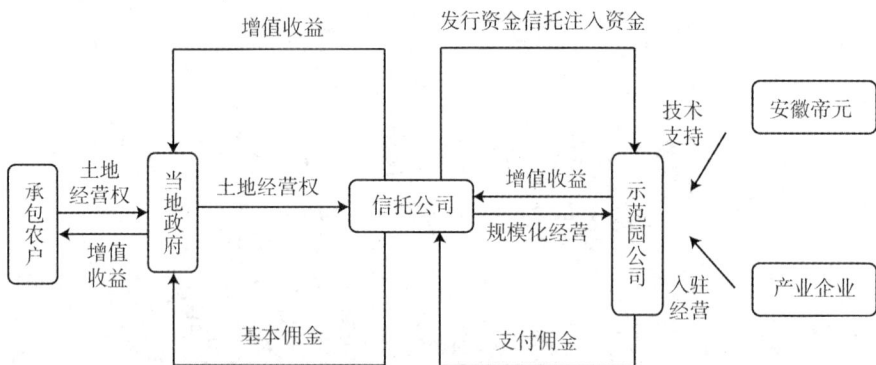

图 7.1 中信信托公司开发的安徽省宿州土地流转产品

当地政府向农户进行分配，在项目运作过程中由信托公司提供资金信托支持，并为项目收益的分配提供流动性支持。安徽省宿州土地流转产品见图7.1。

北京信托公司开发的江苏省无锡市桃园村土地流转产品基本模式为：农户以土地承包经营权入股农业合作社，农业合作社再以农村土地承包经营权设立财产权信托，并向农户发放土地收益权凭证，再由信托公司出租给专业合作社经营，并根据经营收益向农户分配信托收益。江苏省无锡市桃园村土地流转产品见图7.2。

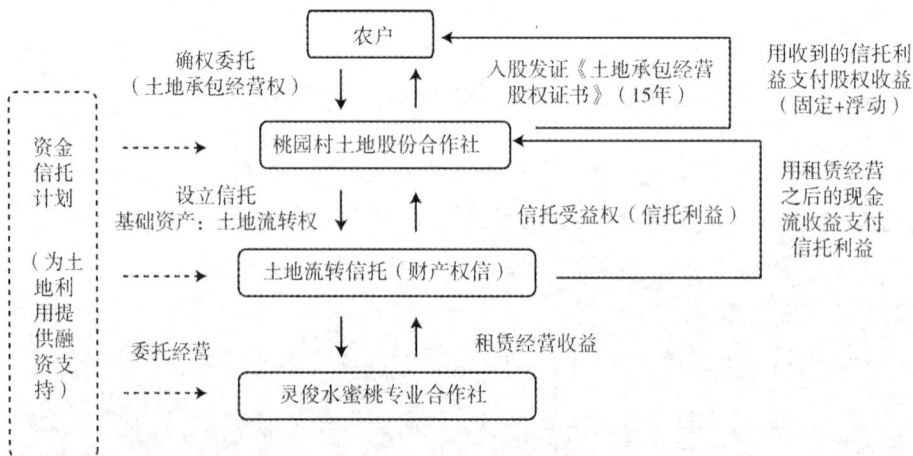

图7.2 北京信托公司开发的江苏省无锡市桃园村土地流转产品

7.1.1.2 两种代表性土地流转信托产品差异性分析

从表7.1可以看出，无论是期限、面积、信托类型、委托人收益来源、受托人收益来源以及项目用地开发商这些方面，中信信托公司安徽省宿州土地流转产品和北京信托公司江苏省无锡市桃园村土地流转产品都不一样。至少从表面上看，这是两种完全不同的土地流转信托产品。

表7.1　两种代表性土地流转信托产品对比

模式	期限	面积	信托类型	委托人收益来源	受托人收益	项目用地开发方	开发方与委托方关系
中信信托公司安徽省宿州土地流转产品	12年	5400亩	土地承包经营权信托+资金信托	地租收入+增值收入的70%	土地增值	安徽帝元现代农业投资有限公司	没有关系
北京信托公司江苏省无锡市桃园村土地流转产品	不设定固定信托期限，但不少于15年	158亩	财产权信托+资金信托	固定收益+浮动收益	租金+分红	灵俊水蜜桃专业合作社	隶属同一农村集体

7.1.1.3 两种代表性土地流转信托产品相同性分析

从更深层看，无论是中信信托公司开发的安徽省宿州土地流转产品，还是北京信托公司开发的江苏省无锡市桃园村土地流转产品，都依然只是土地流转信托产品的初级形式，见图7.3。

土地流转信托产品的初级形式，主要体现在两个方面：①信托投资公司仅仅扮演一个中间人的角色，对于农业土地的承包者，它扮演受托人的角色，在它获得土地管理权之后，再以委托人的角色，把土地委托人给土地的实际利用者。②所开发的土地流转信托产品所控制的土地资源面积很小，难以真正开始农业规模经营。

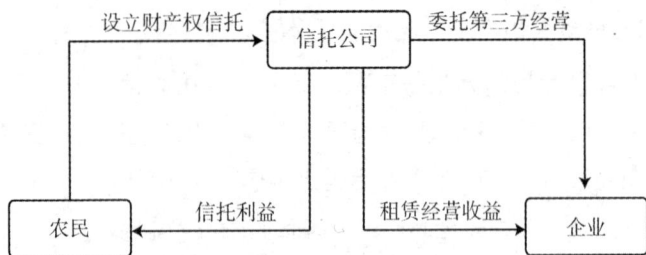

图7.3 土地流转信托产品的初级形式

7.1.1.4 两种代表性土地流转信托产品对比分析结论

虽然中信信托公司开发的安徽省宿州土地流转产品和北京信托公司开发的江苏省无锡市桃园村土地流转产品，在具体运作方式上存在不同特色，但从信托投资公司在土地流转信托产品运营的角色来看，这两种土地流转信托产品都是信托投资公司作为中间人且控制土地资源面积有限的土地流转信托产品。这表明，目前中国信托投资公司还处于土地流转信托产品开发的初级阶段。

7.1.2 中国土地流转信托产品高级开发模式分析

处于初级阶段的土地流转信托产品开发模式，难以真正推动中国土地流转信托产业的兴旺。

7.1.2.1 中国土地流转信托产品初级开发模式困难分析

土地流转信托产品初级开发模式所遇到的困难，在中信信托公司开发的安徽省宿州土地流转产品的实际运营过程中，得到了充分的体现。

中信信托公司安徽省宿州土地流转产品，是将信托土地交由安徽帝元生物科技有限公司进行农业综合开发。而安徽帝元生物科技有限公司原计划打造包括种植业、养殖业、生物质能源、设施农业和农业科研五大板块的现代农业循环经济产业示范园。但是，五大板块只有种植业得以顺利开展，其余四大板块却遇到土地性质、资金方面的"瓶颈"。

更为重要的是，示范园五大板块耗资巨大，帝元公司自身财力有限。由于银行贷款质押登记需要产权证，但是示范园的土地都是当地农民的，帝元公司无法办理各种有效权证，所以说银行贷款这条路走不通。由于资金承压，帝元公司和中信信托公司进行联系，希望获得中信信托公司的资金支持。而中信信托公司认为，信托资金的使用需要符合该公司放款条件，示范园后续项目还需相关政府部门批准才能开展，中信信托公司只会在项目开启需用资金的时点才会打款。截至2015年4月底，该项目用地仍未获批复，项目依然不能上马，中信信托公司的资金依然难以下发，该信托项目依然未能正式落地。

中信信托公司开发的安徽省宿州土地流转产品迟迟难以获得开发成果，就在于在这个产品中，中信信托公司只是一个中间人，它不是真正的土地所有者，因此就不能解决如何办理土地审批等难题，也不是真正的土地开发者，既没有能力，也没有意愿解决产品项目土地开发之后，产出农产品的适销对路难题。

如果中国土地流转信托产业已经高度发达，无论是上游产业，即信托土地的供应部分，还是下游产业，即信托土地的开发部分，都处于良好的运行状态，信托投资公司作为中间人是可以起到连接土地流转信托产业的上游部分和下游部分的作用，就像今天的房地产一级开发商所扮演的角色，上游对接土地出让者——政府，下游对接土地受让者——二级房地产开发商。

但是，现阶段中国的土地流转信托产业，并未形成全产业链的良好运行状态，无论是上游的土地流转信托，还是下游的土地开发信托，都近乎死水一潭，信托投资公司想仅仅扮演中间人就上下兼顾，是难以起到什么作用的。

7.1.2.2　中国土地流转信托产品高级开发模式路径分析

根据上述分析，中国土地流转信托产业要想取得实质性突破，信托投资公司就必须摆脱简单扮演中间人角色的桎梏，推动土地流转信托产业的整体突破。

从理论上讲，信托投资公司可以有两种突破：①横向突破。②纵向突破。

（1）中国土地流转信托产品高级开发模式横向突破路径分析

横向突破就是指信托投资公司在土地流转信托产品开发领域推行横向一体化战略。横向一体化战略也叫水平一体化战略，是指为了扩大生产规模、降低成本、巩固企业的市场地位、提高企业竞争优势、增强企业实力而与同行业企业进行联合的一种战略。实质是资本在同一产业和部门内的集中，目的是实现扩大规模、降低产品成本、巩固市场地位。

横向一体化战略的理论依据是规模经济理论。规模经济理论是指在一特定时期内，企业产品绝对量增加时，其单位成本下降，即扩大经营规模可以降低平均成本，从而提高利润水平。

实施横向一体化战略后，企业生产规模扩大，企业能够利用更先进的技术和机器设备等生产要素；随着对较多的人力和机器的使用，企业内部的生产分工能够更合理和专业化；人数较多的技术培训和具有一定规模的生产经营管理，也都可以节约成本。

（2）中国土地流转信托产品高级开发模式纵向突破路径分析

纵向突破就是指信托投资公司在土地流转信托产品开发领域推行纵向一体化战略。纵向一体化战略也叫垂直一体化战略，是指生产或经营过程相互衔接、紧密联系的企业实现一体化，是一种在生产、供销的两种不同方向上扩大企业生产经营规模增长方式的一种战略。纵向一体化战略见图7.4。

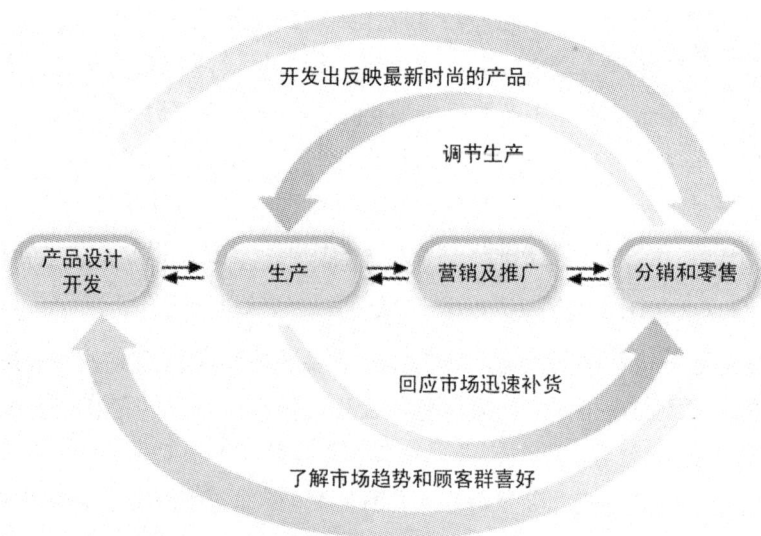

图7.4　纵向一体化战略

纵向一体化战略又可以细分为前向一体化战略和后向一体化战略两种。前向一体化战略是企业自行对本公司产品做进一步深加工，或者资源进行综合利用，或公司建立自己的销售组织来销售本公司的产品或服务。后向一体化则是企业自己供应生产现有产品或服务所需要的全部或部分原材料或半成品。

纵向一体化的目的是为了加强核心企业对原材料供应、产品制造、分销和销售全过程的控制，使企业能在市场竞争中掌握主动，从而达到增加各个业务活动阶段的利润。

纵向一体化是一种典型的价值链体系，在这种体系下产生出了完整的价值传递过程，作为企业的战略制定者可以不断向纵深渗透。

7.1.2.3 中国土地流转信托产品两种高级开发模式构想

根据上述分析，中国土地流转信托产业的高级产品开发模式应该包括如下的两种基本模式：

（1）中国土地流转信托产品的农用土地整合型开发模式

这种中国土地流转信托产品的高级开发模式，就是指中国信托投资公司在开发土地流转信托产品时，实施横向一体化战略，尽量通过信托，整合足够的土地资源，形成土地资源的规模优势。以土地资源的规模优势为基础，再对所信托的土地进行全面的整理，通过土地开发投资，使土地质量大幅度提升，进而可以在所信托的土地上实施机械化、信息化，从而发展现代化的中国新农业。

（2）中国土地流转信托产品的农业产业链集成性开发模式

这种中国土地流转信托产品的高级开发模式，就是指中国信托投资公司在开发土地流转信托产品时，实施纵向一体化战略，借助自身的信托水平和资金实力，整合农业的产业链，形成中国农业集成化的产业链。以产业链集成性为基础，再对所信托的土地进行全面的开发，使其成为全面发展的土地资源，不仅能够推进中国农业的现代化，更能推进中国农业的高级化、集成化。

7.2 中国农用土地整合型土地流转信托产品运作设计

7.2.1 中国农用土地整合型土地流转信托产品核心要素分析

中国农用土地整合型土地流转信托产品运作设计，要依据土地流转信托产品设计的基本要素来进行。在四大级别要素中，如果中国农用土地整合型土地流转信托产品是由中国信托投资公司开发的，则受托人是既定的，就是开发这种土地流转信托产品的中国信托投资公司。因此，对于设计开发中国农用土地整合型土地流转信托产品的中国信托投资公司来说，并不需要分析受托人。

对于土地流转信托产品来说，在四大级别要素中，受益人与委托人基本上完全一致，因此，并不需要单独分析受益人。

对于中国农用土地整合型土地流转信托产品来说，信托目的也是非常明确的，那就是通过信托关系的拓展，尽可能地获得众多农用土地承包人的委托，从而形成信托土地资源规模效益。

综上所述，在信托产品设计所涉及的四个基本要素中，委托人这一基本要素才是中国农用土地整合型土地流转信托产品的核心要素。只有解决了众多中国农业用地承包人愿意将其承包的土地流转信托给中国信托投资公司这一难题，中国农用土地整合型土地流转信托产品才能够运作起来。

7.2.2 中国农用土地整合型土地流转信托产品委托人分析

7.2.2.1 土地流转信托产品委托人选择机理分析

土地流转信托产品选择委托人，是一项极富挑战性的工作，需要了解选择委托人的内在机理。选择土地流转信托产品委托人必须要注意如下三个基本问题：

（1）选择土地流转信托产品委托人中的交易成本分析

交易成本理论是 20 世纪 30 年代由英国经济学家科斯在其经典著作《企业的性质》一文中首次提出并经众多学者发展起来的。

交易成本是指市场经济条件下，参与市场活动的成本。交易成本通常包括三方面成本：

1）信息搜索成本。

这是市场交易者搜索市场交易信息的成本，通过收集市场交易信息，交易者可以确定所需的良好市场，以及最低的价格等有用的市场交易信息。

2）讨价还价成本。

这是指市场交易双方就其市场交易标的进行不断讨价还价的成本。通过讨价还价，最终双方达成了交易，商定了双方都认同的交易价格。当然，讨价还价也可能最终以不欢而散收场。对于重大的市场交易，如购买住房，这种讨价还价可能经历极为漫长的过程，对交易双方的心理也是巨大的挑战。

3）监督检查成本。

这是指交易双方对交易情况进行检查监督所花费的成本。对于购买方来说，对其购买的商品或服务必然要进行检验，即通常所说的验货。有时候，交易双方可能一致同意邀请第三方担任监督检查职责。对于某些重要商品，比如住房，政府机构就自然担负起监督检查的职责。

对于土地流转信托产品来说，信息搜索成本就是土地流转的委托人（通常是土地所有者，如乡政府、村集体等）与受托人（一般是信托投资公司）双方相互搜寻对方的成本。从现在的趋势看，信托投资公司在信息搜索方面更为积极一些。

土地流转信托产品的讨价还价成本，不仅包括狭义的信托价格的讨价还价，也包括双方缔结契约的成本，双方合理界定信托活动各种相关费用的成本，以及双方对潜在的信托风险如何分担进行讨价还价的成本。

土地流转信托产品的监督检查成本，既包括土地流转的委托人与受托人在信托过程中对信托产品的监督的成本，也包括政府机构对土地流转信托产品进行监督检查的成本。

土地流转信托产品的交易成本与土地流转信托产品的实现形式具有极强的相关性。不同的产品实现形式往往意味着不同的交易模式，而不同的交易模式造成了不同的交易成本。比如，由于土地通常按面积计价，一宗土地流转信托的交易规模越大，每单位面积分摊的交易成本就越低。

在土地流转信托产品交易过程中，土地的资产专用性对其有着重要的影响。资产的专用性是指一项资产由于独特的用途而难以再改变其用途，或改变之后代价极为巨大。对于中国土地流转信托来说，由于可进行流转的土地被规定了用途，因此，它们基本上都是资产专用性土地。对于资产专用性土地来说，在交易时就必须要充分考虑其资产的专用性，选择尽量降低交易成本的产品实现形式。

（2）土地流转信托产品设计中的委托代理关系分析

在土地流转信托产品设计中，即使不考虑委托人与受益人分离的情况，也至少要涉及委托人和受托人的关系，而经济学对委托人与受托人关系的分析，已经形成了一种理论，即委托代理理论。

在现实中，存在着大量的委托代理关系，如企业管理者（通常指那些并没有企业股份的企业管理者，他们就是企业所有者管理企业的代理者）与企业所有者（对于上市的股份有限公司来说，就是广大的股东），西方政坛的政客（代理人）与选民（委托人），中国政治体制中的人大代表（代理人）与全国人民（委托人）。

经济学运用委托代理理论对委托难题进行了深入的分析。委托代理关系的本质是代理难题（也被称为代理困境），它是发生在一个人或一个组织不得不请另外的人或组织代理其行动时产生的。代理难题源于代理人有自己独特的利益需求，代理人在代理委托人行动时，存在着借委托人利益满足自己利益的倾向。在经济中，最常见的代理问题就是非股东的企业管理者利用管理企业的便利谋取个人私利。在委托代理理论看来，代理人之所以能够借委托人利益满足自己私利，在于其拥有比委托人更多的相关信息，这使得代理人相当于委托人在信息上占据优势。代理人的这种信息优势，在经济学上被称为"信息不对称"。信息不对称就是指市场交易的双方在交易过程中，对市场交易信息的掌握程度并不对称，通常有一方要比另一方多得多。

对于委托人来说，处理代理关系必须要支付一定的成本，这一成本被称为"代理成本"。所谓代理成本，就是指委托人为了确保代理人行动符合自己需要而不得不支付的成本。

代理成本包括搜寻成本。委托人要搜寻最佳的代理人就不得不支付搜寻成本。这里最佳代理人并不完全指水平最高，而是指最大限度满足委托人需要的代理人。

代理成本还包括信息成本。委托人必须加大信息掌控力度，大幅度缩小与代理人的信息不对称，才能避免完全被代理人迷惑。

代理成本的关键是代理价格。代理价格是委托人就代理关系支付给代理人的价格，这是代理人利益的体现。代理价格的设定在一定程度上决定着代理人的行动，如果价格符合代理人预期，代理人就可能为获得这份利益而为委托人做好相应工作。

代理成本还必然要包括监督管理成本。即使价格符合代理人预期，如果委托人没有合适而有力的监督管理，代理人依然可以做出违背委托人利益的行为。这里，监督管理必然要包含对代理人违规行为的严厉惩戒。不过，判断代理人是否违规，还需要支付必要的成本。

代理成本与委托代理关系的实现形式也有关系，有些实现形式便于委托人对代理人的监督管理，能够在一定程度上降低代理成本。

对土地流转信托产品而言，信托的委托人与信托的受托人必然是委托代理关系。对于土地所有者来说，其进行土地流转信托是为了获得更大的土地潜在收益，而对于信托投资公司来说，其接受土地流转信托的委托是为了获得最大的信托价格。由于信托投资公司在信托活动相关信息方面占据优势，其对受托管理的土地所进行的运营，就可能背离土地所有者委托的初衷。对于土地流转信托产品委托人的土地所有者来说，必须要支付合理的代理成本，以确保信托投资公司行动能够实现其获得更大土地收益的目标。为此，土地流转信托产品的委托人应该注意五个问题：最佳信托投资公司的搜寻问题；合理信托价格的确定问题；信托信息的收集问题；信托产品的监督管理问题；信托产品的实现形式问题。如果拟进行土地流转信托的土地所有者能够搜寻到合适的信托投资公司，双方能够确定合理的信托价格，土地所有者对信托信息掌控程度比较高，对信托投资公司能够实施有效的监督管理，信托产品的实现形式合理，则土地流转信托产品的代理成本就会大幅度降低。

（3）土地流转信托产品设计中的契约关系分析

信托关系是一种契约关系，因此，也可以运用经济学中的契约理论进行分析。契约可以分成完全契约和不完全契约。所谓完全契约就是指缔约双方对缔约与履约全过程可能发生的影响，契约履行的事件和风险都有充分的理解，双方都愿意认真履行契约，一旦出现异议，双方都一致同意由公认的第三方，仲裁或法院进行强制执行的契约关系。

完全契约基于两个重要前提条件。首先是缔约者的个人素质足够优秀，他们都是完全理性人，他们都完全信守契约，他们都能够追求自身利益最大化。其次是履约的环境足够良好，完全没有外部性，即缔约双方的契约对双方之外的第三方没有任何影响，交易成本为零。

毫无疑问，完全契约是一种理想状态下的契约，而现实的契约，只要完全契约所赖以存在的诸多条件中任何一个条件不具备，其契约必然都是不完全契约。

现代契约理论针对不完全契约展开了深入的研究。首先，现代契约理论认为，由于存在交易成本、信息不对称，现实的契约都是不完全契约，而这正是契约的本质。虽然达成完全契约不可能，但达成一份让缔约双方当事人获得次优收益的不完全契约是可能的。所谓次优就是虽然没有达到交易者心中的最优，但比起心理底线依然要好的情况。最优通常只能存在于理想条件下，而次优实际上就是现实中所能获得的最优。

对于土地流转信托产品设计来说，双方都要充分意识到，由于土地流转信托产品是一种新的信托产品，各种制约因素较多，潜在风险比较大，任何一方都不可能以牺牲对方利益来获得最大受益，这就要求双方都放弃最优选择而寻求达成满足双方次优选择的契约。

双方都需要加强对土地流转信托产品的研究，提高对其信息的掌控力度，这为双方缔约和履约奠定了坚实的信息基础。双方还应该选择合适的产品实现形式，便于双方获得现实条件下的次优利益。

7.2.2.2　土地流转信托产品委托人类型分析

在农村土地流转信托中的委托模式主要有个体委托、群体委托和社区委托，这三种模式各有优势和不足，具有不同的适用性条件。

农业用地的个体委托人、群体委托人、社区委托人这三种委托人类型在土地流转信托中各有自己的优缺点，见表7.2。

表7.2　农业用地三种委托人类型优缺点对比

委托人类型	优点	缺点
个体委托人	灵活机动，运行成本低	难以集中资源，形成规模效益
群体委托人	规模适中，灵活方便	利益难分配
社区委托人	便于进行科学化、规模化经营	运行成本高，不灵活

（1）农业用地个体委托人分析

个体委托就是指单个土地承包者担任土地流转信托的委托人，在保护土地的前提下，土地流转信托收益由自己占有的一种委托方式。这种方式比较灵活、机动，委托人只要认为自己有委托土地的需要，就可以寻找合适的受托人，制定信托合约，来进行土地流转信托。委托人可以根据自己的实际情况进行信托，而不用考虑整个社区的情况。个体委托的缺点就在于，单个委托人在信息的收集方面存在很大困难，而且单个委托人在信托合约的制定上，也不可能考虑得很周全，这些都增加了个体委托人的成本，个体委托在执行保护土地的目的时，其困难也很多，这就需要政府的调节作用。政府需要帮助委托人考虑信托合约的完整性和法律责任的问题，也可以在受托人信息的收集上给予一定的帮助，以顺利完成整个信托过程，政府在信托的执行过程中，要监督委托人和受托人，看他们在利用土地的过程中，是否保护了土地，对于那些只注重经济利益，而忽视了土地流转的行为，要坚决制止。个体委托运行成本也比较低，适于土地分散分布的地区使用。

（2）农业用地群体委托人分析

群体委托是指由多个土地承包者担任土地流转信托的委托人，在保护土地的前提下，土地流转信托收益在委托人之间进行分配的一种委托形式。这种委托模式需要建立单独的土地流转信托中心，对受托人的选择、信托合约的制定、合约的履行情况、利益的分配问题进行统一管理。群体委托存在的一个缺点就是利益难分配的问题，因此，在利益的分配上，就要根据个人信托土地的数量、肥沃程度，事先达成协议，签订合约。同时群体委托在和受托人签订合约上，也存在一定的困难。由于群体委托是由多人组成，每个人的要求不同，在和受托人谈判时，就很难达成一致，但这种委托方式也具有很大的优点，它节约了个人的成本。委托个体只需要向土地流转信托中心申请土地流转信托，其后续工作就由信托中心来完成，单个委托人只需要将自己的意见告诉土地流转信托中心，由土地流转信托中心来统一安排，个体就不用再自己寻找受托人，制定合约，可以安心经营自己的事情。群体委托运作效率也比较高，可以把单个委托人的土地集中起来，交给受托人，受托人就可以进行科学化、规模化经营。当然，土地流转信托中心在受托人利用土地的过程中，也必须起到监督作用，当受托人没有起到保护土地的目的时，就有权利解除合约。群体委托其运作成本比较高，对地区的选择相应也较高。

（3）农业用地社区委托人分析

社区委托是指整个社区担任土地流转信托的委托人，在保护土地的前提下，土地流转信托收益由社区享有的委托形式。这种委托方式实际上就是群体委托方式的一种放大，委托人不再局限于几个人，而是整个社区，委托的土地也是整个社区的土地。因此，这种方式对土地的利用率比较高，受托人可以将整个社区的土地进行经营，以实现规模化、科学化经营。社区中心也一定要做好利益分配的工作，确实做到公平、公正，在与受托人制定合约时，一定要尽量满足大多数人的要求，对不能满足要求的，一定要做好思想工作，保证土地流转信托的顺利进行。社区中心在选择受托人时，也要仔细考虑，对受托人的经济情况，利用土地的方式要调查清楚。当受托人在使用土地的过程中遇到困难时，社区中心要在自己能力范围内，尽可能帮助受托人，受托人出现违反保护土地目的行为时，社区中心也要坚决制止。这种方式适用于土地流转程度比较高的地区，在我国北方有大片平原，土地规模很大，而且集中，而且农民也大都有进行土地流转信托的需要，就比较适合进行社区委托，另外，存在大量荒废贫瘠山地的农村，也适合进行社区委托模式。

7.2.2.3 中国农用土地整合型土地流转信托产品委托人选择构想

中国农用土地整合型土地流转信托产品的关键在于迅速整合土地资源。基于这个信托目的，在选择农业用地承包人作为委托人时，就必须把降低交易成本，特别是降低委托人与受托人讨价还价产生的成本和委托人与受托人界定土地流转信托中各种产权的成本作为首要任务。在这种条件下，对于志在开发中国农用土地整合型土地流转信托产品的中国大型信托投资公司，社区委托人形式无疑是最合适的委托人类型。在不同层次的社区委托人中，县级地方政府作为社区委托人是最优选择，这样可以以最迅速的方式，在全县范围内获得面积巨大的农业用地的信托管理权。如果难以获得县级地方政府委托人认可，乡级地方政府作为社区委托人是次优选择，这样也可以以最迅速的方式，在全乡范围内获得面积较大的农业用地信托管理权。

7.2.3　中国农用土地整合型土地流转信托产品适用区域分析

我国幅员辽阔，不同区域的地理条件、土地质量、经济水平、文化环境以及地方政府运作效率等方面都存在较大差异。因此，在中国推行农用土地整合型土地流转信托产品，要了解不同农业发展区域信托产品的适用性。

7.2.3.1　中国不同区域农用土地流转信托特征分析

综合各方面因素，可以把中国农业区域划分为东部、东北、中部和西部这四个农业发展区域。

（1）中国东部农村地区土地流转信托特征分析

中国东部地区分成广义的中国东部地区和狭义的中国东部地区。广义的中国东部地区泛指中国所有沿海省份，从北到南依次包括辽宁省、河北省、北京市、天津市、山东省、江苏省、上海市、浙江省、福建省、台湾省、广东省、香港特别行政区、澳门特别行政区、海南省、广西壮族自治区，共15个直辖市、特别行政区、省、自治区。而狭义的中国东部地区，则不包括辽宁省（辽宁省归入中国东北地区），台湾省、香港特别行政区、澳门特别行政区（这三个省、特别行政区还未纳入中央直接管理范围内），广西壮族自治区（广西壮族自治区被归入中国西部地区），只剩下余下的10个直辖市、省。本书采用的是狭义的中国东部地区的界定。

从自然发展条件来看，中国东部地区是中国农业发展条件最为优越的地区，也是社会经济发展水平最高的地区。这一地区农业生产率高，农业市场化的发展水平居中国前列。无论是地区内的国际化大都市，还是中小城市，中国东部地区都已经建立了发达的第二产业和第三产业，农村劳动力已经大部分转移到第二产业和第三产业，对于中国东部的农民，实际上也就是农用土地所有者来说，土地作为农用土地的价值极低，而通过流转可以最大限度实现土地价值的升值，因此，这一地区将是中国土地流转信托产品优先推行的地区。由于市场化水平高，这一地区农民对于土地流转信托产品这种新型的理财产品的理解和接受能力均较高，这也是在这一地区推行土地流转信托产品的有利条件。

此外，由于中国东部地区处于沿海开发地方，无论是农民还是地方政府的管理者，均有较高的开放意识和开拓精神，能够承担相当于其他地区更高的风险。因此，可以在这一地区推行更具创新性的土地流转信托产品。

不过，由于中国东部地区第二产业和第三产业非常发达，对第一产业的投入相对不足，由于目前土地流转信托产品还不能自由实现土地用途的变更，因此，在这一地区推行土地流转信托产品，还需要地方政府和农民加大对农业基础设施的投入。

中国东部地区有多种经营模式，如江苏南部一带，集体经济比较发达，而浙江温州一带则是个体经济占据主导。在中国东部地区推行土地流转信托产品，应该根据不同地区原有农村非农产业的发展模式，选择最适合的产品模式。如果某地区以个体经济占据主导，则适合个体委托，机动灵活。而在集体经济发达的地区，则可以选择集体委托模式，充分降低单位土地流转信托成本。

（2）中国中部农村地区土地流转信托特征分析

中国中部地区包括山西省、河南省、湖北省、湖南省、安徽省、江西省这六个省份。从自然条件来说，中国中部地区可以与中国东部地区相提并论。在历史上，中国中部地区就是中国农业发展的重要基地。这一地区大部分是平原地区，土地平整，地力肥沃。气候基本上属于温带大陆性季风气候，夏天雨热同季。

如果细分，中国中部地区还可以分为北部地区，包括山西省、河南省，以及安徽省北部。这一地区属于黄河流域和淮河领域，由于降水相对较少，属于旱作农业，主要粮食作物是小麦和玉米。南部地区，包括安徽省南部、江西省、湖北省和湖南省。这一地区属于长江领域，水资源丰富，属于水田农业，主要粮食作物是水稻。

虽然自然条件与中国东部地区相当，但由于地处内陆地区，思想不够开放，市场化程度相对比较低，第二产业和第三产业发展水平低于中国东部地区。

在中国中部地区，广大农民依然以农业作为主业，对土地依赖程度比较高，加上素质和意识方面的诸多制约，在这一地区推行土地流转信托，还难以得到广大农民的积极响应。此外，地方政府开放意识也比较薄弱，对土地流转信托产品的认同感不强，难以尽全力给予支持。这些都是在这一地区推行土地流转信托产品的制约因素。

在中国中部地区推行土地流转信托产品，要根据各地的具体情况而采取相应的产品模式。在经济发展水平、市场化程度不高的地区，还只能实施个体委托，通过敢于尝试的个体农民来带动其他农民。而在经济发展水平、市场化程度比较高的地区，如果地方政府比较开放，愿意在土地流转信托产品方面给予必要的支持，则适合采取集体委托模式。

（3）中国东北农村地区土地流转信托特征分析

中国东北地区包括辽宁省、吉林省和黑龙江省这三个省。从自然发展条件看，中国东北农业比较好，优于中国西部地区。如果不考虑人口因素，自然条件比中国东部地区和中国中部地区要逊色一些，最重要的问题是温度比较低，土地单产相对要低一些。但是，由于中国东北地区第二产业比较发达，农业人口所占比例甚至低于中国东部地区。这就使得中国东北地区农民人均耕地面积比中国东部地区和中国中部地区要高得多，虽然从绝对面积上要低于中国西部地区，但人均粮食产量则远远高于中国其他三个地区。目前，中国东北地区已经是中国最大的商品粮基地。

不过，由于中国东北地区是中国计划经济体制实施得最彻底的地区，所以市场化程度不高，农民和地方政府的思想意识都相对保守。此外，中国东北地区由于开荒过度，也造成了比较严重的水土流失，这对中国东北地区农业发展也是一个比较大的威胁。

由于工业化程度比较高，东北农民文化水平比较高。此外，作为新中国老工业基地，东北地区科技力量，特别是农业科技力量非常强。

根据中国东北地区的特点，在这里推行土地流转信托产品，集体委托模式可能是更合适的模式。一方面，这里农民人均面积比较大；另一方面，这里土地平整且连片，适合集中开发。

（4）中国西部农村地区土地流转信托特征分析

中国西部地区包括内蒙古自治区、宁夏回族自治区、陕西省、甘肃省、青海省、新疆维吾尔自治区、重庆市、四川省、贵州省、广西壮族自治区、云南省、西藏自治区这 12 个直辖市、省、自治区。

中国西部地区总面积虽然很大，占据中华人民共和国总面积的一半以上，但自然条件相对恶劣，人口不到全国人口的 20%，有效面积比重远低于中国其他三个地区。在中国西部地区，高山、高原、沙漠、隔壁、裸岩、冰川、永久性冻土构成了绝大部分土地，而这些土地是难以利用的土地。

在中国西部地区，农业活动还难以摆脱自然条件的制约。由于相对落后，加上少数民族众多，计划生育政策落实远不如中国其他三个地区，造成中国西部地区虽然人口较少，但是土地承载力却远远超载。而超载的人口与农业开发，又造成了本来就贫瘠的土地肥力的丧失，水土流失已成为中国西部重要问题。此外，由于中国西部自然资源相对丰富，加上开发这些自然资源时又因财力问题缺乏必要的环境保护，导致中国西部地区环境污染日益严重，这对西部地区农业开发也造成了不利影响。

中国西部地区也具有一定的发展优势。首先就是面积很大，其次是生物资源比较丰富和独特，再次是畜牧业比重高，最后是民族特色鲜明。

综合从社会经济发展水平和信托产业发展阶段来看，中国西部地区可能是最后一个推广土地流转信托产品的地区。

当然，在中国西部地区中，重庆市、陕西省、四川省这三个直辖市或省，自然条件更接近中国中部地区，其土地流转信托产品模式的选择，可以参考前文关于中国中部农村地区的分析结论。

对于中国西部地区其余 9 个省和自治区来说，根据中国西部地区农业发展的特殊情况，在这个地区推行土地流转信托产品，实施个体委托模式可能是一个适合中国西部农村地区的选择。这不仅源于个人委托模式自身机动、灵活、运营自由、成本低廉的优势，更在于中国西部地区由于地广人稀，个体占据的土地面积比较大，即使是个体，其可以委托的土地面积也是比较大的，也可以对其土地进行规模化运营。如果是几个个体的联合，效果可能就会更加明显。

此外，对于广大畜牧业地区，本来就是一家一户的经营，这种个体委托模式与其历史传统可以无障碍地对接。

在中国西部农村地区，采用土地流转信托公司的形式，也是很好的选择。特别是对中国西部广大待开发的面积，如高山、沙漠等面积巨大的待开发地区，可以由政府作为委托人，由土地流转信托公司作为受托人进行开发。由于开发面积广、周期长、投资大，契约应该是长期契约。

7.2.3.2 中国农用土地整合型土地流转信托产品适用区域选择

综合各方面条件来看，在中国推行农用土地整合型土地流转信托产品，首选地区应该是中国东北地区。这一地区具有推行农用土地整合型土地流转信托产品的几大优势：①土地资源丰富且地表平整，非常适合推行机械化农业生产。②农业规模经营具有较好的基础，农民对于农用土地整合的作用理解比较深刻。③已经形成了具有全国知名度的粮食品牌产品，推行农用土地整合型土地流转信托产品后，粮食销售困难相对较小。

除去东北地区之外，中国东部地区和中国中部地区的平原地区，也是适合推行农用土地整合型土地流转信托产品的两大地区。

7.2.4 中国农用土地整合型土地流转信托产品经营模式设计

7.2.4.1 中国农用土地整合型土地流转信托产品经营宗旨设计

中国农用土地整合型土地流转信托产品经营，以农业土地的共有制理论为基础，以立足农村土地、促进土地流通、引入社会资金、实现金融普惠为践行原则，支持农村土地流转的重点领域的建设，实现土地资源整合，发挥农村金融在国家农村土地战略转型中的积极作用。

7.2.4.2 中国农用土地整合型土地流转信托产品经营目标设计

中国农用土地整合型土地流转信托产品经营，将依据国家战略目标以及经济社会发展政策，遵循追求综合效益最大化（包括农民的效益、地方政府的效益和信托投资公司的效益）的发展思路，引导民间资本投向，合理整合土地资源，通过提供多功能、全方位的金融服务，运用信托制度，实现土地规模经营，进而实现农业现代化生产。

7.2.4.3 中国农用土地整合型土地流转信托产品市场定位设计

中国农用土地整合型土地流转信托产品经营应该在市场环境下，在信托框架内，发挥信托优势，为农村土地流转服务的运作思路，打造成国家中长期农村土地改革的产业性金融机构。

设计市场定位时应发挥信托功能，发挥金融资源市场化分配的作用，以发行集合信托产品为主，金融债为辅，广泛引导和吸纳民间资金，为中长期农村土地流转项目大建投融资平台。运用信托优势，分离土地所有权、经营权、收益权，实现土地财产资本化，将土地转换为可携带资产，进而合理开发和利用土地，促进土地资源形成规模，为农村土地发展奠定基础。

7.2.4.4 中国农用土地整合型土地流转信托产品经营范围设计

依照农村土地特性和发展需求，根据土地流转信托因地制宜配置业务功能的业务特点，遵循关注土地改革热点，践行土地流转，开展信用建设，推动资金引导的方针，把农村土地流转中的热点、难点问题作为信托重点，支持农村土地长期建设的资金需求，实现土地资本化过程，推动土地改革，并将信用建设贯穿于项目开发、评审、投融资、项目后期管理等环节，进而补充当地政府和市场之间的纽带，引导社会资金投向。具体业务如下：

土地是中国农民的最大财产，但在流转过程中信贷支持严重不足，土地流转和农业长期发展的资金最终还要靠农地抵押制度和土地流转信托的创新来解决。发挥信托功能，开展农村土地的存贷业务，开展农村土地的合理开发和利用业务，最终实现农村土地的固定收益和超额收益，实现社会效益的最大化。

针对生态农业等产业基础设施建设薄弱、资金投入周期较长的特点，高效利用信托等金融工具，发行集合信托产品，运行中长期土地流转信托基金。

土地是农村流转的有形载体，重视土地在生态文明建设中的战略意义，发挥信托的制度优势，实现土地资本化。在此基础上，依据土地整体规划，合理划分土地种类，因地制宜，为农村土地发展奠定基础。

7.2.5 中国农用土地整合型土地流转信托产品运行模式设计

土地流转信托需要具备较强的金融功能、较宽的经营范围、较高的风险管理制度和水平、更好的市场化经营机制，需要一支更加兢兢业业和职业道德优良的管理团队，去控制、化解各种经济风险。

农户（最好通过社区委托人组织）将土地经营权抵押给土地流转信托，土地流转信托为其提供土地凭证，实现了农户拥有可携带资产与社会保障。而土地流转信托可以设立土地流转信托公司，实现土地资源的整合，进而实现土地所有权、经营权和收益权的有效分离。同时依托信托专业化、产业资源和与政府沟通等方面优势，增加农民谈判地位，保障农民利益实现。中国农用土地整合型土地流转信托产品运行模式见图7.5。

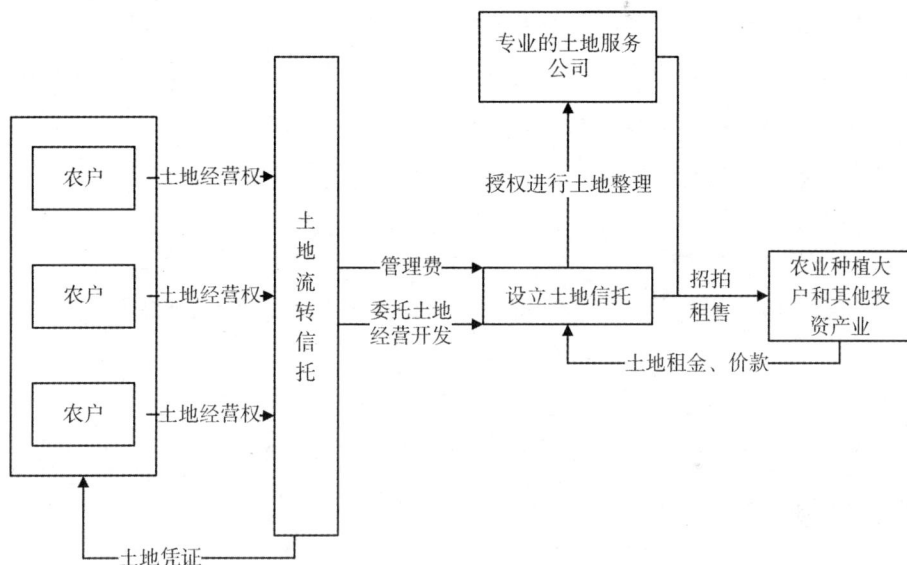

图7.5　中国农用土地整合型土地流转信托产品运行模式

7.2.6　中国农用土地整合型土地流转信托产品挑战分析

7.2.6.1　中国农用土地整合型土地流转信托产品挑战种类分析

开发中国农用土地整合型土地流转信托产品，还面临一些比较严峻的挑战。面临的经营挑战主要有如下三项：

（1）农业规模经营效益普遍偏低

现阶段，中国土地租赁、劳动力和农资成本居高不下，农业产业链不健全，附加价值较少等因素使得规模经营效益低下。调研发现，即便是经济基础较好的苏南某市，在地方财政大力扶持之下，粮食规模化生产的净收益每亩才780元左右，若将经营者自己投入的劳动力计入成本则效益更低。

农业规模经营是中国农用土地整合型土地流转信托产品的基础，如果农业规模经营效益持续下降，农业规模经营者的积极性受到打击，将会导致信托土地的承租减少，中国农用土地整合型土地流转信托产品必将陷入难以为继的困境中。

（2）规模经营主体的素质参差不齐

近年来一些高素质农村劳动力的回流和现代企业逐渐进入农业领域，使得农业规模经营主体的整体素质得到提升，但从受教育水平、新观念新技术的接受、市场意识等方面来看，总体素质还不高，东部经营主体素质则普遍高于西部。造成中国农业经营者素质难以满足农业现代化需要的因素主要体现在如下三个方面：

1）农村人口结构失衡。

农业群体中，从事农业生产的主要是老人和妇女，他们既要下田耕作，又要承担繁重的家务，还要照顾儿童，基本无暇学习专业的知识和技能，仅仅靠自己的经验和传统的操作方法维持简单的农业生产，难以达到专业化的水平。另外，农业生产形式较为单一，停留在生产、销售阶段，无法按照当前市场需求进行专业化的生产。

2）农业人口文化素质不高。

妇女、老人受教育文化程度较低，一方面，比较安于现状，墨守成规，对于学习新技术的欲望不高，不愿意接受新的方法技术，不识良种，不懂科学的种植养殖技术，不顾长远导致田间管理、农药化肥的施用、病虫害防治等技术难以推广。另一方面，妇女的受教育程度较低，知识水平匮乏，接受新技术的水平和能力有限，导致先进科学技术的推广受阻。此外，农村缺乏正规的技术和职业培训组织，没有专业的技术人员去指导农民使用新技术，也导致新技术在农村地区无法得到推广和应用。

3）农业人口观念落后。

由于耕作的主要劳动力是留守妇女和留守老人，他们由于传统观念的限制和思想的滞后，只能进行传统的自家小农耕作，使土地要素封闭在家庭经营的范围内，农村土地呈现出农户均地少并且分散的特点，还未形成完善的土地承包经营权流转信托制度和体制，使土地资源无法得到合理的配置，阻碍土地科学化管理，制约农业规模化的大生产。

（3）融资渠道和农业社会化服务体系缺失

融资困难已经成为制约规模化生产经营的最大"瓶颈"，这在前文关于中信信托公司开发的安徽省宿州土地流转信托产品的经营中已经充分体现出来了。

7.2.6.2　中国农用土地整合型土地流转信托产品挑战对策设计

推行中国农用土地整合型土地流转信托产品，中国信托投资公司应该与地方政府联合采取措施应对上述挑战。可供采取的对策包括如下五条：

（1）创新土地流转机制

创新土地流转机制需要做好如下四项工作：①搞好农村土地承包经营权的确权、登记和颁证工作。②建立健全农村土地流转市场，建议全国有条件的乡镇都要建立土地流转交易服务平台，相应的县（市）建立相应的服务平台，开展土地流转储备、委托流转等服务工作。③加强农村土地流转的规范化管理。全面实行流转管理的合同制和备案制，完善流转登记和档案资料信息化管理。④加强土地流转价格指导，保护农民土地收益。

（2）推进农业适度规模经营综合改革试验区试点

积极借鉴现代农业示范园区等的建设经验，首先进行区域性的试点，待经验成熟后再予以推广。建议在东部、中部、西部各选几个涵盖不同地区、不同产业，有代表性且在农业适度规模经营方面积累了一定经验的地区作为农业适度规模经营综合改革试验区，确定综合改革试验区的指导思想、发展目标，提出试验重点，以及具体的实施方法和实施过程中的保障措施。建议在国家现代农业示范区将适度规模经营作为试点的重要内容，将适度规模经营作为示范区考核的指标之一。

（3）着力培养新型职业农民，尝试职业农民认证制度

培养职业农民，应建立必要的认证制度和职业培训体系，只要农民达到一定的标准国家就要给予扶持，农民掌握的农业技术越多越熟练，达到的技术等级越高，扶持力度也要随之加大。

（4）大力完善农业社会化服务体系

逐步完善社会化服务体系，积极培育为规模化经营主体提供农业产前、产中、产后服务的专业性机构；加大在政策、资金方面的扶持，注重农业社会化服务的试点、总结和经验推广工作；积极支持农民专业组织在产前、产

中和产后环节提供良种、机播、灌溉、除草、收割、加工和销售等服务，通过签订合同方式在农户、农业社会化服务组织、龙头企业之间建立起紧密的利益共同体。

（5）大力创新农业规模经营相关体制机制

创新农业规模经营相关体制机制需要做好如下四项工作：①加大金融扶持力度，重点探索对于小型农场、农业龙头企业、农业合作组织、农户等新型经营主体的金融借贷扶持机制。②扎实推进土地流转，要按照依法自愿有偿的原则，从事农业开发就要进一步放开土地流转。③应将推进农业适度规模经营作为发展现代农业的重要抓手，加大投入，设立专项资金，整合既有涉农资金，着力对规模经营主体进行大力奖补，在涉农政策的具体实施中充分考虑到各地区的实际情况，采取灵活的政策实施方式，避免政策实施的"一刀切"。④应加大对农业基础设施的建设，切实改善农业生产的基础条件。

8 中国农村产业链集成型土地流转信托产品设计

对于实力雄厚的中国大型信托投资公司来说，开发中国农村产业链集成型土地流转信托产品是一个值得探索的产品方案。

8.1 中国农村产业链集成型土地流转信托产品设计理由说明

设计中国农村产业链集成型土地流转信托产品，需要说明这种土地流转信托产品得以设立的理由。中国可以开发中国农村产业链集成型土地流转信托产品，基于如下两大理由：

8.1.1 以财产权信托为基础搭建资源整合商业平台分析

农村土地流转信托业务通过财产权信托的模式实现农业生产用地的流转，其商业意义在于搭建资源整合的跨界商业平台。

平台战略商业模式与传统商业模式的最大区别之一在于商业模式思维存在本质不同。传统商业模式是以商品为中心，先销售商品，再巩固客户资源。而平台战略商业模式的精髓在于，先搭建平台聚集大量客户资源，逐步形成客户资源的垄断，最后再通过提供更为优越的用户体验销售商品，形成稳定的盈利模式。在互联网及移动互联网技术飞速发展的背景下，平台战略商业模式的优势日益凸显。美国谷歌公司、苹果公司，中国阿里巴巴公司、腾讯公司等网络平台对于传统产业的不断颠覆正是平台战略优势的最佳体现。

互联网与金融领域的结合已经成为当前的热门话题，但是信托如何对接互联网却成为费解的难题，部分专业人士认为定位高端的信托难以与大众化的互联网相结合。其实，信托公司开展土地流转信托本身就是互联网跨界平台思维的最佳实践。通过将碎片化的土地进行流转，构建土地资源网络，从而搭建跨界平台，聚集大量客户资源，逐步形成客户资源的控制，最后再通过提供更为优越的用户体验销售商品颠覆传统产业，从而形成稳定的盈利模式。

根据国家统计局的数据统计，2003～2012年，我国农产品价格按照平均每年8%左右的幅度持续增长。中国社科院农村发展研究所认为，我国农产品价格上涨的趋势仍将长期持续，其中价格较高的有机农产品，具备较为可观的潜在市场需求。信托公司通过财产权信托的模式进行土地流转，可以搭建15～28年的土地资源整合平台，未来潜在的市场空间非常广阔。

除此之外，信托公司还可以通过云计算，对土地流转信托产业链进行大数据整合，即借助自身以及合作方采集的客户信息样本，通过技术部门的数据分析，来挖掘人与人之间、行业与行业之间的隐性联系，并利用信托的方式进行金融对接，从而打通生产到消费整个链条中的各个环节，缩短产业链交易环节，降低交易成本。

综上所述，随着互联网及移动互联网时代的到来，信托公司可以允分挖掘自身优势往平台战略商业模式转型。当此类业务发展到一定规模，信托公司可以凭借自身平台从农业生产端到农业消费端全面升级的优势，彻底颠覆传统农产品的生产与销售模式。

8.1.2 引入资金支持整合现代农业产业链分析

通过财产权信托的模式进行土地流转能够实现"化零为整"的土地规模化经营，有利于农村土地集约化规模化经营，但这仅仅是第一步，搭建了土地流转平台，农村土地流转信托业务开展的更大意义，在于后期通过并购重组、股权投资、夹层融资以及资产证券化等多元化的形式引入资金支持完成现代农业产业链的升级。

目前我国农业面临的最大问题，在于农产品结构性供应不足。一方面，质量较低的中低端农产品供应过剩，市场上大量有毒有害的农产品已经成为影响食品卫生安全的重要隐患。另一方面，有机健康的高端农产品却严重供给不足，大部分产品需要依靠进口，例如质量可靠的奶粉等农畜牧产品基本依靠进口就是典型的例子。通过有关机构对发达国家有机食品市场的研究，欧美发达国家地区的有机农产品的消耗量占整个农产品的比例在10%以上，即便在中国香港特别行政区、中国台湾和日本这些邻近市场其比例也有8% ~ 10%，而在我国大陆地区，即使在上海这个最注重健康意识的城市，该比例也还不到1%。造成以上问题的关键因素在于，我国过去以家庭联产承包责任制为核心的农业生产关系已经较为落后，需要向家庭农场模式以及现代化大农场模式转型，而信托公司恰好可以发挥作用促进这样的模式转型。

信托公司参与我国农业生产模式的转型重点在于促进现代农业产业链的集成。现代农业产业链的必备要素主要包括农村土地规模化经营、现代农业装备引进、现代科学技术运用、全冷链物流供应、新农村电子商务仓储基地、现代休闲农庄等几大方面。

首先，现代化农业需要先进的农业装备设施进行规模化、机械化生产，过去劳动密集型的生产模式已经落后，需要向资本密集型、技术密集型生产模式转变。

其次，现代化农业需要新型科学技术的支持。现代化的种植技术、杀虫技术、互联网销售平台以及物联网技术均可在农业生产领域运用。以物联网技术为例，从农业生产者的角度看，物联网在现代农业领域的应用包括：监视农作物灌溉情况、监视畜禽的环境状况、监视土壤气候变更以及大面积的地表检测，收集温度、风力、湿度、大气降雨量、土壤水分、土壤 pH 值等，从而进行科学预测，帮助农民减灾、抗灾，进行科学种植，进而提高农业的综合效益。从消费者及中央政府的角度看，农产品的安全性已经成为最为关心的话题。2013 年12 月11 日，国务院办公厅发布《关于加强农产品质量安全监管工作的通知》，明确提出要把农产品质量安全纳入地方官员政绩考核指标。2014 年1 月，中央"一号文件"的重中之重在于强调完善国家粮食安全保障体系，而物联网技术恰好可以针对农产品，实现从农田到餐桌的全过程管理，建立从源头治理监控到最终消费的追踪溯源系统，以确保农产品的品质和安全。

再次，现代化农业也需要先进的物流体系支撑。例如，通过引进全冷链物流技术，可以大大降低肉禽、水产品、果蔬等农产品在储存运输销售等环节的损耗，从而有效保障产品的品质。通过电商物流平台的搭建，可以借助网络平台，绕过实体商直接将食物配送给消费者。另外，现代化农业还需要新农村电子商务仓储基地的建设，因为密集的电子商务仓储基地网点可以有效促进农产品的及时配送。

最后，现代化农业还需要在消费终端打造环境优雅、空气宜人的配套设施。随着中共十八届三中全会的召开，中央政府对于农村集体建设用地流转的政策已经放开。信托公司可以积极参与经营性建设用地的整理与开发，投入生态休闲、农庄养老度假酒店等现代化农业配套设施的建设，改善人民的生活方式，并通过消费权信托的模式提前锁定客户资源。经营性建设用地的整理与开发，以及建设个性化、专业化的休闲农庄与养老度假酒店，不仅是信托公司短期内可能盈利的环节，也是未来房地产业务转型发展的方向。在满足了基本居住需求的情况下，改善性住房需求可能是未来房地产行业发展的又一片蓝海。

综上所述，信托公司一方面可以搭建资源整合的跨界平台，另一方面可以提供覆盖农村土地流通及现代农业建设过程中全链条、全方位的金融服务，有望使得农民的土地得到最大限度利用，并使得农民最大限度获得土地增值的收益，从而真正推动以人为核心的新型城镇化建设，促进农业现代化的建成。因此，信托公司设立农村土地流转信托的目的绝不仅仅在于农村土地流转。而是以农村土地流转为切入点，从农业生产到农业消费全方位颠覆原有产业的经营模式。

8.2　中国农业产业链集成型土地流转信托产品运作设计

8.2.1　中国农业产业链集成型土地流转信托产品关键要素分析

中国农业产业链集成型土地流转信托产品运作设计，要依据这种新开发的土地流转信托产品设计的关键要素来进行。中国农业产业链集成型土地流转信托产品涉及如下关键要素。

8.2.1.1　农业产业链分析

农业产业链是中国农用土地整合型土地流转信托产品所涉及的首要关键要素。分析农业产业链，首先需要分析其内涵。

（1）农业产业链内涵分析

农业产业链，就是按照现代化大生产的要求，在纵向上实行产加销一体化，将农业生产资料供应，农产品生产、加工、储运、销售等环节链接成一个有机整体，并对其中人、财、物、信息、技术等要素的流动进行组织、协调和控制，以期获得农产品价值增值。农业产业链见图8.1。

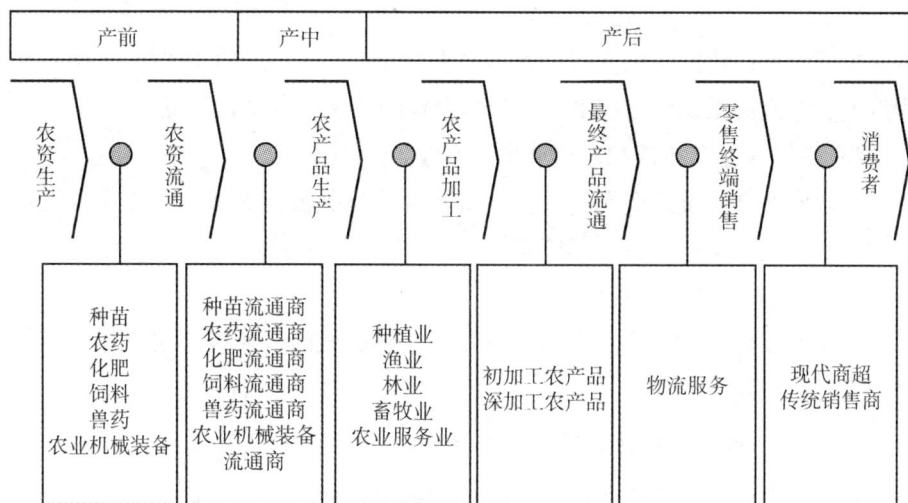

产前		产中	产后			
农资生产	农资流通	农产品生产	农产品加工	最终产品流通	零售终端销售	消费者
种苗 农药 化肥 饲料 兽药 农业机械装备	种苗流通商 农药流通商 化肥流通商 饲料流通商 兽药流通商 农业机械装备流通商	种植业 渔业 林业 畜牧业 农业服务业	初加工农产品 深加工农产品	物流服务		现代商超 传统销售商

图8.1　农业产业链示意图

打造现代农业产业链条，是转变农业发展方式、提升产业发展效率和质量的需要，它不但有利于增强农业企业的竞争能力，增加农民收入和产业结构调整，而且有助于农产品的标准化生产和产品质量安全追溯制度的实行。

（2）中国农业产业链现状分析

中国农业产业链存在着如下五个方面问题：

1）中国农业产业链短且窄。

农业产业链的长度是指从农业产业链起点到终点环节的数量，数量越多，就表明产业链长度越长。越高级的农业产业链，其深加工环节就越多，也越复杂。

中国农业产业链短表现在下游农产品加工、储存、运输、销售等诸多环节发展停滞，几乎还是停留在出售初级农产品的阶段。中国农业产业链窄表现在中国农产品深加工种类过于狭窄。

2）中国农业产业链存在断裂部。

农业产业链的畅通运行，需要产业链上的各个环节环环相扣，紧密衔接，充分协调。但是，中国农业产业链存在断裂部，突出表现在上游与下游中间缺乏必要的产业环节，从而导致产业链供给与需求之间的脱节。

3）中国农业产业链组织化程度低。

中国农业产业链组织化程度低表现在如下三个方面：①农业生产组织化程度低；②农民组织化程度低；③农村合作经济组织发育程度低。

4）中国农业产业链利益协调机制不健全。

中国农业产业链最底端的农民，由于弱小且分散，无法与居于主导地位的农业市场龙头企业进行平等博弈。

5）中国农业产业链面临着诸多风险。

凡是农业生产的风险，也都是农业产业链的风险，而且，农业产业链又增加了新的风险。

8.2.1.2　农业现代化分析

自从人类进入到现代化阶段，现代化就是农业的发展方向。发达国家基本上都实现了农业的现代化。中国农业也必然要以现代化作为其发展方向。

对于中国农用土地整合型土地流转信托产品来说，农业现代化是其涉及的第2项关键指标。做好中国农用土地整合型土地流转信托产品设计，必须要深入分析农业现代化的含义，特别是具体的特征。

（1）农业现代化的含义

农业现代化是指农业从传统生产经营方式转变为现代化生产经营方式，实现了这种转换的农业就是现代化的农业，而未能实现这种转换的农业就不是现代化的农业。

中国农业已经不完全是传统的农业，但还没有实现现代化。

（2）农业现代化的特征

综观世界各个发达国家现代化农业的发展状况，可以将农业现代化的特征归纳为如下五个方面：

1）机械化。

机械化是农业现代化的第一个特征，也是第一个可以实现的特征。传统农业是极大耗费人工劳动的产业，为了保证农业生产的需求，需要大量的人口。这也是传统农业大国都是人口大国的重要原因。但是，人的劳动能力相对于庞大的农业需求依然存在诸多不足，而这些都可以通过机械化得到有效解决。农业机械化就是用现代化的机械设备取代人工来完成农业各种工作。

目前，农业机械种类繁多，大体可以分成农用动力机械（包括各种内燃机，如柴油机、汽油机、煤气机等，以及拖拉机、电动机、水轮机、风力机等）、农田建设机械（包括农用推土机、开沟筑埂多用机、农用平地机、农用铲运机、旋转开沟机、开沟铺管机、农用清淤机、农用装载机和推树挖根机等）、土壤耕作机械（包括凿式松土机、旋耕机等）、种植和施肥机械（包括多功能播种机械、双圆盘撒肥机等）、植物保护机械（包括手动喷雾器、机动喷雾机等）、农田排灌机械（包括提水排灌、虹吸灌溉机组、动力机和水泵等）、作物收获机械（包括各种收割机）、农产品加工机械（包括各种粮食加工机械、谷物干燥设备，以及各种经济作物加工机械）、畜牧业机械（包括草原建设机械、牧草收获机械、青饲料收获机、饲料加工机械、畜禽饲喂和饮水机械、畜禽舍除粪及粪便处理机械、畜禽舍环境控制设备、畜禽疫病防治机械、畜禽产品采集和初加工机械、畜牧业运输机械等。其中畜禽饲喂和饮水机械及畜禽舍除粪及粪便处理机械）和农业运输机械（包括各种跳楼机、农用运输车等）。

2）技术科技化。

传统的农业技术都是源于农民的直接经验，并通过代代相传而传承下来。现代化的农业技术则是通过将先进的科学技术应用到农业中而形成的。通过不断应用最新的科学技术，农产品的质量不断提升，新品种不断涌现。

3）产业化。

传统农业还不能说是产业化，因为它基本上是自给自足的，农民仅将剩余的农产品用于市场交换。而现代化农业则完全是建立在产业化基础上的，农民早已转换为农产品的生产与经营者。一方面，农民逐步发展成为大农场主；另一方面，农业生产公司也纷纷出现。从生产环节看，农业高度分化，生产前、生产中、生产后三个环节都实现了产业化。整个农业成为一个大的生产线，农业生产者只专注于某一个局部业务。

4）信息化。

随着信息技术，农业也不断提升信息化发展水平。农业也运用现代化的信息技术、信息设备和信息系统武装自己，将信息化贯穿到农业生产的全过程。在生产前，通过信息平台决定生产哪些农产品，购买必要的生产资料；在生产中，利用信息技术控制生产过程；在生产后，利用信息平台销售农产品。

5）人才化。

传统农业生产和经营者就是传统农民，他们完全可以不接受任何现代教育，只需要向其父辈学习多年流传下来的传统技艺，就可以继续作为传统农民。但现代化农业需要的是农业生产经营人才，而不是传统的农民。首先，操作与修理数量繁多的各种先进农业机械就需要必要的物理学、机械学知识。其次，各种先进农业生产与经营科学技术也要求农业生产经营者必须要掌握足够的知识，才能学习和运用这些先进的科学农业技术。再次，农业的产业化，又要求农业生产经营者掌握必要的经济管理知识。最后，农业的信息化要求农业生产经营者必须掌握一定的信息技术，会使用各种信息系统，利用各种信息。

更为重要的是，机械化、技术科技化、产业化和信息化都是日新月异的，这就要求现代化的农业生产经营者必须终身学习，否则就可能被时代所超越。

在一定意义上讲，人才化是前四种农业现代化的必要条件，如果没有人才来掌控各种先进的农业机械，来利用各种先进的农业科学技术，来进行产业化经营，来收集、加工、整理各种农业信息，农业的机械化、技术科技化、产业化和信息化就不可能实现。

中国农业迟迟难以现代化，一个关键因素就是中国广大农民的素质还达不到机械化、技术科技化、产业化和信息化的要求。所以可以说，中国农业现代化的关键，是中国农业生产经营者的人才化。

人类进入到 20 世纪 70 年代之后，除了现代化，又增加了可持续发展的理念，这样，可持续发展的理念成为农业现代化的最新理念之一。

农业的可持续发展是指，农业实行农业技术的革新，以生产足够的食物与纤维，来满足当代人类及其后代对农产品的需求，促进农业的全面发展。既满足当代人的需求，又不对满足后代人其自然需求的能力构成危害的发展。这要求一种把产量、质量、效益与环境综合起来安排农业生产的农业模式，它用生态学、经济学、社会学等学科来评价农业系统是否持续、协调地发展。

（3）中国农业现代化现状分析

中国农业现代化存在如下四个方面的问题：

1）存在大量农业剩余劳动力，劳动力素质低。

改革开放以来，尽管已有大量的农业剩余劳动力转移到非农产业部门，但目前农业劳动力的就业压力依然很大，剩余数量高达 1.7 亿之多。这些剩余劳动力能否成功转移，直接影响到城乡的经济发展和社会的稳定，关系到中国现代化的成败。当前，我国农业剩余劳动力转移面临的难点主要表现在以下几个方面：城市化滞后造成农业剩余劳动力转移艰难；第三产业发育滞后严重制约农村剩余劳动力的转移；乡镇企业对农村劳动力吸纳能力逐步减弱；农村劳动力素质偏低导致就业岗位选择面狭窄。

此外，由于城市的高度开放和乡镇企业的迅速发展，全国已有 40% 以上的农村强壮劳动力投入到了非农产业。而把农业生产留给了妇女、儿童及老人。据有关资料，我国的妇女承担着 60% 的农活，有的地方甚至高达 80%，从事农业的劳动力趋于弱化。

2）农业产业结构不合理，劳动生产率低。

当前，我国农业生产经营以种植业为主，种植业内部结构不尽合理，粮食作物占有很大的比重，经济作物的种植和经营规模比较小，从而无法在激烈的国内、国际市场竞争中获得优势。联产承包之后，我国家庭农业生产经营分散、规模小。我国农户约 2 亿户，除数量有限的国有农场和极少数农村实行规模经营外，基本上是一家一户的小农经济，难以形成带动我国农业的规模经济，劳动生产率低。特别是在我国加入世贸组织的大背景下，中国农业将面临国际规模农业的竞争压力。

3）农业生产技术水平落后。

我国农村，特别是广大的中西部地区，农民对生产的投入大部分仍然集中在土地与劳动的投入之上，普遍采用的是一种外延式的扩大再生产，粗放经营方式，广种薄收、超载过牧、乱砍滥伐现象仍然存在，对生态环境造成了很大的破坏，导致水土流失、土地沙化及盐碱化、旱涝等自然灾害的加剧，从而削弱了农业可持续发展的能力。

4）农业生产资源短缺，农业生态环境日益恶化。

从农业资源角度看，我国水土资源短缺将是农业现代化进程中存在的长期、根本性的制约因素。特别是进入 20 世纪 80 年代后，水土资源对农业发展的约束不断加剧，人与水土资源之间的矛盾日益突出。同时，随着工业化和城市化发展，水土资源被挤占的势头难以逆转，农业将面临日趋严峻的水土资源短缺。据统计，我国人均耕地、草地、林地、水资源分别不到世界平均水平的 30%、40%、14% 和 25%，随着经济总量和人口总量的增加，21 世纪我国农业资源将迅速接近承载能力的上限。根据生态经济学观点，农业现代化程度越高，它与农业生态系统的依存关系越密切。实现农业现代化的过程，应该是推进生态文明的进程。它既是农业现代化的重要内容，也是农业可持续发展的基本条件。

目前，随着我国农业现代化进程的加快，生态环境却日益恶化，主要表现在如下四个方面：①水土流失严重。据统计，我国每年流失表土总量达 50 亿吨，相当于全国耕地每年被剥去 1 厘米的肥土层，经济损失 100 亿元。②土地荒漠化速度加快。目前，我国荒漠化土地总面积为 262.2 万平方公里，占国土总面积的 27.3%；全国每年因荒漠化造成的直接经济损失达 540 多亿元。③森林资源锐减。例如，因乱砍滥伐，海南热带雨林面积已由 1956 年的 86.6 万公顷减至目前的 24.5 万公顷左右，森林覆盖率目前仅为 7.2%。④水资源严重短缺且污染严重。由此可见，我国农业发展面临的生态环境十分严峻，农业资源紧缺、环境污染、生态恶化正在威胁着农业现代化的进程。

8.2.1.3　商业平台分析

商业平台是中国农用土地整合型土地流转信托产品涉及的第三项关键要素。分析收益平台，首先需要分析其内涵。

（1）商业平台内涵分析

商业平台即一个为企业或个人提供交易洽谈的平台，是进行商务活动并保障商务顺利运营的管理环境；是协调及整合信息流、物质流、资金流有序、关联、高效流动的重要场所。企业、商家可充分利用商业平台提供的网络基础设施、支付平台、安全平台、管理平台等共享资源有效地、低成本地开展自己的商业活动。商业平台是互联网高度发达的产物。

（2）商业平台特点分析

与传统的交易市场相比，商业平台具有如下三个特点：

1）更广阔的环境。

人们不受时间的限制、不受空间的限制、不受传统购物的诸多限制，可以随时随地在网上交易。通过跨越时空使我们在特定的时空里能够接触到更多的客户，为我们提供了更广阔的发展环境。

2）更广阔的市场。

网络使世界变得很小，一个商家可以面对全球的消费者，而一个消费者可以在全球的任何一家商家购物。一个商家可以去挑战不同地区、不同类别的买家客户群，在网上能够收集到丰富的买家信息，进行数据分析。

3）快速流通和低廉价格。

商业平台减少了商品流通的中间环节，节省了大量的开支，从而也大大降低了商品流通和交易的成本。通过商业平台，企业能够更快地匹配买家，真正实现产供销一体化，能够节约资源，减少不必要的生产浪费。

（3）商业平台功能分析

商业平台具有如下八项功能：

1）广告宣传。

商业平台可凭借企业的 Web 服务器和客户的浏览，在 Internet 上发布各类商业信息。客户可借助网上的检索工具（Search）迅速地找到所需商品信息，而商家可利用网上主页（Home Page）和电子邮件（E - mail）在全球范围内做广告宣传。与以往的各类广告相比，网上的广告成本最为低廉，而给顾客的信息量却最为丰富。

2）咨询洽谈。

商业平台可借助非实时的电子邮件（E - mail）、新闻组（News Group）

和实时的讨论组（Chat）来了解市场和商品信息、洽谈交易事务，如有进一步的需求，还可用网上的白板会议（White Board Conference）来交流即时的图形信息。网上的咨询和洽谈能超越人们面对面洽谈的限制、提供多种方便的异地交谈形式。

3）网上订购。

商业平台可借助 Web 中的邮件交互传送实现网上的订购。网上的订购通常都是在产品介绍的页面上提供十分友好的订购提示信息和订购交互格式框。当客户填完订购单后，通常系统会回复确认信息单来保证订购信息的收悉。订购信息也可采用加密的方式使客户和商家的商业信息不会泄露。

4）网上支付。

商业平台要成为一个完整的交易平台，网上支付是重要的环节，客户和商家之间可采用信用卡账号进行支付，在网上直接采用电子支付手段将可省去交易中很多人员的开销。网上支付将需要更为可靠的信息传输安全性控制以防止欺骗、窃听、冒用等非法行为。

5）电子账户。

网上的支付必须要有电子金融来支持，即银行或信用卡公司及保险公司等金融单位要为金融服务提供网上操作的服务。而电子账户管理是其基本的组成部分。

6）服务传递。

对于已付款的客户应将其订购的货物尽快地传递到他们的手中。而有些货物在本地，有些货物在异地，电子邮件能在网络中进行物流的调配，而最适合在网上直接传递的货物是信息产品。

7）意见征询。

商业平台能十分方便地采用网页上的"选择"、"填空"等格式文件来收集用户对销售服务的反馈意见。这样使企业的市场运营能形成一个封闭的回路。客户的反馈意见不仅能提高售后服务的水平，更使企业获得改进产品、发现市场的商业机会。

8）交易管理。

整个交易管理将涉及人、财、物多个方面，企业和企业、企业和客户及企业内部等各方面的协调和管理。因此，交易管理是涉及商务活动全过程的管理。

（4）商业平台风险分析

现阶段，中国商业平台还存在如下十种风险：

1）网络的信息传递衰减风险。

所谓网络的信息传递衰减风险，是指信息在网络传递过程中所导致的信息衰减的风险，这是由信息与网络两大因素的物理特征所决定的。信息必然要依托某种载体，而在依托这种载体流动的过程中，不可避免地要有所损失。而网络无论多么先进，也都难以保障在其上传递的信息不发生衰减现象。不同的传递载体，衰减程度不同；不同的传递时间，衰减程度也不同；不同的传递次数，衰减程度也不同。更为重要的是，网络不可能将所有信息都进行传递。电视直播和在现场观看，观众所获得的信息有着较大的偏差。

对于基于网络的商家来说，只能不断提高网络水平，一方面，尽量传递更全面的信息；另一方面，尽量降低传递过程中的信息衰减。

2）网络的搜索风险。

所谓网络的搜索风险，是指消费者通过网络搜索商品信息所存在的风险。这种风险，既可能来源于网络搜索能力的限制，消费者不可能通过网络搜索到想要的全部商品信息，特别是价格信息、消费反馈信息、产品功能信息，更可能来源于实际用网络搜索所耗费的成本要高于非网络搜索所耗费的成本。

前一种风险来源，既可能是网络功能不足，也可能是商家刻意进行信息封锁的结果。对于商家来说，对商品销售有利的信息，必然要想方设法扩大，而对于商品销售不利的信息，必然要封锁。这样，消费者在网络搜索时，看见的是被商家刻意修改过的不完整的商品信息。

后一种风险来源，在于消费者可能对网络产生了迷信，认为通过网络可以搜索到他们所希望搜索到的全部信息，因此，就盲目地大量搜索信息，结果耗费了大量时间和精力。

对于消费者来说，既要充分利用网络的便利条件，又不能对网络产生迷信，更不能沉迷于网络搜索中。

3）网络的安全风险。

安全问题越来越成为网络最大的风险。

所谓网络的安全风险，就是指消费者通过网络进行交易，存在着因登录网络过程中，泄露了自己的关键信息而对自己所造成的风险。网络也是一种通道，而任何通道都会遇到劫持者。与非网络相比，网络的劫持者可以采用更有技术含量的行动，攫取非法利益。

从技术的角度看，现阶段的网络安全风险主要体现在三个方面：①信息失密。现阶段，各种网络黑客可以凭借自己在网络技术上的优势，破译消费者的网络密码，从而盗窃消费者的重要信息，甚至可以直接盗用消费者的密码，劫持消费者用密码控制的各种财富。②信息被非法修改。黑客在破译消费者密码后，就可以自由进入消费者的各种文档中，可以行使主人的职权，对消费者的信息进行任意篡改，给消费者造成损害。③网络诈骗。网络信息发布的便捷也为各自诈骗犯行使诈骗提供了巨大的便利，由于各自诈骗信息层出不穷，消费者不可能时时刻刻都处于高度警惕状态，而一旦放松警惕，网络上海量的诈骗信息就可能迷惑消费者，使其上当受骗。

正是因为网络存在着巨大的安全风险，相当多一部分消费者抵触网络消费。安全问题得不到有效解决，当下异常兴旺的网络购物，也可能会迅速面临发展的"瓶颈"。

4）网络监管不力的风险。

所谓网络监管不力的风险，是指网络使用者在使用网络过程中，遇到合法权益被侵害时，难以从监管机构得到公正保护的风险。网络的便利性，不仅方便了消费者，更方便了各种拟通过网络获得非法收益的人。这就客观上要求相关政府机构和网络经营机构加强对网络的监管，以确保消费者的合法利益。

不过，一方面，由于网络发展异常迅速，相应的监管还难以跟上网络迅猛发展的步伐；另一方面，官僚主义、本位主义以及监管体系建设和修改的漫长性，都制约着相关政府机构和网络经营机构的监管力度和监管水平。从相关政府机构来说，对网络进行监管，既极富挑战性，又工作量巨大，而因官僚主义不监管，事实上也没有什么损失，所以相关政府机构，没有动力对网络实施高效而有力的监管。而对于网络经营机构，则担心因监管过度，让网络使用者觉得不自由而失去客户，因而对网络监管难以下决心。当然，监管成本也是网络经营者比较在意的一个因素。

解决网络监管不力的风险，只能通过建设网络相关法律来解决。通过建设网络相关法律，迫使相关政府机构必须进行必要的监管，迫使网络经营者要为其监管不力付出相应代价，相关政府机构和网络经营机构就可能加大网络的监管力度，提升网络的监管水平。

5）网络交易的税务风险。

所谓网络交易的税务风险，是指国家难以对网络交易进行合法征税的风险。也就是说，网络交易税务风险的主要受损失者是国家而非网络的消费者。由于网络并没有固定的经营场所，交易过程也非常迅速，国家对网络交易征税还面临着巨大的挑战。

当然，国家难以从网络征税，客观上也加剧了国家对网络的放纵，从而使网络的监管不力风险加剧。这就是说，国家的风险最终也将传递给消费者。从理论上讲，国家有能力对网络交易进行征税。不过，这又与下面的风险交织在一起了，解决难度加大。

6）网络交易的标准化风险。

网络已经是一个高度国际化的信息平台，而网络的主要接口被控制在发达国家，特别是美国手中。由于各国国情不同，网络建设理念和发展过程不同，各国网络交易的标准也不同，这就造成了网络交易的标准化风险。所谓网络交易的标准化风险，就是因各国网络交易的标准不同，以及各国对国际网络标准的控制与反控制，而对网络使用者所造成的风险。

前文所提及的国家征税风险就与这一风险高度相关，如果中国征税过高，网络经营者就可能将其转移到国外网络上。如果各国无法就网络交易的标准达成一致性框架，网络交易的标准化风险就会一直存在下去，从而对各国都产生影响。对于中国政府来说，应该积极推进各国在网络交易的标准化，并大力提升在国际网络标准化中的话语权。

7）网络交易商品的配送风险。

所谓网络交易商品的配送风险，是指通过网络交易的商品在配送过程中所要经历的风险。任何配送都可能出现风险，但现阶段，网络交易商品的配送风险比较高。这一方面由于网络交易商品的配送是一项新的事业，任何新事业都是充满风险的事业；另一方面也由于中国还没有形成全国性的网络交易商品配送企业，实施标准化、规范化的配送服务。当然，为了降低配送成本，配送公司选派低素质的配送人员，简化配送的监管，也是重要原因。中国政府和网络经营机构应该充分认识到配送对于网络交易的重要性，加强配送体系建设，使配送与网络交易相得益彰。

8）网络的知识产权风险。

所谓网络的知识产权风险，是指在网络经济活动中所导致的知识产权风险。由于网络信息复制成本低，且信息量大，就导致在网络上侵犯知识产权更容易，而监管更困难。

对于中国网络管理者来说，应该加强网络知识产权的保护，打击网络盗版。对于拥有知识产权且使用网络的中国企业来说，需要加强知识产权在网络上的保护，一方面要努力避免被侵害，另一方面也要加强网络巡查，一旦发现被侵害，要及时进行维权。

9）网络交易的合同风险。

所谓网络交易的合同风险，是指通过网络缔结的合同订立、履行过程中存在的各种风险。通过网络缔结合同，非常便利，但合同的合法性和可行性都存在着巨大的风险。、

解决网络交易的合同风险，需要中国政府与网络经营者的共同努力。政府应该加强立法与执法，在法律和监管层面保证合同的合法性和可行性。网络经营者和网络使用者，要加大网络安全投资，通过技术进步提升网络交易合同的技术可靠性。

10）网络交易的证据风险。

所谓网络交易的证据风险，是指在网络交易中发生了争议，网络证据的有效性风险。由于网络信息极易被复制，这就大幅度降低了网络证据的有效性。此外，网络信息证据的搜索与查找都工作量巨大，因此难以及时对相关证据给出可靠的认定，而这又给了网络信息犯罪者继续犯罪的时间。

解决网络交易的证据风险，既需要网络技术的继续进步，提高网络信息的保密性、不可复制性，以及提高对违规证据的查找水平、查找速度，并努力提高网络信息证据有效性的鉴定水平。政府也应该通过立法和监管，在立法与监管层面解决网络信息证据的法律有效性难题，当然，政府也应该通过积极参与网络信息证据的查找与鉴定，掌握网络信息查找与鉴定的特点，提高查找与鉴定的水平。

（5）商业平台成功案例分析

中国商业平台最成功的经典案例就是阿里巴巴构建的商业平台。阿里巴

巴在充分调研企业需求的基础上，将企业登录汇聚的信息整合分类，形成网站独具特色的栏目，使企业用户获得有效的信息和服务。这些栏目为用户提供了充满现代商业气息、丰富实用的信息。另外，阿里巴巴还分类开设了化工网、服装网、电子网、商务服务网来进一步细分客户群体，实现面向性的精确定位，确保电子商务交易执行效率的提高和便捷。

阿里巴巴正是凭借其优异的商业平台战略发展成为全球最大的网上贸易市场。因此，阿里巴巴是商业平台发展战略的最佳代表之一。

8.2.2　中国农业产业链集成型土地流转信托产品经营模式设计

8.2.2.1　搭建中国农业产业链集成型土地流转信托产品经营平台设计

目前互联网对于整个社会和金融行业的影响显而易见，中国大型信托投资公司应该在深刻洞悉互联网所带来的各种冲击后，利用其大数据原理，建立一种中国农业产业链集成型土地流转信托产品经营平台。

把碎片的土地通过资本连接起来其实就是一种新型互联网，可以同时将流转土地、生产资料的提供商、市场需求商等集成整合在一个平台之上。利用中国农业产业链集成型土地流转信托产品商业平台，中国大型信托投资公司在土地流转信托产品开发方面能够形成集中采购优势、市场规模优势和金融服务优势。

搭建中国农业产业链集成型土地流转信托产品经营平台，中国大型信托投资公司可以借助自身以及合作方采集的客户信息样本，通过技术部门的数据分析来挖掘人与人之间、行业与行业之间的隐性联系，并利用信托的方式进行金融对接，从而打通生产到消费整个链条中的各个环节。基于这种方向打造的大平台，能够形成一个稳定且巨大的项目孵化器，单个项目的盈利情况可能并不丰厚，但结合其纳入整个关联链条来看，却能够形成非常可观的盈利模型。

8.2.2.2　积极发展农业产业链合作伙伴

中国新型现代化农业产业链的形成，需要中国大型信托投资公司与中国农业产业链各个环节的龙头企业建立合作关系，而中国大型信托投资公司则是整个中国农业产业链全产业链的协调者。在众多的合作伙伴中，如下两种伙伴具有特别重要的意义。

（1）现代农业技术开发企业

这种企业对于农业生产，能够通过提供从种子到收获的全程或分阶段解决方案，可以帮助农民获得更高的经济效益。

（2）农产品交易机构

这种机构对于解决农产品市场实现问题至关重要。

8.2.2.3 开展全过程信托服务

中国大型信托投资公司可以充分利用自身在信托方面的优势，以信托服务作为整合中国农业产业链的核心手段，开展农业产业链的全过程信托服务。中国大型信托投资公司可以在农业产业链全过程中开展如下四种信托服务：

（1）土地承包权信托服务

这是目前中国开发土地流转信托产品的各大信托投资公司都在提供的一种信托服务，也是信托投资公司各种土地流转信托服务的基础服务。

（2）农民财产权信托服务

一旦组建土地合作社，其农业土地承包权就转化为土地合作社的股权，农民的土地承包权就转化为财产权。中国大型信托投资公司也可以推行财产权信托服务。

（3）土地资金信托服务

资金信托分为两部分：一部分资金用于流转土地区域内的土地整理和农业设施建设以及现代农业技术的推广应用；另一部分资金用于解决地租的支付。

（4）农产品消费者消费信托服务

消费是商品流通中最后一个，也是最具有挑战性的环节。中国大型信托投资公司可以针对农产品消费者开展消费信托服务，打通中国农业产业链的前端融资需求和后端消费需求。

8.2.3 中国农业产业链集成型土地流转信托产品挑战分析

8.2.3.1 中国农业产业链集成型土地流转信托产品挑战种类分析

中国农业产业链集成型土地流转信托产品所面临的经营挑战主要有如下

三个方面：

（1）自然挑战

中国农业产业链集成型土地流转信托产品最大的挑战来自自然界。自然界带给农业产业链集成型土地流转信托产品的挑战，主要以自然灾害的形式出现。

根据民政部和国家减灾委员会办公室公布的数据，2014年，因自然灾害导致中国农作物受灾面积24890.7千公顷，其中绝收3090.3千公顷。中国农业所面临的自然灾害主要是如下四种自然灾害：①洪涝灾害。2014年，因洪涝灾害导致中国农作物受灾面积4738.9千公顷，其中绝收628.2千公顷。②干旱灾害。2014年，因干旱灾害导致中国农作物受灾面积12271.7千公顷，其中绝收1484.7千公顷。③台风灾害。2014年，因台风灾害导致中国农作物受灾面积2483.1千公顷，其中绝收348.7千公顷。④风雹灾害。2014年，因风雹灾害导致中国农作物受灾面积3225.4千公顷，其中绝收457.7千公顷。

（2）市场挑战

中国农业产业链集成型土地流转信托产品最终要靠其土地生产的农产品来获得收益，而农产品大多为食品、服装等日用消费品。随着买方市场加剧及大众生活水平的提高，消费者对这类产品在花色、品种、包装、质量、保健等方面的特点更加敏感，要求也越来越高，此外，这类产业进入壁垒相对较低，从而加剧了市场与需求状况的不稳定性。面对这些挑战，企业纷纷采用面向消费者需求的商业模式，按照客户的需求安排原材料、零部件、生产量和生产流程。虽然这种方式可以大幅度降低库存成本，提高消费者的满意度，但是由于消费者需求随季节、地域、个性、社会环境波动，而且市场竞争激烈，商品售价又被压低，一方面，企业的生产资源有可能闲置，造成浪费；另一方面，这些成本又无法从低的销售价格中得到弥补，企业面临两难的境地。这种基于市场的风险从风险结构上来看，属于产业链的外部系统性风险，市场的急剧变化使企业必然面临巨大的挑战，任何有关市场的决策失误最终将导致农业产业链的解体甚至企业的破产。

（3）信息挑战

中国农业产业链集成型土地流转信托产品是信息流、商流、资金流和物流的结合，信息是中国农业产业链集成型土地流转信托产品的基础。但是信息在中国农业产业链集成型土地流转信托产品中存在很大的风险，主要表现在如下两个方面：①合作伙伴之间隐瞒信息，通过一方的信息隐瞒，可以使单个企业获得较高的利润，而整个产业链的整体效率却降低了，这种信息风险从风险结构上看是属于道德风险的范畴，是属于产业链企业败德行为产生的风险。②在电子商务条件下，产业链的信息主要采用计算机信息系统搜集、存储、处理、传递和使用，使用计算机处理信息可以大大加快产业链应对市场的变化，加快企业内部流程的效率，减少成本开支，但在这个过程中，产业链的信息面临极大的风险，主要是由于网络的不安全性，信息很有可能被窃听、篡改，更可怕的是有些网络黑客采用各种技术，攻击信息系统或使系统被病毒感染而不能正常工作。此外，农业产业链内部员工还可能因为疏忽大意，而造成信息丢失，从而造成信息被竞争对手利用。

8.2.3.2　中国农业产业链集成型土地流转信托产品挑战对策设计

推行农业产业链集成型土地流转信托产品，中国信托投资公司应该与地方政府联合采取措施应对上述挑战。

（1）自然挑战对策

针对自然灾害，可以采取如下四项对策：①购买农业保险。②对信托产品土地开发者提供技术支持。③争取地方政府对信托产品土地开发者的自然灾害损失进行救济。④联合地方政府共同加大农业基础设施的建设。

（2）市场挑战对策

针对市场挑战，可以采取如下五项对策：①充分利用农产品期货市场进行保值。②促进地方政府对农产品进行价格支持。③大力发展订单式农业。④联合地方政府共同对信托产品土地开发者的市场损失进行必要的补贴。⑤积极联合各种市场中介机构为信托产品土地开发者提供高质量的市场中介服务。

（3）信息挑战对策

针对市场挑战，可以采取如下两项对策：

1）规范合作关系。

规范合作关系，具体对策包括三种：①规范与完善契约关系，提高契约履约率。②力争建立长期契约关系，形成合作伙伴之间的相互制约机制。

③联合各级政府建立信用评级制度，惩戒契约违规者。

2）联合各级政府共同建设农业产业链风险信息管理系统。

农业产业链风险信息管理系统应该包括如下四个组成部分：①存放农业产业链与农业风险的各种基本原始数据的数据库。②收集、加工、处理原始数据的计算机程序。③成套的各种设备。④操作农业产业链风险信息管理系统专业人士。

在农业产业链风险信息管理系统专业人士中，应该包括如下四类专业人士：①计算机专家和计算机系统操作员。②信息分析专家。③风险评估专家。④风险决策专家。

8.3 两种土地流转信托产品模式组合分析

中国土地流转信托高级产品开发模式有两种：一种是基于横向一体化发展战略的中国农用土地整合型信托产品模式；另一种是基于纵向一体化发展战略的中国农业产业链集成型土地流转信托产品。这两种中国土地流转信托产品模式是基本的中国土地流转信托产品高级模式，至于这两种基本模式是否可以组合使用，需要进行进一步分析。

8.3.1 两种土地流转信托产品模式组合可行性分析

将两种土地流转信托产品高级开发模式实施组合，既实施横向一体化，迅速扩大规模，实现规模经济，又实施纵向一体化，整合整个产业链，在理论上是可行的。

8.3.1.1 横向一体化发展战略和纵向一体化发展战略组合可行性分析

（1）横向一体化发展战略和纵向一体化发展战略组合的理论可行性

横向一体化发展战略和纵向一体化发展战略并不是两种互斥的战略，从理论上讲，存在将两种发展战略进行组合的可行性。

在世界范围内，将横向一体化发展战略与纵向一体化发展战略进行组合而获得成功的案例之所以并不多见，并不是源于这两种发展战略的互斥关系，而是源于成功实施这两种发展战略中的任何一种，都具有极高的挑战性。也就是说，即使只实施横向一体化发展战略或只实施纵向一体化发展战略都非常困难，同时实施横向一体化发展战略和纵向一体化发展战略就难上加难了。

但是，这种难上加难并不能在理论上排除同时实施横向一体化发展战略和纵向一体化发展战略的可能性。如果一家企业具有超强的能力，或者控制了超乎寻常的资源，它就有能力或有条件同时实施横向一体化发展战略和纵向一体化发展战略。

（2）横向一体化发展战略和纵向一体化发展战略组合的实践可行性

世界上第一家真正意义上的垄断企业——美国标准石油公司（在旧中国被称为美孚石油公司）就是同时实施横向一体化发展战略和纵向一体化发展战略且取得成功的范例。

从横向一体化发展战略视角来看，美国标准石油公司自1870年创建以来，就积极实施横向一体化发展战略，积极开展对同行的企业兼并，先后并购了40多家美国石油公司。正是基于横向一体化发展战略，到1879年底，美国标准石油公司作为一个合法实体成立刚满9年时，就已控制了全美90%的炼油业。自美国有史以来，还从来没有一个企业能如此完全彻底地独霸过市场。这表明美国标准石油公司横向一体化发展战略大获成功。

从纵向一体化发展战略视角来看，1888年，美国标准石油公司开始进入上游生产，大肆收购美国各地油田。1890年，美国标准石油公司就成为美国最大的原油生产商，垄断了美国25%的原油生产。美国标准石油公司还向输油产业进军，垄断了90%的美国输油管道。为了争取消费者，美国标准石油公司又向销售市场进军，最终垄断了美国80%左右的销售市场。这样，美国标准石油公司就将石油产业的采油、炼油、输油、销售这四大环节整合起来。这表明美国标准石油公司纵向一体化发展战略大获成功。而当美国标准石油公司同时垄断石油产业的这四大环节时，就表明美国标准石油公司同时实施横向一体化发展战略和纵向一体化发展战略都大获成功。

8.3.1.2 两种土地流转信托产品模式组合理论可行性分析

对于中国土地流转信托产品开发企业来说，基于横向一体化发展战略的中国农用土地整合型信托产品模式和基于纵向一体化发展战略的中国农业产业链集成型土地流转信托产品,同样并不是互斥的两种土地流转信托产品模式。这就意味着,如果中国大型信托投资公司具有超出寻常的能力,或者能够获得超出寻常的资源,就可以同时实施横向一体化发展战略和纵向一体化发展战略,开发出一种复合型的中国土地流转信托产品,即中国农用土地整合型信托产品和中国农业产业链集成型土地流转信托产品的组合产品。

8.3.2 两种土地流转信托产品模式组合案例分析

目前,中国已经有大型信托投资公司在尝试将两种土地流转信托产品模式进行组合,这为本书进行案例分析提供了很好的素材。

目前最有代表性的两种土地流转信托产品模式组合就是中信信托公司在黑龙江省兰西县进行的土地流转信托产品。

8.3.2.1 中信信托公司黑龙江省兰西县土地流转信托产品概述

2014年11月21日,中信信托公司与黑龙江省兰西县人民政府、黑龙江省农业科学院(简称农科院)、哈尔滨谷物交易所(简称哈交所)就共建中信·兰西土地流转信托化综合改革试验区签订战略合作协议,涉及流转土地300万亩。中信信托公司旗下子公司中信信诚资产管理公司与哈尔滨谷物交易所签署了增资入股协议。本次增资入股后,中信信诚成为哈尔滨谷物交易所控股股东,占股60%,注册资本增为2.5亿元人民币。中信将以哈尔滨谷物交易所构建产品交易和生产要素两个平台,推动土地流转信托化的发展。

中信信托公司黑龙江省兰西县土地流转信托产品的运行机制包括产品交易平台、生产要素平台和综合金融服务体系。哈交所的各类会员与其签订粮食代购销合同,哈交所在粮食种植季前统一与种植主体签订粮食采购合同。

中信信托公司、哈交所与农科院将共同出资成立黑龙江省农科粮食生产全程社会化服务型企业,即本次土地流转信托的服务商。服务商将由哈交所控股,具体出资比例未最终确定。服务商负责制定种植方案、生产标准、生产资料选购、农事管理、农业科技咨询和统一销售;统一与农资商、农机商谈判,降低各方交易成本;政府将部分地方国有粮库的经营权交由哈交所代管或由哈交所参与地方国有粮库的改制,保障粮食及时入仓。

签约仪式上,中信信托公司还与农科院就龙科种业集团的混合所有制改制工作签署了合作意向协议，中信信托公司将作为战略投资人全面参与龙科种业集团的改制工作，以优化其股权结构、治理制度、财务结构和业务经营体系。

8.3.2.2　中信信托公司黑龙江省兰西县土地流转信托产品特色分析

中信信托公司黑龙江省兰西县土地流转信托产品，以土地经营权信托、土地经营权入股、土地经营权托管等多种方式进行适度规模经营，通过订单引导种植，打造粮食产品交易平台和生产要素集合平台并通过综合金融服务实现两个平台的紧密衔接和互动，重新塑造粮食产业链条及其各环节的利益分配机制，期望构造出一种全新的农业生产关系。

产品交易平台将开展现货交易、订单收益权交易等与农产品相关的金融产品交易等；生产要素平台将联合黑龙江省农科院组建"粮食生产供应链要素整合和生产指挥调度"为核心能力的粮食生产全程社会化服务型企业，整合种植主体、土地、农机、农技、农资、仓储、金融、保险等粮食生产链全要素。

在金融服务上，以粮食代购销售合同和订单为担保，由哈交所统一向商业银行申请授信，获得资金用于种植主体生产环节投入以资金监管和粮食监管为保障，为粮食贸易企业提供融资服务；保险公司开发农业保险产品，控制自然风险。

中信信托公司还希望未来可能与互联网金融公司合作，为土地流转信托服务。

中信信托公司黑龙江省兰西县土地流转信托产品合作三方还将共同建设新型农业职业经理人商学院和养老护理职业培训学院，以提升农民的生产组织管理能力和市场开拓能力。

8.3.2.3　中信信托公司黑龙江省兰西县土地流转信托产品优势分析

中信信托公司黑龙江省兰西县土地流转信托产品具有如下两大优势：

（1）模式优势

中信信托公司黑龙江省兰西县土地流转信托产品合作将按照"资本＋市场＋科技＋土地"的资源整合和改革模式开发这一产品。以中信信托公司的金融服务能力和资源整合能力为中心；以哈尔滨谷物交易所粮食现货交易平台为出口，以黑龙江省农科院的科技优势为支撑，以兰西县 300 万亩土地为载体，以土地经营权信托、土地经营权入股、土地经营权托管等多种方式进行适度规模经营，通过订单引导种植，打造粮食产品交易平台和生产要素集合平台，并通过综合金融服务实现两个平台的紧密衔接和互动，构造全新的农业生产关系。

（2）平台优势

中信信托公司黑龙江省兰西县土地流转信托产品交易平台将依托哈尔滨谷物交易所现有粮食现货交易系统和 4000 余家会员企业资源，开拓大宗粮食品种和绿色食品两个销售通道。哈尔滨谷物交易所与其粮食贸易商、饲料企业、政策性收储企业、绿色食品加工销售商等会员企业签订粮食代购销合同，形成订单，保障粮食产品销路，锁定价格，规避风险。生产要素平台将联合黑龙江省农科院组建"粮食生产供应链要素整合和生产指挥调度"为核心能力的粮食生产全程社会化服务型企业，整合种植主体、土地、农机、农技、农资、仓储、金融、保险等粮食生产链全要素。

8.3.2.4 中信信托公司黑龙江省兰西县土地流转信托产品重点合作伙伴分析

哈交所是中信信托公司黑龙江省兰西县土地流转信托产品重点合作伙伴，是这一产品经营成败的关键成员。哈交所于 2011 年 4 月挂牌成立，为黑龙江省第一家专业谷物电子交易所，专门为种粮农民和粮食企业提供粮食即期现货交易和质价差异化交易的平台，并附有交收、结算、仓储、物流、融资、信息等多项服务功能。2014 年 11 月，哈交所引进中信信托公司旗下中信信诚资产管理有限公司作为战略股东和控股股东（信诚资产占股 60%），注册资本增至 2.5 亿元。

截至 2014 年 6 月，哈交所依托 MEBS（Market Electronic Business Solution，市场电子商务解决方案）电子交易平台，运用多种交易模式，已吸纳交易会员企业 1300 余家，意向交易会员 2400 余家。实现交易额 400 余亿元，粮食交易量近 1200 万吨。

下篇　市场实现

市场怎么样？
咱们来试试。

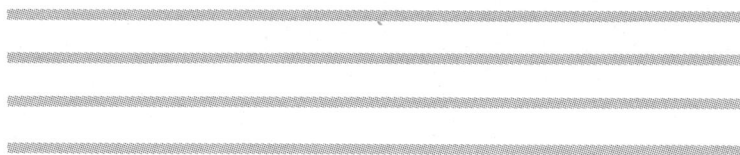

9　中国土地流转信托产品发展环境分析

9.1　中国土地流转产品信托产品
经济金融环境分析

在分析中国土地流转信托产品市场推广方案之前，需要首先分析其发展环境的现状。关于中国土地流转信托产品发展环境，按照通常的分析框架，先分析其经济金融发展环境。而在其经济金融发展环境中，先分析其宏观经济发展环境，再分析其微观发展环境，最后分析金融发展环境。

9.1.1　中国土地流转信托产品宏观经济发展环境分析

根据中国统计局公布的 2014 年国民经济和社会发展统计公报，2014 年，中国（不含台湾省、香港特别行政区、澳门特别行政区）国内生产总值（GDP）达到 636463 亿元，比上年增长 7.4%（如图 9.1 所示），历史上首次突破 10 万亿美元大关，成为继美国之后第 2 个 GDP 超过 10 万亿美元的国家。其中，第一产业增加值 58332 亿元，增长 4.1%；第二产业增加值 271392 亿元，增长 7.3%；第三产业增加值 306739 亿元，增长 8.1%。第一产业增加值占国内生产总值的比重为 9.2%，第二产业增加值比重为 42.6%，第三产业增加值比重为 48.2%。

中国 GDP 的快速增长，为中国信托业的发展奠定了良好的物质基础：一方面，整个国民经济的发展，必然带动各个产业，当然也包括信托业的迅猛发展；另一方面，其他产业都想借着整体经济的良好态势积极抢占市场，就

（亿元）

（%）

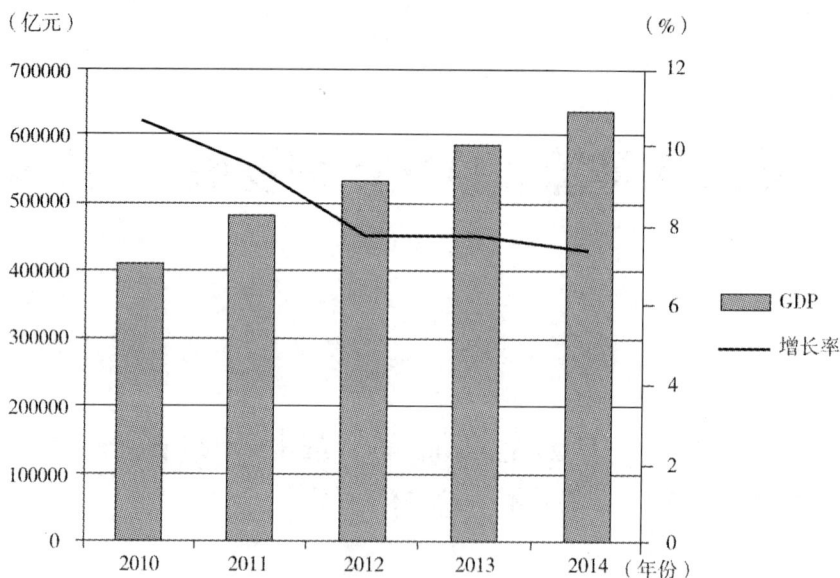

图9.1　2010~2014年中国 GDP 及其增长速度

必然形成加大投资，而这必然形成空前的融资需求，这又为信托业提供了广阔的市场发展空间。

9.1.2　中国土地流转信托产品微观发展环境分析

9.1.2.1　中国农业和农村发展环境分析

2014 年，中国粮食种植面积11274 万公顷，比上年增加78 万公顷。棉花种植面积422 万公顷，减少13 万公顷。油料种植面积1408 万公顷，增加6万公顷。糖料种植面积191 万公顷，减少9万公顷。2014 年，中国粮食产量60710 万吨，比上年增加516 万吨，增产0.9%，如图9.2 所示。

2014 年，中国棉花产量616 万吨，比上年减产2.2%。油料产量3517 万吨，与上年持平。糖料产量13403 万吨，减产2.5%。茶叶产量209 万吨，增产8.7%。

2014 年，中国肉类总产量8707 万吨，比上年增长2.0%。水产品产量6450 万吨，比上年增长4.5%。

2014 年，中国农村居民人均可支配收入10489 元，比上年增长11.2%，

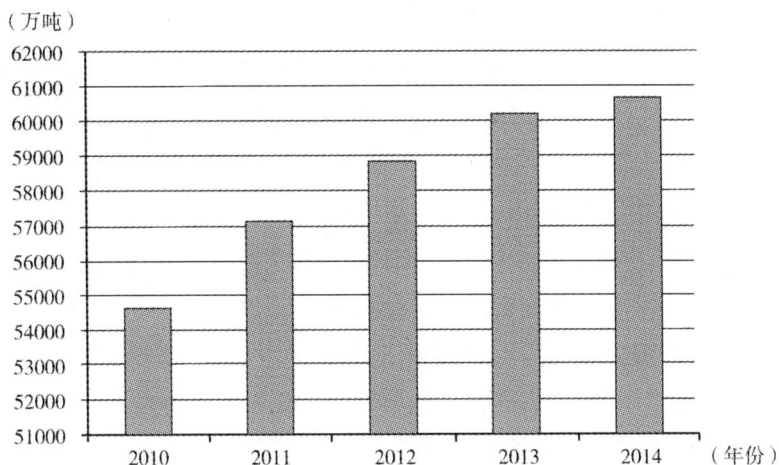

图 9.2　2010～2014 年间中国粮食产量

扣除价格因素，实际增长 9.2%；农村居民人均可支配收入中位数为 9497 元，增长 12.7%。全年农村居民人均纯收入为 9892 元；农村居民人均消费支出 8383 元，增长 12.0%，扣除价格因素，实际增长 10.0%。

9.1.2.2　中国信托业发展环境分析

2014 年，在经济下行和竞争加剧的双重挑战下，信托业结束了自 2008 年以来的高速增长阶段，步入了转型发展的阶段。2014 年 4 月 8 日，银监会办公厅发布的《关于信托公司风险监管的指导意见》（银监办发〔2014〕99 号）明确提出了信托业转型发展的目标和路径。可以说，2014 年是信托行业全面布局转型发展的"元年"。中国信托业协会发布的"2014 年 4 季度末信托公司主要业务数据"表明，在新的历史发展阶段，信托业主要业务数据发生了较大的结构性变化，信托规模再创历史新高，业务结构继续优化，系统风险可控，行业发展平稳，转型态势良好；同时，信托业面临着增幅放缓、业绩下滑、个案风险增加等方面的挑战。

（1）增速放缓下的平稳增长

2014 年末，68 家信托公司管理的信托资产规模和经营业绩（收入总额、利润总额和人均利润）增幅均有较大幅度回落，但总体实现了平稳增长，并再创历史新高。

1）信托资产。

2014 年末，信托行业管理的信托资产规模为 13.98 万亿元（平均每家信托公司 2055.88 亿元），较 2013 年末的 10.91 万亿元，同比增长 28.14%；较 2014 年第三季度末的 12.95 万亿元，环比增长 7.95%。但是，资产规模的增幅明显回落，较 2013 年末 46.05% 的同比增长率，2014 年同比回落了 17.91 个百分点；从年内季度环比增速看，2014 年前三季度也一直延续了自 2013 年第一季度开始的持续回落态势：2014 年第一季度为 7.52%，第二季度为 6.40%，第三季度为 3.77%，第四季度环比增速则有大幅度回升，为 7.95%，企稳迹象明显。信托资产增幅放缓有两方面原因：一方面是弱经济周期和强市场竞争对信托业传统融资信托业务的冲击效应明显加大；另一方面是旧增长方式的萎缩速度与新增长方式的培育速度之间的"时间落差"，即新业务培育需要一个过程，其培育速度目前尚滞后于旧业务萎缩速度。如何加快转型进程，是信托业未来发展的核心挑战。

2）经营业绩。

从营业收入看，2014 年末，信托业实现经营收入 954.95 亿元（平均每家信托公司 14.04 亿元），相比 2013 年末的 832.60 亿元，同比增长 14.69%，但较 2013 年末的 30.42% 的同比增长率，同比增幅回落了 15.73 个百分点；从利润总额看，2014 年末，信托业实现利润总额 642.30 亿元（平均每家信托公司 9.45 亿元），相比 2013 年末的 568.61 亿元，同比增长 12.96%，但较 2013 年末的 28.82% 的同比增长率，同比增幅回落了 15.86 个百分点；从人均利润看，2014 年末，信托业实现人均利润 301 万元，相比 2013 年的 305.65 万元，小幅减少 4.65 万元，首次出现了负增长。2014 年度信托业经营业绩下滑的原因主要有两个：一是信托资产增速持续放缓，增量效益贡献下滑；二是信托报酬率呈现下降之势，量降的同时价也开始下降，信托报酬的价值贡献下滑。这说明信托业转型发展所需的内涵式增长方式尚未最终成型，新增长方式下的业务不仅没有"放量"，也没有"放价"，这也是信托业转型发展道路上的巨大挑战。

（2）效益下滑下的文化坚守

与信托公司经营效益增速下滑的情况相反，2014 年度，信托业给受益人实现的信托收益却稳中有升。就已清算信托项目为受益人实现的信托收益总额而言，据银监会统计，2014 年，信托行业共为受益人实现 4506 亿元的收益，相比 2013 年的 2944 亿元，增加了 1562 亿元，增幅达 53.06%，远高于信托业自身业绩的增幅；就已清算信托项目为受益人实现的年化综合实际收益率而言，近年来一直比较平稳，大致保持在 6%～8%，2014 年则呈现出"稳中有升"的势头：第一季度为 6.44%，第二季度为 6.87%，第三季度为 7.92%，第四季度为 7.52%，全年平均达 7.19%。相比之下，信托公司实现的平均年化综合信托报酬率则呈现出持续下降的势头：2013 年第一季度为 0.85%，第二季度为 0.78%，第三季度为 0.76%，第四季度为 0.71%；2014 年第一季度为 0.54%，第二季度为 0.62%，第三季度为 0.55%，第四季度为 0.51%，全年平均为 0.56%（以上数据取每季度末最后一个月的数值为样本）。2014 年平均信托报酬率仅占当年平均信托收益率的 7.79%。换言之，信托行业每为受益人创造 100 元收益，信托报酬仅取 7.79 元。

在信托公司业绩下滑之时，信托产品受益人的收益额和收益率却"稳中有升"，此乃信托业之"喜"。这说明在信托公司自身利益与受益人利益之间冲突时，信托公司作为受托人恪守了信托的本质，忠实于受益人的最大利益，以受益人利益为先，表明信托业作为专业的信托机构在经营理念上已经整体成熟，受益人利益为先、为大的信托文化已经根植于信托行业。本着这一经营理念，信托业转型发展中所遇到的挑战和困难都只是暂时的，增长方式的转变只是时间问题，这也正是我们对信托业能够跨越不同历史阶段而获得长期发展的根本信心所在。

（3）风险增大下的整体风险可控

2014 年，因经济下行传导，信托行业个案信托项目风险事件虽然有所增加，但继续保持了平稳运行，整体风险可控，守住了不发生区域性、系统性风险的底线。截至 2014 年末，有 369 笔项目存在风险隐患，涉及资金 781 亿元，占比 0.56%，低于银行业不良水平，相比 2014 年第二季度末风险项目金额 917 亿元、占比 0.73%，余额和比例均有所下降。信托业系统风险可控，得益于三道风险防线的不断构筑。

1）固有资本实力增厚。

与信托资产增速放缓的情况相反，2014 年信托行业固有资本的增速却明显加快。2014 年末，信托业实收资本为 1386.52 亿元（平均每家信托公司达

20.39 亿元），相比 2013 年末的 1116.55 亿元，增加 269.97 亿元，同比增长 24.18%，较 2013 年末 13.93% 的同比增长率，提高 10.25 个百分点。在实收资本增加的推动下，2014 年信托业的所有者权益增加到 3196.22 亿元，较 2013 年末的 2555.18 亿元，同比增长 25.09%。与此同时，2014 年末信托业的固有资产规模则增加到 3586.02 亿元，相比 2013 年末的 2871.41 亿元，同比增长 24.89%。信托公司固有实力的不断增强，反映了信托业未雨绸缪，主动增加迎接挑战的筹码，借此不断增强风险抵御能力，并为业务转型奠定资本基础。

2）风险处置能力增强。

当个案信托项目出现风险特别是流动性风险时，通常有两种解决方式：一种是简单的"刚性兑付"，另一种是市场化的处置。以往的个案信托风险，信托公司较多地采用了"刚性兑付"策略，这也是信托业遭致诟病的原因之一。然而，这种情况在 2014 年有了明显的改变，更多的信托风险事件开始采用市场化风险处置方式，并且效果良好，这反映了信托业风险处置能力的提升。通过并购、重组，法律追索、处置等不同方式，对信托项目风险进行市场化解，原本就是信托业尽职管理的职责所在，既能提升信托业作为受托人的主动管理能力，又能逐步弱化"刚性兑付"，推进行业的成熟，从而从根本上防范信托业的风险。

3）行业稳定机制建立。

2014 年，银监会推进信托业"八项机制"建设，即"公司治理机制、产品登记制度、分类经营机制、资本约束机制、社会责任机制、恢复与处置机制、行业稳定机制和监管评价机制"。"八项机制"每一项均能提升信托业的风险控制能力，特别是 2014 年底以"信托业保障基金"及其管理公司成立为标志的"行业稳定机制"的建立，更是将信托业的风险控制机制从公司层面提升到了行业层面，借此可以有效防范信托业的系统性风险。

虽然转型中的信托业单体产品风险暴露增大，但是信托产品之间风险隔离的制度安排以及信托业整体资本实力雄厚、风险处置能力的整体增强、行业稳定机制的建立，正是信托业能够控制整体风险、不引发系统性风险的根本抓手。

（4）信托客户的"三足鼎立"

从信托财产来源看，2014 年度仍然以资金信托为主、财产信托为辅。2014 年末，资金信托规模为 13.04 万亿元，占比为 93.28%；管理财产信托规模为 0.94 万亿元，占比为 6.72%。这反映我国目前的主要信托财产类型仍然为资金，非资金类的信托财产较少。原因主要是两个：一个是我国目前非资金类财产主要属于生活资料（如住房）和生产资料（如股权、固定资产等），其信托需求不明显；另一个是制度障碍，有较强信托需求的非资金类财产，如不动产、股权、应收账款等，由于信托财产过户制度、信托财产登记制度以及信托税收制度等不健全，阻碍了其进入信托市场，其信托需求被抑制。近年来，财产信托占比一直徘徊在 3% ~ 7%（2010 年的占比为 4.86%，2011 年为 3.55%，2012 年为 6.50%，2013 年为 5.49%，2014 年为 6.72%）。不过，随着制度不断健全和金融创新不断推进，预计财产信托的比例将逐步提高。

从资金信托的客户结构看，"单一大客户驱动的单一资金信托 + 合格投资者驱动的集合资金信托 + 银行理财客户驱动的银信合作单一资金信托"构成的"三足鼎立"布局继续呈现。2014 年，单一大客户驱动的单一资金信托占比为 40.44%，集合资金信托占比为 30.70%，银信合作单一资金信托占比为 22.14%。特别值得一提的是，2014 年集合资金信托占比有了明显的提升，相比 2013 年末的 24.90% 占比，同比增幅提高了 5.80 个百分点。从历史数据看，2014 年集合资金信托的占比还创了历史新高。历史上，集合资金信托占比最高的年份是 2011 年，为 28.25%，以后年度一直在 20% ~ 26% 波动，2014 年占比首次突破了 30%。与此同时，2014 年单一大客户驱动的单一资金信托占比有明显下降，较 2013 年末的 49.59% 占比，下降了 9.15 个百分点；而银信合作单一资金信托占比则与 2013 年末 20.03% 的占比，仅有小幅上升。长期以来，信托业遭致诟病的一个主要原因就是主动管理能力不足，而判断的基本标准就是集合资金信托的比例不高。2014 年在信托资产总规模增速下滑的同时，集合资金信托比例却加速提升，并创历史新高，表明信托业为适应市场变化而加快了提升主动管理能力的步伐，转型效应明显。

（5）信托功能的"三分天下"

从信托功能看，2014 年，融资类信托占比继续下降，首次降到了 40% 以下，为 33.65%，相比历史上的最高占比即 2010 年的 59.01%，降幅高达 25.36 个百分点；相比 2013 年末的 47.76% 的占比，降幅达 14.11 个百分点。与此同时，投资类信托和事务管理类信托的占比则稳步提升。2014 年投资类信托占比为 33.70%，相比历史上的最低占比即 2010 年的 23.87%，增幅高达 9.83 个百分点；相比 2013 年末 32.54% 的占比，提升 1.16 个百分点。2014 年事务管理类信托占比为 32.65%，首次突破了 30%，相比历史上最低占比即 2011 年的 12.75%，增幅高达 19.90 个百分点；相比 2013 年末的 19.70% 的占比，提升 12.95 个百分点。由此可见，自 2014 年，过去融资信托一枝独秀的局面已经得到根本扭转，融资信托、投资信托和事务管理信托"三分天下"的格局得以形成。

此前信托业融资信托业务一枝独秀的发展模式，是由当时的市场需求结构决定的：一是主流融资市场（银行信贷市场和资本市场）因金融压抑而难以满足融资需求，高质量的私募融资需求巨大，由此催生了信托业以私募融资信托为主导的业务模式；二是资本市场因长期低迷而难以满足投资者的收益风险偏好，由此催生了信托业融资信托业务以具有固定收益特征的非标准化债权资产为主要的配置模式。但是，自 2013 年后，信托业融资信托业务模式所依赖的市场需求结构开始发生巨大的变化。一方面，主流融资市场的融资功能因金融压抑因素逐步消除而日益扩大，私募融资市场开始萎缩，信托业私募融资信托业务模式的市场发生动摇；另一方面，资本市场开始走出低迷局势而转向长期趋好，赚钱效应日益显现，加上高净值客户个性化资产配置的财富管理需求日益强烈，信托业固定收益特征的非标准融资信托业务已难以满足投资者多元化的理财需求，客观上要求信托业谋新、谋变。

2014 年度，信托业务功能"三分天下"的形成，正是信托业适应理财市场需求结构变化、主动谋求转型的结果。在降低融资信托业务的同时，加大了具有浮动收益特征的权益性产品的开发，现金流管理业务、私募基金合作业务、私募股权投资信托业务、基金化房地产信托业务、资产证券化业务以及受托境外理财业务等资产管理产品均有明显的发展。与此同时，以事务管理驱动的服务信托业务，比如土地流转信托、消费信托、年金信托、养老信托、公益信托等也均有显著发展。信托功能的多元化，对于信托业的转型发展具有重大意义：一是融资信托的大幅度下降，在微观上适应了私募融资市场萎缩的变化，在宏观上消除了长期笼罩在信托业头上的"影子银行"阴影；二是投资信托和事务管理信托的稳步提升，微观上适应了投资者的多元化资产管理需求和高净值客户的财富管理需求，宏观上预示了信托业转型发展的根本方向。

（6）信托投向的"五大领域"

从信托财产的运用领域来讲，信托公司以其"多方式运用、跨市场配置"的灵活经营体制，总能根据政策和市场的变化，适时调整信托财产的配置领域。2014 年第四季度末信托公司主要业务数据表明，13.04 万亿元的资金信托主要投向工商企业、基础产业、金融机构、证券投资和房地产五大领域，但资金信托投向在上述领域的占比有较大程度的变化，市场化对信托资产配置领域变化的驱动非常明显。

1）工商企业。

2014 年，工商企业仍是资金信托的第一大配置领域，规模为 3.13 万亿元，占比为 24.03%。但是，占比有明显的下降，相比 2013 年末 28.14% 的占比，同比下降了 4.11 个百分点；相比 2014 年第三季度末 25.82% 的占比，环比下降了 1.79 个百分点。特别是在规模上 2014 年第三季度和第四季度连续两个季度出现了负增长：第二季度规模为 3.22 万亿元，第三季度规模为 3.15 万亿元，第四季度规模进一步减少为 3.13 万亿元。这主要是因为受经济下行影响，工商企业普遍经营困难，信托业对工商企业的资金运用开始偏向谨慎。

2）基础产业。

2014 年，基础产业仍是资金信托的第二大配置领域，规模为 2.77 万亿元，占比为 21.24%。与工商企业相同，2014 年基础产业投向占比呈下降趋势，规模也呈现负增长。相比 2013 年末 25.25% 的占比，同比下降了 4.01 个百分点；相比第三季度末的 21.80% 的占比，环比下降了 0.56 个百分点。期间，2014 年第三季度末规模为 2.66 万亿元，相比第二季度末的 2.72 万亿元规模，规模减少了 0.06 万亿元。资金信托对基础产业配置的减少，与基础产业过度投资、地方债务风险显现有密不可分的关系。可以预见，随着国务院出台的关于地方政府债务融资方式和存量债务管理方式调整政策的实施，信托业未来将进一步压缩对基础产业的配置，信托公司对政信合作业务也将更加审慎。

3）金融机构。

金融机构是资金信托的第三大配置领域。2014 年，资金信托对金融机构的运用规模为 2.27 万亿元，占比 17.39%。与资金信托对工商企业和基础产业配置减少趋势不同，资金信托对金融机构的配置则呈现上升趋势。相比 2013 年末 12.00% 的占比，同比上升了 5.39 个百分点；相比 2014 年第三季度末 15.73% 的占比，环比提升了 1.66 个百分点。资金信托对金融机构运用的增加，主要源于信托业强化金融协同、金融业投资及其资产运用波动不大和回报稳定等市场因素。

4）证券投资。

证券投资是资金信托的第四大配置领域。2014 年，资金信托对证券市场的投资规模（按投向统计）为 1.84 万亿元，占比为 14.18%，其中债券投资占比 8.86%，股票投资占比 4.23%，基金投资占比 1.09%。与投向金融机构相同，资金信托对证券投资的配置近年来一直呈现上升趋势。相比 2013 年末 10.35% 的占比，同比增加 3.83 个百分点；相比 2014 年第三季度末的 14.27% 占比，环比基本持平。资金信托对证券投资占比的提升，主要源于资本市场投资价值的显现以及投资多元化资产配置需求等市场因素。

5）房地产。

房地产是资金信托的第五大配置领域。2014 年，资金信托投向房地产领域的规模为 1.31 万亿元，占比为 10.04%。与其他领域的配置不同，资金信托对房地产的配置近年来表现一直比较平稳。相比 2013 年末 10.03% 的占比，小幅上升了 0.01 个百分点，基本持平；相比 2014 年第三季度末 10.38% 的占比，环比又小幅下降了 0.34 个百分点。资金信托对房地产配置的上述特点，与房地产市场的短期波动平稳、中长期风险暴露增加的特点有关。

从信托资金投向看，2014 年投向非实体经济部门的规模为 4.11 万亿元（包括金融机构及证券投资），占信托总规模的 29.40%；投向实体经济部门的规模为 9.87 万亿元（包括工商企业、基础产业等），占信托总规模的 70.60%。可以看出，信托业依然是中国实体经济的坚定支持者。

9.1.3 中国土地流转信托产品金融发展环境分析

9.1.3.1 中国金融业发展整体情况概述

2014 年，中国金融市场运行总体平稳。年末广义货币供应量（M2）余额为 122.8 万亿元，比上年末增长 12.2%；狭义货币供应量（M1）余额为 34.8 万亿元，增长 3.2%；流通中货币（M0）余额为 6.0 万亿元，增长 2.9%。

2014 年，中国社会融资规模为 16.5 万亿元，按可比口径计算，比上年少 8598 亿元。年末全部金融机构本外币各项存款余额 117.4 万亿元，比年初增加 10.2 万亿元，其中人民币各项存款余额 113.9 万亿元，增加 9.5 万亿元。全部金融机构本外币各项贷款余额 86.8 万亿元，增加 10.2 万亿元，其中人民币各项贷款余额 81.7 万亿元，增加 9.8 万亿元。

截至 2014 年末，中国主要农村金融机构（农村信用社、农村合作银行、农村商业银行）人民币贷款余额 105742 亿元，比年初增加 14105 亿元。全部金融机构人民币消费贷款余额 153660 亿元，增加 23938 亿元。其中，个人短期消费贷款余额 32491 亿元，增加 5902 亿元；个人中长期消费贷款余额 121169 亿元，增加 18037 亿元。

9.1.3.2 中国金融市场发展整体情况概述

2014 年，金融市场各项改革和发展措施稳步推进，产品创新不断深化，市场制度逐步完善，这些改革措施对于降低社会融资成本、促进实体经济发展起到了重要的作用。2014 年，债券发行规模同比增加，公司信用类债券发行增速扩大；银行间市场成交量同比大幅增长，债券指数有所上升；货币市场利率中枢下行明显，债券收益率曲线整体大幅下移，企业债券融资成本显著降低；机构投资者类型更加多元化；商业银行柜台交易量和开户数量显著增加；利率衍生品交易活跃度明显上升；股票指数和两市成交量均大幅增长。

9.1.3.3 中国银行业发展整体情况概述

2014 年，中国银行业发展呈现以下五个特点：

（1）银行业资产和负债规模稳步增长

2014 年 12 月末，我国银行业金融机构境内外本外币资产总额为 172.3 万亿元，同比增长 13.87%。其中，大型商业银行资产总额 71.0 万亿元，占比 41.21%，同比增长 8.25%；股份制商业银行资产总额 31.4 万亿元，占比 18.21%，同比增长 16.50%。

银行业金融机构境内外本外币负债总额为 160.0 万亿元，同比增长 13.35%。其中，大型商业银行负债总额 65.7 万亿元，占比 41.07%，同比增长 7.44%；股份制商业银行负债总额 29.5 万亿元，占比 18.41%，同比增长 16.26%。

（2）对经济社会重点领域和民生工程的金融服务继续加强

2014 年，银行业进一步完善差别化信贷政策，优化信贷结构，继续加强对"三农"、小微企业、保障性安居工程等经济社会重点领域和民生工程的金融服务。截至 12 月末，银行业金融机构涉农贷款（不含票据融资）余额 23.6 万亿元，同比增长 13.0%；用于小微企业的贷款（包括小微企业贷款、个体工商户贷款等）余额 20.7 万亿元，同比增长 17.5%；用于信用卡消费、保障性安居工程等领域贷款同比分别增长 29.4% 和 53.7%，以上各类贷款增速均高于同期各项贷款平均增速。

（3）信用风险继续上升，信贷资产质量总体可控

2014 年 12 月末，商业银行（法人口径，下同）不良贷款余额 8426 亿元，较年初增加 2506 亿元；商业银行不良贷款率 1.25%，较年初上升 0.25 个百分点。

2014 年 12 月末，商业银行正常贷款余额 66.6 万亿元，其中正常类贷款余额 64.5 万亿元，关注类贷款余额 2.10 万亿元。

（4）银行业整体风险抵补能力较强

这表现在如下三个方面：

1）银行业利润增长保持平稳。

2014 年商业银行当年累计实现净利润 1.55 万亿元，同比增长 9.65%；平均资产利润率为 1.23%，同比下降 0.04 个百分点；平均资本利润率 17.59%，同比下降 1.58 个百分点。

2）针对信用风险计提的减值准备较为充足。

2014 年 12 月末，商业银行贷款损失准备余额为 1.96 万亿元，较年初增加 2812 亿元；拨备覆盖率为 232.06%，较年初下降 50.64 个百分点；贷款拨

备率为 2.90%，较年初上升 0.07 个百分点。

3）资本充足率继续维持在较高水平。

2014 年 12 月末，商业银行（不含外国银行分行）加权平均核心一级资本充足率为 10.56%，较年初上升 0.61 个百分点；加权平均一级资本充足率为 10.76%，较年初上升 0.81 个百分点；加权平均资本充足率为 13.18%，较年初上升 0.99 个百分点。

（5）流动性水平比较充裕

2014 年 12 月末，商业银行流动性比例为 46.44%，较年初上升 2.42 个百分点；人民币超额备付金率 2.65%，较年初上升 0.11 个百分点。自 2014 年 7 月 1 日起，银监会对商业银行存贷款比例计算口径进行调整，2014 年 12 月末，调整后人民币口径存贷款比例（人民币）为 65.09%。

9.2　中国土地流转产品信托产品市场环境分析

9.2.1　中国土地流转信托产品市场发展历史回顾

在分析经济金融环境之外，需要分析中国土地流转信托产品的市场环境。中国土地流转信托产品市场形成于 2001 年之后，在此之前，中国并没有土地流转。

9.2.1.1　2001 年之前中国农用土地管理制度演变历史回顾

1949 年 10 月 1 日，新中国成立之后，中国发展进入一个全新的阶段，中国土地管理制度，特别是农用土地管理制度也随之发生了翻天覆地的变化。从新中国成立到 2001 年，新中国的农用土地管理制度经历了三个阶段。

（1）土地改革阶段

这一阶段大体是从 1949 年新中国成立到 1953 年。

早在新中国组建阶段，关于农用土地的管理，就被提到了极为重要的议事日程。1949 年 9 月 29 日，中国人民政治协商会议第一届全体会议通过了起临时宪法作用的《中国人民政治协商会议共同纲领》（简称《共同纲领》）。

在《共同纲领》第一章——总纲的第三条中就对农用土地管理做出了明确的规定：中华人民共和国必须取消帝国主义国家在中国的一切特权，没收官僚资本归人民的国家所有，有步骤地将封建半封建的土地所有制改变为农民的土地所有制，保护国家的公共财产和合作社的财产，保护工人、农民、小资产阶级和民族资产阶级的经济利益及其私有财产，发展新民主主义的人民经济，稳步地变农业国为工业国。

新中国成立后，中华人民共和国中央人民政府委员会于 1950 年 6 月 28 日第八次会议通过了新中国关于农用土地管理的第一部法律——《中华人民共和国土地改革法》（简称《土地改革法》）。《土地改革法》于 1950 年 6 月 30 日由中央人民政府公布实施。1986 年 6 月 25 日，第六届全国人民代表大会常务委员会第十六次会议通过《中华人民共和国土地管理法》（简称《土地法》），并决定《土地法》自 1987 年 1 月 1 日起施行。《土地法》颁布实施后，原来的《土地改革法》随之失效。

《土地改革法》第一章——总则的第一条明确规定：废除地主阶级封建剥削的土地所有制，实行农民的土地所有制，借以解放农村生产力，发展农业生产，为新中国的工业化开辟道路。

《土地改革法》第三章——土地的分配的第十条明确规定：所有没收和征收得来的土地和其他生产资料，除本法规定收归国家所有者外，均由乡农民协会接收，统一地、公平合理地分配给无地少地及缺乏其他生产资料的贫苦农民所有。对地主亦分给同样的一份，使地主也能依靠自己的劳动维持生活，并在劳动中改造自己。

《土地改革法》第五章——土地改革的执行机关和执行方法的第三十条明确规定：土地改革完成后，由人民政府发给土地所有证，并承认一切土地所有者自由经营、买卖及出租其土地的权利。土地制度改革以前的土地契约，一律作废。

从上文可以看出，新中国成立之初所颁布实施的《土地改革法》，实际上实施的是农民土地私有制度。农民土地私有制度在当时具有伟大的意义。这让原来占90%的贫下中农从没有或仅有少量土地变为拥有自己土地，激发了广大贫下中农的劳动积极性。

不过，由于实施的是平均主义的土地分配模式，中国农业土地从原来的大地主占据大部分土地的土地集中模式转变为广大贫下中农都只占据少量土地的土地分散模式。不过，西方现代化的历史早已证明，每家每户只拥有少量土地的农用土地使用模式早已不再适应现代化的需要。因为这种模式存在着致命的不足：首先，小农经济天然抵抗力低，仅依靠贫下中农自身的力量，无法进行必要的农业基础设施，特别是农田水利基础设施的建设，更难以实施西方早已成功的机械化，一遇到自然灾害，贫下中农自身淡薄的力量就无法抗拒。其次，土地重新走向集中的趋势难以抗拒。土地改革仅仅几年间，在中国农村又出现了一定程度的两极分化。所以，从现代化的历史经验来看，这种小农经营的土地模式必然要被淘汰。

（2）农用土地集体化阶段

这一阶段大体是从 1953 年到改革开放之初的 1978 年。不过，与新中国农业发展条件类似的境外国家中，特别是同处东亚的日本、韩国的发展历史也表明，如果是自然的历史发展，小农经营的土地模式的淘汰历史将是相对漫长的。

小农经营的土地模式之所以在短短三四年时间就被逐步废止，关键还在于，这种农用土地管理模式与作为新中国领导核心的中国共产党的基本经济主张，即建立社会主义公有制相矛盾。在新中国建立并稳固之后，中国共产党必然要在全国范围内实施其建立社会主义公有制的政策方针。

1953 年 6 月 15 日，中国共产党中央政治局扩大会议正式通过了中国共产党在过渡时期的总路线。这一总路线就是要改变生产资料的资本主义私有制（包括农民的土地私有制）为生产资料的社会主义公有制。在这一总路线指导下，中国农用土地管理制度随之发生了发展方向上的巨变。具体来看，这一巨变又可以细分为两次小的变化。

1）合作互助阶段。

这一阶段大体是从 1953 ~ 1958 年。根据中国共产党在过渡时期的总路线，1953 年 2 月 15 日中共中央正式颁布《关于农业生产互助合作的决议》（简称《互助决议》），标志着新中国农用土地集体化阶段的正式启动。

在这份《互助决议》中，中共中央指出：要克服很多农民在分散经营中所发生的困难，要使广大贫困的农民能够迅速地增加生产而走上丰衣足食的道路，要使国家得到比现在多得多的商品粮食及其他工业原料，同时提高农民的购买力，使国家的工业品得到广大的销路，就必须提倡"组织起来"，按照自愿和互利的原则，发展农民互助合作的积极性。这种互助合作在现在是建立在个体经济基础上（农民私有财产的基础上）的集体劳动，其发展前途就是农业集体化或社会主义化。

《互助决议》给出了互助的三种方式：第一种方式是简单的劳动互助，这是最初级的，主要是临时性的、季节性的。第二种方式是常年的互助组，这是比第一种形式较高级的形式。它们中有一部分开始实行农业和副业的互助相结合；制定一些简单的生产计划，随后逐步地把劳动互助和提高技术相结合，进行技术的分工；有的互助组逐步地设置了一部分公有农具和牲畜，积累了小量的公有财产。第三种方式是以土地入股为特点的农业生产合作社，或称为土地合作社。这种形式包括了第二种方式中有些地方已经存在的若干重要特点，即如上述的农业与副业的结合，一定程度上的生产计划性和技术的分工，有些或多或少的共同使用改良农具和公有财产，等等。

《互助决议》的颁布实施，促使新中国农用土地管理制度开始从资本主义的私有制向社会主义的公有制转变。

在《互助决议》中所提出的三种互助方式中，中共中央还是更为看重第三种互助方式，即农业生产合作社。为了推动农业生产合作社的发展，中共中央在1953年12月16日又发布《关于发展农业生产合作社的决议》（简称《合作社决议》）。在这份决议中，中共中央正式提出：根据我国的经验，农民这种在生产上逐步联合起来的具体道路，就是经过简单的共同劳动的临时互助组和在共同劳动的基础上实行某些分工分业而有某些少量公共财产的常年互助组，到实行土地入股、统一经营而有较多公共财产的农业生产合作社，到实行完全的社会主义的集体农民公有制的更高级的农业生产合作社（也就是集体农庄）。这种由具有社会主义萌芽到具有更多社会主义因素，再到完全的社会主义的合作化的发展道路，就是我们党所指出的对农业逐步实现社会主义改造的道路。

这份决议促使新中国农用土地管理制度迅速从农民所有制向社会主义公有制转变。由于广大贫下中农天然的小农意识，和历史遗留的多年一盘散沙的习惯，新中国农村互助进展得比较缓慢，难以令党中央满意，因此，中共中央决定加快推进中国农村的合作化进程。1955 年 10 月 11 日，中国共产党第七届中央委员会第六次全体会议（扩大）通过了《关于农业合作化问题的决议》（简称《合作化决议》）。这份决议指出：这种共同劳动、集体经营的优越性，已经由广大的互助组初步地证明出来，随着又由已经建立起来的大批农业生产合作社在更高的程度上证明出来。

在这份决议出台之后，中国农村出现了兴建高级农业生产合作社的运动。高级农业生产合作社是相当于先前的初级农业生产合作社而言的。两者之所以出现"初级"和"高级"的区别，在于按照当时的社会主义理念，公有化程度越高就越高级。初级农业生产合作社，依然是农用土地私有，农民只是进行劳动的合作。而高级农业生产合作社，则是社员（加入高级农业生产合作社的农民）将其土地无偿入社，成为农用土地公有制组织。

2）人民公社阶段。

这一阶段大体是从 1958 年到改革开放之初的 1978 年。新中国成立的前十年，这种完全将公有化程度作为衡量农业生产组织级别的倾向，已经显现出超越中国农业生产的实际情况。但是一种倾向一旦形成，往往会形成一种巨大的惯性，会一直发展下去，直至遇到比较严重的危机或挑战。

在高级市场合作社尚未得到充分发展，中国广大农民意识尚未充分改变的情况下，中共中央又将中国农用土地公有制大大向前推进了，这就是人民公社。

1958 年 8 月 29 日，中共中央政治局在北戴河举行扩大会议，会议讨论通过了《关于在农村建立人民公社问题的决议》（简称《人民公社决议》）。在这份决议中，中共中央认为：几十户、几百户的单一的农业生产合作社已不能适应形势发展的要求。因为，中共中央要求：社的组织规模，就目前来说，一般以一乡一社、两千户左右较为合适。在这份决议指导下，中国农村掀起了建设人民公社的热潮。

1962 年 9 月 27 日，中国共产党第八届中央委员会第十次全体会议通过《农村人民公社工作条例修正草案》（简称《人民公社条例草案》）。

《人民公社条例草案》第一章——农村人民公社性质、组织和规模的第一条中明确将人民公社界定为如下组织：农村人民公社是政社合一的组织，是我国社会主义社会在农村中的基层单位，又是我国社会主义政权在农村中的基层单位。农村人民公社是适应生产发展的需要，在高级农业生产合作社的基础上联合组成的。它在一个很长的历史时期内，是社会主义互助、互利的集体经济组织，实行各尽所能、按劳分配、多劳多得、不劳不得的原则。自此，人民公社成为中国农村的基层政府机构，替代了传统的乡。

在建设人民公社的热潮中，存在着片面追求"一大二公"的倾向。所谓"大"，就是人民公社的规模大，当时大部分人民公社的规模都在 4000 户或更多，已经超过了《人民公社决议》所建议的 2000 户规模。所谓"公"，就是强调公有制。在分配制度上，工资制和供给制将逐渐成为人民公社分配的主要形式。农民与人民公社的关系，已经类似于工人与国有企业的关系，农民彻底丧失了其对土地的所有权。

客观地分析，人民公社的兴起，是中国共产党执政纲领的必然要求，也是当时发展形势的必然结果，有着其特定的历史意义。

中国共产党以马克思主义作为指导思想，必然要把消灭私有制作为其根本奋斗目标，在农村推行人民公社是其在农村实施消灭私有制的必然选择。在新中国成立的第一个十年，中国共产党在广大农民心中有着极为崇高的号召力，几乎是一呼万应，所以，中共中央关于人民公社的号召，很快就得到广大农民的积极响应。

从发展形势看，在新中国成立的第十个年头，中国与以美国为首的西方世界基本上断绝了往来，也与以苏联为首的东方社会主义阵营决裂，在这种形势下，为了实现国家安全和工业化，国家迫切需要集中一切可以集中的力量，筹措所能筹措的进行国防建设和工业化建设。由于新中国成立之初，农业是国民经济的绝对主体，新中国所能筹措的资金主要来自农业的贡献。人民公社制度为新中国的工业化和国防建设做出了巨大的贡献，对农业基础设施建设也贡献巨大。

不过，人民公社毕竟不是中国广大农民自行选择的组织形式，在响应党中央号召参加人民公社之后，广大农民逐步发现这种组织对自留地、集贸市场等中国农民传统的经济方式均严加杜绝。而供给制和工资制也是一种中国农民难以理解的新式分配方式，与其既有分配习惯差异甚大。广大农民还是希望恢复自留地、自由市场、自负盈亏，并希望包产到户。

人民公社这种将农民完全管制起来的组织方式，虽然在特定状态下起到了特定的历史作用，但毕竟超越了中国农村的实际情况，也难以适应社会经济新的发展形势。

（3）农用土地承包阶段

这一阶段是从改革开放之初的 1978～2001 年。这一阶段又可以细分为三个阶段。

1）尝试承包阶段。

这一阶段是从改革开放之初的 1978～1984 年。

人民公社制度是中国共产党在新中国成立之初满怀希望追求社会主义公有制的必然结果，而中国长期处于社会主义初级阶段的实际国情，决定了公有制必须要与中国实际情况相符合。

在关于公有制的追求已经超越了中国实际国情之后，公有制所具有的僵化特点，死死束缚了广大中国人民的创造性和积极性，使得传统公有制发展模式难以为继，这迫使中共中央决定进行中国经济体制的改革。在这种大形势下，人民公社制度也就走到了尽头。

1978 年 12 月 22 日，具有伟大历史意义的中国共产党第十一届三中全会通过了《加快农业发展若干问题的决定（草案）》（简称《农业发展决定（草案）》）。在这份草案中，初步承认了社员自留地是社会主义经济的必要补充部分。初步允许中国农民可以拥有一定数量的可以自由支配的土地的规定，标志着片面追求"一大二公"趋势的逆转，具有着划时代的历史意义。

1979 年 9 月 28 日，中国共产党第十一届四中全会通过了《关于加快农业发展若干问题的决定》（简称《农业发展决定》）。这份决定进一步指出：社员自留地、自留畜、家庭副业和农村集市贸易是社会主义经济的附属和补充，绝不允许把它们当作资本主义经济来批判和取缔。

不过，即使到此时，中共中央依然没有正式推行承包制。虽然党中央迟迟没有放开，但中国农民已经率先开始了承包制的尝试。

1978 年 11 月 24 日，安徽省凤阳县小岗村 18 位农民签下"生死状"，擅自做主将村内土地分开承包。随后，中国农村其他地区广大农民开始自发实施了土地的承包制。

面对广大农民自发进行土地承包，中共中央在观察了一段时间后，认识到其适合中国农村发展的实际情况，于是承认了承包制。

1982年1月1日，中共中央转批了《全国农村工作会议纪要》（简称《纪要》）。《纪要》指出，目前农村实行的各种责任制，包括小段包工定额计酬，专业承包联产计酬，联产到劳，包产到户、到组，包干到户、到组，等等，都是社会主义集体经济的生产责任制。

1982年12月31日，中共中央政治局通过了《当前农村经济政策的若干问题》（简称《农村问题》）。在这份《农村问题》中，中共中央高度评价了承包制的伟大作用：联产承包制采取了统一经营与分散经营相结合的原则，使集体优越性和个人积极性同时得到发挥。这一制度的进一步完善和发展，必将使农业社会主义合作化的具体道路更加符合我国的实际。在这份《农村问题》中，中共中央正式提出了人民公社的体制改革，提出要将"政社合一的体制要有准备、有步骤地改为政社分设"。自此，承包制已经得到中共中央的认可，成为中国农用土地新的模式，人民公社制度寿终正寝。

2）承包期延长到15年的阶段。

这一阶段是1984～1993年。由于承包制初次尝试时，并没有给予农民足够的承包期限，农民仅仅在最初几年有极高的积极性，但已经蕴含着耗竭土地地力的倾向，因为，农民并不知道他们可以承包多少年，因为，并没有准备对所承包的土地进行投资改造。

为了稳定承包制，并鼓励农民积极对其所承包土地进行投资改造，中共中央决定明确农民土地承包期限。

1984年1月1日，中共中央下达1984年一号文件《中共中央关于一九八四年农村工作的通知》（简称《一号文件（1984）》）。在这份一号文件中，中共中央明确要求"土地承包期一般应在十五年以上"。

1986年4月12日，中华人民共和国第六届全国人民代表大会第四次会议审议通过了《中华人民共和国民法通则》（简称《民法通则》）。在《民法通则》中，首次将农民承包纳入其中。在《民法通则》第一章——总则中，明确设立了第四节——个体工商户、农村承包经营户。在第四节的第二十七条中明确规定：农村集体经济组织的成员，在法律允许的范围内，按照承包合同规定从事商品经营的，为农村承包经营户。在第四节的第二十八条中明确规定：个体工商户、农村承包经营户的合法权益，受法律保护。这部《民法通则》在法律上保护了农民承包的合法权益。

1993 年 3 月 29 日，第八届全国人民代表大会第一次会议审议通过了《中华人民共和国宪法修正案》（简称《宪法修正案》）。这份《宪法修正案》的第六条规定：宪法第八条第一款"农村人民公社、农业生产合作社和其他生产、供销、信用、消费等各种形式的合作经济，是社会主义劳动群众集体所有制经济。参加农村集体经济组织的劳动者，有权在法律规定的范围内经营自留地、自留山、家庭副业和饲养自留畜。"修改为"农村中的家庭联产承包为主的责任制和生产、供销、信用、消费等各种形式的合作经济，是社会主义劳动群众集体所有制经济。参加农村集体经济组织的劳动者，有权在法律规定的范围内经营自留地、自留山、家庭副业和饲养自留畜。"这份《宪法修正案》以国家根本大法的方式，确立了承包制的法律地位。

3）承包期再次延长 30 年不变的阶段。

这一阶段是 1993～2001 年。实际上，将延续到 2023 年为止。1993 年 11 月 5 日，中共中央、国务院发布《关于当前农业和农村经济发展的若干政策措施》（简称《承包 30 年政策》）。在这份《承包 30 年政策》中，中共中央、国务院明确指出：以家庭联产承包为主的责任制和统分结合的双层经营体制，是我国农村经济的一项基本制度，要长期稳定并不断完善。中共中央、国务院要求各地为稳定土地承包关系，鼓励农民增加投入，提高土地的生产率，在原定的耕地承包期到期之后，再延长 30 年不变。自此，中国农用土地承包制作为一项制度被长期坚持了下来。

9.2.1.2　2001 年之后中国土地流转信托产品市场发展历史回顾

2001 年 2 月，浙江绍兴县试水土地流转信托，建立县、镇、村三级土地流转信托服务体系，开展三项土地流转信托服务，拉开了中国土地流转信托发展的序幕。

2003 年，湖南省浏阳市设立"土地流转信托"，承包权不变，在一定期限内有偿转让经营权四川省彭州市首家农业资源经营合作社（土地银行）正式挂牌营运。

2008 年 10 月，陕西省杨凌市西小寨村组建了第一批农村土地银行，并制定了《土地银行章程》，成立了土地银行理事会、监事会。

2008 年 12 月，陕西省杨凌市西小寨村将承包地使用权、农村集体建设用地使用权，以及宅基地使用权进行适当打包用于流转。

2010 年 4 月，湖南省沅江市草尾镇正式成立土地托管公司，之后扩大试点范围。

2011 年 5 月，福建省沙县成立土地承包经营权信托有限公司。

2013 年 10 月，安徽省宿州市桥区政府与中信信托公司合作，正式成立了国内第一只土地流转信托计划——"中信·农村土地承包经营权集合信托计划 1301 期"。

2013 年 11 月，北京国际信托有限公司与江苏无锡阳山镇桃园村土地股份合作社签订集体土地承包经营权信托项目，该项目由北京信托公司将桃园村内 158 亩农业用地的土地经营权作为基础资产设立财产权信托，对信托土地的土地承包经营权进行管理。

随着中国城镇化的持续推进，农村土地流转的市场规模将会逐渐增大。国家、信托公司等各方也在逐步试水，稳步推进土地流转信托产品。随着越来越多农村居民转变为城镇居民，势必将产生越来越多的农地撂荒的现象出现，而进一步刺激农村土地流转信托市场的扩大。通过农村土地流转信托产品，农民群体在保障原有的土地基本收益的同时，也达到了从土地中解放自身，进城获取第二份收益，达到农民增加自身收入，国家保证耕地红线，信托机构扩展业务，土地承包人获取规模效益的多方共赢的局面。

9.2.2　中国土地流转信托产品市场供求分析

9.2.2.1　中国土地流转供求态势分析

分析中国土地流转信托产品市场供求，首先需要了解中国土地流转供求的基本态势。一般而言，中国的农地对于普通农户存在两个方面的要求——维持生存和获取利润。对于大部分农地而言，土地是农民维持其家庭生存的基本生产资料，这部分土地不会进行流转。而能够进行流转的农地则是以获取利润为目的，即能够商品化的农地。对于这部分可以进行流转的农地，其能否实现流转取决于农户经营土地的净收益。如果净收益为正，则农户在经营土地中有利可图，就会产生扩大经营的要求，从而形成对土地流转的需求；如果农户经营土地的净收益为负，则将形成转出土地的要求，从而产生对土地流转的供给。因此，农户经营土地的净收益决定了中国农村土地流转的基本供求态势。农户经营土地的净收益等于农地经营总收益和农地经营总成本的差额。当农地经营总收益大于农地经营总成本时，农民愿意购入土地，形成对土地流转的需求；当农地经营总收益小于农地经营总成本时，农民则愿意转出土地，形成对土地流转的供给。只要确定农地经营总收益和农地经营总成本，就可以确定中国农地流转的供求态势。

土地经营总收益分为生产性收益和非生产性收益。土地经营总成本分成生产性成本、非生产性成本、土地使用成本及交易成本。生产性收益是指从事农业生产经营并获得土地产品所产生的直接性生产收益。其价值量的大小由土地产品价格和土地产品产量所决定。非生产性收益是指农户从事土地经营所带来的社会保障、劳动享受等非生产性的效用。农村土地对于农民具有多重效用，包括生活保障、提供就业机会、直接收益、子女继承等，特别地，农地承载着较重的社会保障功能，从而使农地经营具有较多的非生产性收益。生产性成本是指农户在土地生产经营中所花费的各种生产要素，如化肥、农药、机械作业、人工工资等生产性支出。实证研究证明，生产性成本与土地经营规模关系密切。由于农户的承包地分割细碎的现实，生产性成本表现为U形曲线特征。非生产性成本是指发生在土地生产经营过程之外的成本，也就是我们通常意义上所讲的农民负担。非生产性成本与国家的农民负担政策、社区社会经济发展水平、社区精英的动员组织能力、农民组织化程度等有相当大的关系。农户土地使用成本为农地流转的交易价格。对于交易成本，农地产权越不明晰、交易规模越大、交易频率越高、风险越大、市场越不完善，交易成本则越高。由于中国农村土地产权残缺，因而交易成本呈现边际递增趋势。

由于中国已经加入了世界贸易组织，农产品市场竞争加剧。一方面，农产品市场价格持续走低。目前中国小麦、玉米、大米等大宗粮食农产品的平均国内市场价格高于国际市场价格二至七成。因此，粮食等农产品将出现减产，自给量降低。这势必减少农户的生产性收益，导致农户对土地需求的下降。另一方面，农业经营的生产性成本上升。自1990年以来，中国农产品成本以年均10%速度递增。不仅如此，由于中国农业属于小农经济，在农业生产中不计劳动投入，在加入世贸组织后，劳动投入将逐步显化，从而带来生产性成本上升。因此，在一段时期内，农业生产性成本呈现上升态势。

随着市场经济步伐加快，市场配置资源的基础作用逐步加强，而作为土地价格的地租将逐步形成，从而使土地使用成本存在上升态势。

由于中国人多地少、资源紧缺，造成全社会就业紧张，在社会保障尚不能惠及农民的条件下，土地所承担的福利功能将长期存在，从而提高了农民对土地的需求。

由于中国的国情，非生产性成本仍将存在，虽然农村税费改革将降低农民负担，但除非实行较大规模的体制改革，否则很难从根本上扭转。

从表9.1中可以看出，导致农地流转需求上升的因素只有非生产性收益和土地交易成本。引起需求下降的因素有农产品价格、生产性成本、非生产性成本、土地使用成本和交易成本。农地流转的需求量存在净减少量，并且净减少量值可能为正。因此，中国农地流转供求态势并非必定是有效供给不足，很可能存在有效需求不足。

表9.1　农村土地市场的影响因素分析

影响因素	变动趋势	对土地需求的影响	对土地供给的影响
农产品价格	下降	下降	上升
非生产性收益	上升	上升	下降
生产性成本	上升	下降	上升
非生产性成本	上升	下降	上升
土地使用成本	上升	下降	上升
土地交易成本	下降	上升	上升

9.2.2.2　中国农地流转有效需求不足原因分析

分析中国农用土地流转有效需求不足的原因，需要用到比较收益原理。在市场经济体制中，任何一个市场主体都是根据比较收益原理来决定其市场选择。对于中国农民来说，如果转入土地的收益大于转出土地的收益，其就会倾向于选择转入土地，从而表现出对土地转入的需求。反之，如果转出土地的收益大于转入土地的收益，其就会倾向于选择转出土地，从而形成对土地转出的需求。从中国农民的角度来看，土地的收益既包括其作为农作物土壤所具有的价值，更包括可能用于其他土地类型开发所潜在的开发价值。但是对于中国农民来说，其并不具备开发后一种土地价值的能力，需要借助外来力量，特别是资本力量来帮助其开发土地的这种价值。

从经济学角度来看，需求分为直接需求和引致需求。直接需求就是人对天然需要的产品的需求，如衣食住行等基本生活需要所导致的需求。人因天然吃的需要而产生对食物的需求，这种对食物的需求就是直接需求。人因天然需要御寒而产生对衣物的需求，这种对衣物的需求也是直接需求。引致需求，也称为派生需求，是因为直接需求而产生的需求，如人对食物的直接需求而产生一系列的派生需求——对炊具的需求，对吃饭用品的需求，等等。

从更大层次看，一般来说，生活资料的需求被认为是直接需求（包括原始意义上的炊具等引致需求产品），而生产资料的需求被认为是引致需求。土地作为一种极为特殊的物品，兼具直接需求和引致需求的二重特征。当农民将土地作为食物生产源泉时，其对土地的需求是直接需求，而当农民将土地作为赚钱手段时，其对土地的需求则演变为派生需求。

由于中国自古以来就是人口众多的国家，在相当长时间内，粮食生产压力一直居高不下，土地的主要功能就是作为粮食生产载体。中国彻底解决温饱问题是1978年改革开放之后的事情，距今仅仅30多年。基于历史的惯性和中国传统的概念，农民对土地有着一种深深的依赖，土地不仅仅是其赚钱的工具，更是其安身立命的基石。在这种概念之下，中国农民转出土地的需求难以比得上转入土地的需求。

据分析，只有当一个地区的非农化比率（即农村生产人口中直接从事农业生产的人口的比率）超过50%，这些已经事实上脱离了农业的农民才会产生潜在的将其土地转出的需求。当这个地区非农化比率超过50%，就意味着直接从事农业生产的人口还要养活与其数量相当的并不从事农业生产的人口。对直接从事农业生产的人口来说，其农业生产中至少有一半并不是满足自己的生存需求，或者说是直接需求，而是通过满足其他人的生存需求而赚钱，这种需求就是派生需求。对于那些并不直接从事农业生产的农村生产人口来说，与其土地闲置而没有任何效益，还不如将土地流转给那些依然从事直接农业生产的人口获得一定的收益。对其拥有土地承包经营权的土地的收益的需求也是引致需求。对于那些依然直接从事农业生产的人口来说，如果通过转让土地可以获得更多的收益，其就会倾向于转入土地。而对于那些非直接从事农业生产的人口来说，其就会倾向于转出土地。当对土地的转入需求与对土地的转出需求大体平衡时，土地流转市场就处于大体平衡的状态。这也就是说，只有当派生需求比率大于1的时候，土地流转才具有了一定的基础。

但是，即使非农化比率超过1，土地流转市场也未必就能够发展起来。因为，这还要受农业经营成本、农业经营收益、非农产业比较效益这三个因素的影响。

（1）农业生产成本的影响

农业生产成本大体上包括土地维护与使用成本、水利建设与使用成本、种子成本、农药成本、肥料成本、农业生产工具购买与使用成本、农业劳动者成本等项目。

由于中国历史上就是小农经济，每户农民的土地面积极为狭小，这首先就缺乏规模经济，表现为土地的单位面积使用成本居高不下。而土地的维护，特别是土地肥力的涵养，在环境被严重破坏的大背景下，成本越来越高。这就导致中国农用土地维护与使用成本不仅居高不下，而且越来越高。

由于农业受自然灾害影响巨大，要想旱涝保收，就必须建设高质量的农业基础设施，而农业基础设施的建设周期长，建设投资高，其投资额度与投资周期，都不是小农经济所能承担的。这种巨额的基础设施成本对于广大农民而言，是难以承担的。

目前，种子、农药、肥料基本上都是通过市场购买来解决，而由于农用物资生产和经销企业在市场上占据强势地位，结果就是种子、农药、肥料等农用物资的价格逐年攀升。农业生产工具的购买与使用成本也是出现逐年攀升的态势。如果农业生产由土地承包人自行完成，人工成本还可以忽略不计，但如果雇佣外来劳动力，则会发现，劳动力价格也是逐年攀升的。因此，即使农民只是耕种自己的土地来满足自己的粮食需求，都面临着生产成本越来越高的现实压力。

如果是转让他人的土地，则还需要向土地的承包人支付土地转入费用（地租）。虽然在理论上讲，地租应该随着收成而调节，但实际上，地租基本上只升不降。因为，对于那些土地闲置的土地承包者来说，即使土地闲置，也不让地租降低。土地闲置虽然没有收益，但至少也没有损失，况且，在中国目前对土地高强度开发的情况下，闲置实际上是对土地的休整，反而对土地的维护有益处。

（2）农业经营收益的影响

如果不考虑成本，农业经营收益则完全由其收入来决定。而农业收入则完全由农业产品价格所决定。

价格实际上受两个重要因素影响，第一是供求关系，第二是市场垄断性。由于中国农民人数众多，这些数量众多的市场供应者来到农产品交易市场，就会发现，他们根本没有任何市场影响力。往往是农产品刚刚过剩一些，价格就暴跌，农民根本卖不出理想的价格，收入难以提高，而农产品如果稀缺一些，虽然价格上涨，但价格上涨的好处完全被农产品流通环节的市场垄断者所攫取，农民本身并不能从价格上涨过程中获得应有的份额。

而且对中国农民更为雪上加霜的是，中国农业生产条件远远不如国外，如果中国农产品市场完全开放，小农经营的中国农业根本竞争不过大农场经营的国外农业。

（3）非农产业比较收益的影响

如果非农产业比较收益高于农业经营收益，农村生产者就会向非农产业转移，这种比较收益越高，转移的力度就越大。自1978年改革开放以来的30年间，中国经济高速增长，吸收了大量的非农劳动力。不过，由于中国劳动人口基数过大，而非农产业机械化水平不断提高，也导致非农产业不可能完全吸收农村的剩余劳动力。进入2010年之后，中国经济进入新常态，经济增长速度明显下滑，外资也纷纷将生产线从中国转移到劳动力成本更低的其他国家，中国非农产业吸收就业的能力明显下降。

综上所述，中国非农化比率难以继续快速下降，而农业生产成本却越来越高，而农产品价格却难以稳步提升，中国农用土地流转的有效需求受到了严重的抑制，导致中国农用土地流转的有效需求不足。

9.2.2.3 中国土地流转信托供求趋势分析

（1）中国土地流转信托需求趋势分析

虽然与传统的土地流转形式（转包、出租、互换、转让、入股等方式）相比，土地流转信托无论在效率还是收益方面都具有较大优势，但是由于目前土地流转信托仍处于试点阶段，所占土地流转比重较小。据河南省人大农村工作委员会2010年统计，河南省农村土地流转面积达965万亩，占家庭承包经营总面积的 10%，其中，以转包形式流转的面积 572.5 万亩，占流转总面积的 59.3%；以出租形式流转的面积 245.3 万亩，占流转总面积的 25.4%；以互换形式流转的面积 47.1 万亩，占流转总面积的 4.9%；以转让形式流转的面积 38.3 万亩，占流转总面积的 3.96%；以股份合作形式流转的面积 21.6 万亩，占总面积的 2.2%；以其他形式（如帮种、寄种等）流转的面积 40.3 万亩，占流转总面积的 4.17%（如图 9.3 所示）。从这些流转方式所占比例来看，土地流转信托所占比重较少，传统的流转方式占主要地位。

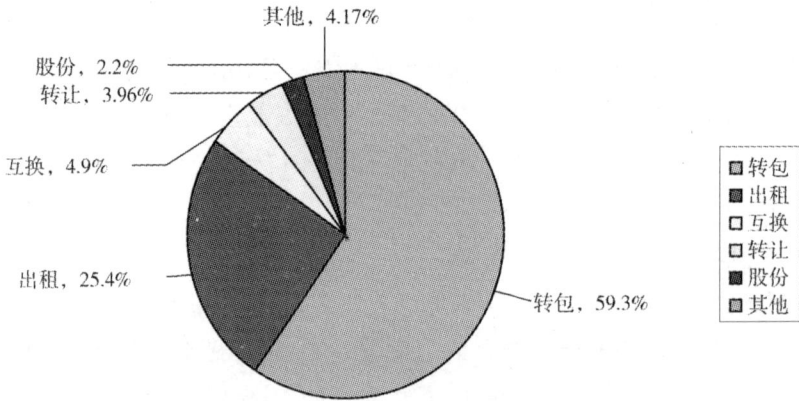

图 9.3 2010 年河南省农村土地流转类型占比

从发展趋势来看，虽然目前我国的土地流转信托产品市场还处在起步阶段，但具有极其广阔的需求空间，具体原因有如下两点：

1）大量土地的闲置造成了土地资源的极大浪费。

我国农村耕地受农村劳动力的大量转移，土地经营收益低等因素的影响，大量的农村耕地被闲置甚至荒废。

2）大量土耕地被占用。

由于社会经济发展，特别是城镇化水平的不断提升，我国农村耕地大量减少，耕地被大量占用。如图 9.4 所示。

从国家的角度来看，需要保护合理耕地面积以维护国家粮食安全。从农民的角度来看，需要提高土地的利用效率和使用价值。这就客观上要求中国必须创建一套行之有效的土地流转制度来解决相关的土地问题，而土地流转

（亿亩）

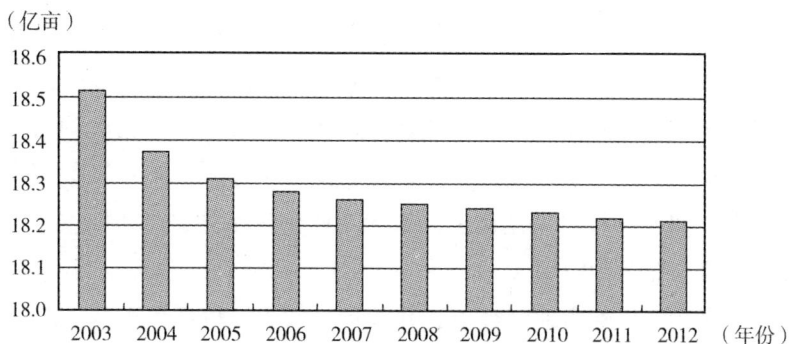

图 9.4　2003～2012 年中国耕地面积变化情况

信托是解决这一问题的最优方式。

（2）中国土地流转信托趋势分析

2013 年 10 月，中信信托公司推出我国第一单土地承包经营权流转信托项目，标志着我国基于农村土地流转的金融创新进入新阶段。2013 年 10 月 10 日，中信信托公司先声夺人，正式推出"中信·农村土地承包经营权集合信托计划 1301 期"，标志着首单土地流转信托的正式实施。北京信托公司紧随其后，于 2013 年 11 月 7 日成立"北京信托·土地流转信托之无锡桃园村项目"。截至 2015 年底，中信信托公司与北京信托公司已分别成立六单与三单信托计划。中粮信托、华宝信托、中航信托、国元信托和上海信托等也都在进行土地流转信托的紧张布局。

而自中信信托公司推出第一单土地流转信托以来，我国土地流转信托发展迅速，数量持续增加，同时土地流转的面积也在逐步增加。截至 2014 年 3 月底，信托公司共推出 10 单土地流转信托计划，其中，中信信托公司 6 单，北京信托公司 4 单，从目前已经成立的土地流转信托公司看，其信托计划主要集中在安徽、山东、江苏、北京、河南、湖北等农业发达地区，土地流转规模已达到 114730 亩。

在运作模式上，信托公司也在不断探索多样化的模式，以实现业务升级和经营模式的优化。如中信信托公司的土地流转信托实现了从"单一土地流转信托"到"综合产业链信托"的升级。在安徽宿州的项目上，中信信托公司最初采取"地方政府＋农业经营企业"的运作方式，而其后续的项目则进行升级，引入农业服务企业，打造从服务、运营、农产品加工、融资等完整的服务产业链模式。北京信托公司的土地流转信托则是将"双合作社"模式逐步升级为"双合作社＋农产品渠道商"的模式。在江苏无锡的项目中，北京信托公司采取的是"双合作社"（土地合作社＋专业合作社）的模式，其后续项目在"双合作社"的基础上，引入农业企业提供农产品加工、销售渠道建设、物流仓储等专业服务。

从目前来看，尽管土地流转信托相关产品较少，但是已有许多信托公司开始紧密的布局，可以预见的是，土地流转信托的发展规模会逐渐扩大，而其运作模式也会不断升级，产品呈现多样化趋势。

10 中国发展土地流转信托产品可行性分析

10.1 土地流转信托产品宏观政策可行性分析

虽然土地流转信托产品在中国依然是新型金融产品，但其具有可行性。宏观政策的可行性，首先来自中央关于土地承包经营权流转的有关政策。

10.1.1 土地承包权流转政策分析

自改革开放以来，党中央、国务院一直重视对农民长期承包土地权利的保护。不过，对土地流转却是经历了一个变化的过程。

10.1.1.1 明令禁止阶段政策分析

从 1978 年改革开放到 1984 年，制度层面并不允许进行土地流转。尽管20 世纪 80 年代初期，地方上出现了一些土地流转现象，但这些流转都是农民自发形成的，没有政策制度依据，因此也都是隐蔽的、非法的，基本上没有公开。

1982 年 12 月 4 日，第五届全国人民代表大会第五次会议通过《中华人民共和国宪法》（1982 版）第十条第四款明确规定：任何组织或者个人不得侵占、买卖、出租或者以其他形式非法转让土地。

10.1.1.2 解禁阶段政策分析

1984 年起，中央在保护农民长期承包土地权利的基础上，开始积极倡导土地要向部分高效农副产品经营行业集中。

1984 年中共中央一号文件规定土地承包期 15 年不变，明确提出鼓励土地使用权向种田能手集中，对转出土地使用权的农户应当给予适当经济补偿。

1988 年 4 月，第七届全国人大常委会对 1982 年的《中华人民共和国宪法》修正案规定：任何组织或者个人不得侵占、买卖或者以其他形式非法转让土地。土地的使用权可以依照法律的规定转让。这一宪法修正案为土地转包从理论走向实践奠定了法律依据。

1993 年的《中共中央、国务院关于当前农业和农村经济发展的若干政策措施》第一条提出在原定的承包期到期后，再延长 30 年不变。在第四条又规定，承包期内土地使用权可以在农民自愿基础上依法、有偿转让。

1995 年 5 月 6 日，国务院批转农业部《关于稳定和完善土地承包关系的意见》重申了将土地承包期再延长 30 年，同时为土地承包经营权规定了可以更加具体的流转方式。这份文件指出，在坚持土地集体所有制的基础上和土地农业用途不改变的前提下，经发包方同意后，允许承包方于承包期间对所承包土地依法进行转包、转让、互换以及入股，法律保护其合法权益，但是严禁将耕地用于其他用途。

1997 年 8 月，中共中央办公厅、国务院办公厅发出《关于进一步稳定和完善农村土地承包关系的通知》，不允许以任何名义收回农户部分承包地，并对承包期内个别农户调整土地承包关系等做出了一系列明确的政策规定。

1998 年，中共十五届三中全会通过的《关于做好农业和农村承包地使用权流转工作若干重大问题的决定》，再次明确提出要坚定不移地贯彻土地承包期再延长 30 年的政策，同时要抓紧制定确保农村土地承包关系长期稳定的法律法规，赋予农民长期而有保障的土地使用权。中共十五届三中全会重申，土地使用权的合理流转要坚持自愿、有偿的原则，不得以任何理由强制农户转让。

2001 年中央十八号文件《中共中央关于做好农户承包地使用权流转工作的通知》除了进一步强调"农户承包地使用权流转要在长期稳定家庭承包经营制度的前提下进行"和"农户承包地使用权流转必须坚持依法、自愿、有偿的原则"外，还对农民土地使用权的流转做出了更具体的规定，如为稳定农业、稳定农村，不提倡工商企业长时间、大面积租赁和经营农户承包地，农地流转应当主要在农户间进行等。

2002 年 5 月 28 日，农业部关于贯彻落实《中共中央关于做好农户承包地使用权流转工作的通知》，文件中强调做好土地使用权流转工作对于保障农民权益，促进农业和农村经济发展，保持农村社会稳定具有重大意义。

10.1.1.3　规范化阶段政策分析

2003 年 11 月 14 日，农业部令第 33 号签署《中华人民共和国农村土地承包经营权证管理办法》，旨在稳定和完善农村土地承包关系，维护承包方依法取得的土地承包经营权，加强农村土地承包经营权证管理。

2005 ~ 2009 年，中央再一次连续五年以"一号文件"的形式发布了有关"三农"问题政策的意见。其中，有关土地相关政策方面的规定指出，加快土地征用制度改革，严格遵守对非农占地的审批权限和审批程序；严格执行土地利用总体规划；严格区分公益性用地和经营性用地，明确界定政府土地征用权和征用范围。完善土地征用程序和补偿机制，提高补偿标准，改进分配办法，妥善安置失地农民，提供社会保障；积极探索集体非农建设用地进入市场的途径和办法。

2008 年，中共十七届三中全会在《中共中央关于推进农村改革发展若干重大问题的决定》中提出，要赋予农民更加充分而有保障的土地承包经营权，现有土地承包关系要保持稳定并长久不变。文件提到，按照依法自愿有偿原则，允许农民以转包、出租、互换、转让、股份合作等形式流转土地承包经营权，发展多种形式的适度规模经营。有条件的地方可以发展专业大户、家庭农场、农民专业合作社等规模经营主体。土地承包经营权流转，不得改变土地集体所有性质，不得改变土地用途，不得损害农民土地承包权益。在土地利用规划确定的城镇建设用地范围外，经批准占用农村集体土地建设非公益性项目，允许农民依法通过多种方式参与开发经营并保障农民合法权益。

2004 ~ 2014 年，中央连续 11 年以"一号文件"的形式发布了有关"三农"问题政策的意见。其中，有关土地相关政策方面的规定指出，加快土地征用制度改革，严格遵守对非农占地的审批权限和审批程序，严格执行土地利用总体规划；严格区分公益性用地和经营性用地，明确界定政府土地征用权和征用范围。完善土地征用程序和补偿机制，提高补偿标准，改进分配办法，妥善安置失地农民，提供社会保障；积极探索集体非农建设用地进入市场的途径和办法；鼓励和支持承包土地向专业大户、家庭农场、农民合作社流转；探索建立严格的工商企业租赁农户承包耕地（林地、草原）准入和监管制度强化农业支持保护制度；建立农业可持续发展长效机制；深化农村土地制度改革；构建新型农业经营体系；加快农村金融制度创新。

10.1.2　土地承包经营权流转立法分析

2002 年 8 月，第九届全国人大常委会第二十九次会议通过了《中华人民共和国农村土地承包法》（以下简称《承包法》），进一步赋予了农户长期而稳定的土地承包经营权，为土地承包经营权市场化流转提供了法律环境。《承包法》第三十二条规定"通过家庭承包取得的土地承包经营权，可以依法采取转包、出租、互换、转让或其他方式流转"。土地承包经营权受法律保护，这是《承包法》中的关键内容之一。

2005 年 1 月 7 日，经农业部第 2 次常务会议审议通过的《农村土地承包经营权流转管理办法》（以下简称《办法》），于 2005 年 3 月 1 日起实施。该《办法》针对农村土地承包经营权流转中存在的问题，诸如土地流转行为不规范、少数流转后的耕地缺乏保护或存在被非法侵害等现象，对流转方式、流转合同的签订以及土地流转管理做出详细、明确的规定。《办法》指出，承包方依法取得的农村土地承包经营权可以采取转包、出租、互换、转让或者其他符合有关法律和国家政策规定的方式流转。《办法》根据《承包法》及有关规定制定，但它比《承包法》更具体、更详细。

2007 年 3 月 16 日，中国第一部物权法——《中华人民共和国物权法》颁布，自 2007 年 10 月 1 日起施行。该法案在第三章中把土地承包经营权明确定性为用益物权，对该权利的取得和内容也做出了明确规定，从而解决了长期以来由于《中华人民共和国物权法》的缺失而造成的对其性质是物权还是债权的争论，为农地使用关系的物权化提供了法律基础，使农户对农地的使用权由债权变成了物权，可以消除和减少侵害农户合法权益的违法行为，保护和扩大农户的经营自主权。

10.1.3　国家宏观政策对土地流转信托产品影响分析

国家出台的一系列政策法规对于土地承包经营权的流转提供了强大的政

策支持和法律保障，在流转的过程中重视对土地资源尤其是耕地的保护。这种自上而下的变革，使土地流转制度实施的阻力小，实施成本低。

（1）国家宏观政策有利于实现土地流转有序化

从总体上看，目前我国农民对土地仍然有着深深的依赖，土地仍然是绝大多数农民的衣食之源，生存之本。但是，由于农村经济发展的程度不同，农民对土地的依赖不仅呈现出地域性差异，而且在农村各阶层之间，这种对土地依赖程度的差异也非常显著。因为，在传统的农业社会中，土地的经济价值是农民对土地的主要依赖价值。如果农民收入来源不再依靠土地，那么他们对土地的依赖程度就必然会慢慢降低。

同时，从土地流转政策制定的角度来看，在目前我国农村经济尚不发达，国家还没有能力为所有农民提供完全的社会保障服务的时候，对农村的土地流转一定要根据农村各阶层对土地的依赖程度的不同而有序、合理地进行，绝不能盲目地进行土地流转，刮"土地流转风"。

通过出台一系列保障农民权益的政策有助于加速推动对土地依赖程度较弱阶层的土地流转，提高土地流转的有效性。农民既有追求土地经济效益最大化的理性，又有着对土地深深眷恋的情感。处在这种矛盾中的他们必然不愿意完全放弃土地经营权，甚至于自己不耕种也不愿将土地转出。这种行为逻辑会带来两个严重后果：①大大降低农村土地流转的速度。②大大降低土地的经营效益。"想种的人没地种，不想种地的人有地荒芜"之类的不正常现象在我国农村地区大量存在。因此，政府通过政策引导，帮助他们从矛盾的心态中解脱出来，从土地中彻底地解放出来。

通过国家出台一系列政策帮助对土地依赖程度较弱的阶层树立现代的土地价值观念，正确认识土地的现代价值以及对于自身的价值；并且通过国家宏观政策对农村社会保障体系的完善，扩大覆盖面、提高保障水平，充分发挥社会保障体系的生活保障功能，解除人们离开土地的后顾之忧。通过国家政策的宏观调控，从法律上保护农民的合法权益，避免农民在土地流转过程中因知识文化水平有限而遭受损失，保证土地流转的有序进行。

（2）国家宏观政策有利于实现土地流转的规范化

土地是农村各种利益关系的集合体，土地流转实质上是农村各阶层的利益再分配，是农村利益关系的再定位。因此，从政策的层面来看，应该区分不同阶层的土地流转意愿，进一步规范农村土地流转行为，才能提高农户土地流转意愿，加速农村土地流转。

在农村土地流转的过程中，已经出现了一些不规范的土地流转行为。例如，有的以行政命令强迫农民流转土地，大面积转出给企业经营，影响农民的正常生产和生活；有的借土地流转之名，随意改变土地的用途；有些地方甚至出现乡村组织和村级管理者联合起来打土地和农民的主意，侵犯一般农户的正当利益。可以说，这些不规范的土地流转行为有着随意性、强制性和行政性的特点，这些行为已经严重侵犯了一般农户合法的土地流转权益，沉重地打击了一般农户土地流转的积极性。这种情况在国家宏观政策的调控和法律法规的完善下才能得到根本解决，保证土地流转规范进行。

(3) 国家宏观政策有利于加速实现土地流转的制度化

国家出台一系列政策建立完善农村社会保障制度。社会保障体系是对农民基本生活和生存需求的基本保证，可以为农民解除土地流转后的生存顾虑，从而优化土地流转过程。具体来说，首先，要建立农村最低生活保障制度。农村最低生活保障制度，是对收入难以维持最基本生活的农村弱势群体的社会救济，可以避免一部分农村弱势群体陷入生活的绝境。其次，要加快农村养老保险制度建设。土地的传统意义之一是农民老有所依。目前，很大一部分农民坚守自己的土地，不愿进行土地流转就是怕失去养老的依靠。农村养老保险制度是土地养老功能的替代物，可以有效化解农民"老无所养"的顾虑，促进土地流转。最后，要健全农村合作医疗保险制度。农村合作医疗制度是使农民"病有所医"的重大举措，将土地从作为人们"生病"的主要依托中解放出来，释放出土地流转的动能。自农村合作医疗保险制度建立以来，收效很不错。但是目前也还存在一些问题，比如覆盖率依然不高、保障水平不高、报销的比例较低、报销的门槛比较高等，这些都严重影响了农村合作医疗保险制度功能的发挥，健全农村合作医疗保险制度势在必行。

加速实现土地流转的制度化，农村社会保障制度的建立和完善是其中最为关键的一环。而农村社会保障制度的建立和完善则需要政府的政策支持。

(4) 土地流转政策明确了农民流转土地的主体地位，肯定了农民的收益权

《中共中央关于推进农村改革发展若干重大问题的决定》提出，要按照

依法自愿有偿原则，允许农民以转包、出租、互换、转让、股份合作等形式流转土地承包经营权，发展多种形式的适度规模经营，且农民的土地承包经营权长久不变。这些条款意味着农民在土地流转中的主体地位以及收益权真正被政策确认，农民可以获取流转权收益。基于长久稳定的土地承包经营权，通过土地流转，农民不但能持续得到土地流转的收益，满足基本保障需要，还有可能获得其他工资性收入、经营性收入、分红收入等。

（5）土地流转政策的推行有利于优化农业资源配置

土地流转政策的推行有利于实现规模经营，从农业内部推动就业非农化。土地承包经营权的流转可以使得土地生产要素向能发挥其最大经济效益的生产者手中流动，从而优化农业资源的配置，进一步提高我国农业的劳动生产率，从农业内部推动就业非农业化。将土地集中起来的农民逐步采用先进科技和生产手段，增加技术、资本等生产要素投入，形成农业生产专业户。而将土地流转出去的农民中，将有一部分转向农业产业链的其他环节，如农产品收购、储运、加工、销售等。一些龙头企业、产业化经营组织将发展壮大。专业化分工将提高农业效益和农民收益，实现农民在农业产业链中的非农就业。

（6）土地流转政策的推行将开启城乡一体化的新路径

加速土地流转改革能够进一步激活农业剩余劳动力的转移，推动城乡建设的一体化。一方面，通过适当的集中与合理的土地置换，可以避免农村居民点过于分散的住房方式所造成的土地浪费，推进新农村建设并化解耕地红线失守的尴尬；另一方面，"宅基地换住房，承包地换社保"，有利于提高农民非农转移的稳定性，从而有利于弱化城乡二元体制，推进城乡一体化进程。深化土地流转改革必将为"城乡经济社会发展一体化"战略的实现提供新的契机。

10.2　土地流转信托产品监管可行性分析

土地流转信托必然要置于国家相关机构的监管之下。中国信托监管机构已经初步具备了对土地流转信托产品进行监管的条件。

土地流转信托的本质是在土地所有权和收益权分离的基础上,实现土地流转。土地流转信托作为一种农村金融的创新模式,其存在和运营发展的背景和基础是基于国家的金融市场的,所以对土地流转信托的监管总体上还是来自于对金融市场的监督管理。

10.2.1　我国金融监管模式发展历程回顾

在 20 世纪 80 年代中期到 90 年代初期,中国对金融业的监管统一由中国人民银行负责。但随着金融机构种类多样化和金融业务品种的快速发展,在分业经营格局基本形成之后,1998 年,中国对金融监管体制进行了重大改革,将证券机构和保险公司的监管权移交给中国证券监督委员会(简称中国证监会)和中国保险监督委员会(简称中国保监会),形成了中国人民银行、中国证监会、中国保监会分别对银行业、证券业和保险业进行监管的"多头"监管模式,在这种监管模式下,三家机构在国务院的领导下,监督职能分工明确。

随着改革开放的深入和金融业的快速发展,这种模式不能适应新的发展需求。因此,国务院成立了银监会统一监督管理银行、金融资产管理公司、信托投资公司以及其他存款类金融机构。由此,我国形成了以"一行三会"为基本格局的金融监管体系。

10.2.2　中国金融监管环境分析

从《中华人民共和国银行管理暂行条例》(1986)、《金融机构管理规定》(1994)和《商业银行法》(1995)的内容看,我国金融监管目标具有多重性和综合性。金融监管既要保障国家货币政策和宏观调控措施的有效实施,又要防范和化解金融风险,保护存款人利益,保障平等竞争和金融机构合法权益,维护金融体系的安全。实际上是将金融监管目标和货币政策目标同等看待,强化了货币政策目标,弱化了金融监管目标,从而制约了金融监管的功效。从金融监管的方式来看,我国的金融监管主要是外部监管的金融监管机制。从金融监管手段开始,我国金融监管实行自上而下的行政管理制度,金融监管以计划、行政命令和适当的经济处罚方式进行。

10.2.3　中国信托公司监管要求分析

2006 年 12 月 28 日，经第 55 次主席会议通过的银监会令 2007 年第 2 号《信托公司管理办法》自 2007 年 3 月 1 日起施行。

在该管理办法中规定信托公司应当建立以股东（大）会、董事会、监事会、高级管理层等为主体的组织架构，明确各自的职责划分，保证相互之间独立运行、有效制衡，形成科学、高效的决策、激励与约束机制。第四十四条信托公司应当按照职责分离的原则设立相应的工作岗位，保证公司对风险能够进行事前防范、事中控制、事后监督和纠正，形成健全的内部约束机制和监督机制。应当按照国家有关规定建立、健全本公司的财务会计制度，真实记录并全面反映其业务活动和财务状况。公司年度财务会计报表应当经具有良好资质的中介机构审计。银监会对信托公司实行净资本管理。具体办法由银监会另行制定。信托公司每年应当从税后利润中提取 5% 作为信托赔偿准备金，但该赔偿准备金累计总额达到公司注册资本的 20% 时，可不再提取。赔偿准备金应存放于经营稳健、具有一定实力的境内商业银行，或者用于购买国债等低风险高流动性证券品种。信托公司已经或者可能发生信用危机，严重影响受益人合法权益的，银监会可以依法对该信托公司实行接管或者督促机构重组等。该管理条例规定了对信托公司的监管措施以及处罚条例等，为银监会监督管理信托公司提供了标准和方法。

10.2.4　中国土地流转信托产品相关监管法律分析

在土地流转的信托行为中，可能涉及的法律规定包括农用地承包经营权、农村宅基地使用权、集体建设用地使用权等。相关的法律法规包括《中华人民共和国农村土地承包法》、《中华人民共和国信托法》及《中华人民共和国合同法》等。其中根据《中华人民共和国农村土地承包法》（以下简称《承包法》）第三十四条规定：土地承包经营权流转的主体是承包方。承包方有权依法自主决定土地承包经营权是否流转和流转的方式。即农户可以独立委托人（农户）的身份与受托人订约，也可以决定不加入信托计划。《承包法》

第五十七条规定：任何组织和个人强迫承包方进行土地承包经营权流转的，该流转无效。在实践过程中，对于不愿意加入某个信托计划的农户，也可以采取承包经营权置换的方式来解决"成片开发"和部分农户自主权之间的矛盾。这本身符合法律规定。否则，采取强迫方式，包括政府采用行政干预的方式，从《中华人民共和国信托法》和《中华人民共和国合同法》的角度来看，均属于强迫交易，信托合同自始无效。

这些法律法规的制定和实施，都为土地流转信托产品的发展和运营提供了较为稳定和规范的环境。

10.3 土地流转信托产品市场可行性分析

10.3.1 中国土地流转背景分析

土地流转是中国农村经济发展的必然产物。中国土地流转源于以下两大背景：

（1）农村土地闲置问题突出

我国农村剩余劳动力转移呈现逐年扩大的趋势。以河南省为例，据河南省人力资源和社会保障厅统计数据表明，截至 2010 年底，河南省农村劳动力转移就业总量达到 2363 万人，比 2009 年新增 105 万人，全年实现劳务收入达到了 1980 亿元，人均年劳务收入达到了 8380 元，相比 2009 年增长了 873 元，增幅率达 11.63%，居全国第一位。从河南省的劳动力转移变化上来看，大量劳动力转移是造成土地大量闲置的直接原因，但是由于农业经营利润低，农村人均种植面积校小，农民对土地意识认识不足等原因，造成土地闲置。土地闲置比较严重的主要地区有河南、四川等地。农村土地的大量闲置，推动了土地流转的加速和发展。

（2）农村家庭联产承包责任制不足显现

农村家庭联产承包责任是中国现行的农村经济制度，在改革开放后，家庭联产承包责任，解放了农村生产力，调动了广大农民的种粮积极性，粮食产量大幅度得到了提高。但是随着市场经济的不断发展，大量制造业吸收了大量农业劳动人口，农村土地开始进行了流转模式，现行的土地家庭承包制度出现的弊端逐渐显现，主要表现在以下三个方面：

1）农村土地产权不明确。

我国《土地管理法》规定，农村土地属于集体所有，政社合一的体制废除后，不论是在法律规定上还是在实际生活中，农村农民集体经济组织事实上不存在，规定的土地是农民集体所有，但实际上是无人所有。乡（镇）政府作为基层国家行政机关，在法律上不能成为集体土地的所有者。但是由于土地无人所有弊端，在实际管理中，基层政府不仅对土地拥有管理职能，而且也具有土地的所有权，集体土地事实上成了国有土地，政府利用政策手段，控制着土地的经营、处分等权利。

2）农民人均耕地面积规模小。

家庭承包责任制以来，农民把土地实行分户经营，全年粮食种植面积11057万公顷，平均下来人口可用耕地较少，而且中国各地区地理位置和区域不同，有些地方人均耕地面积更少，由于耕地面积狭小，农民对土地的生产投入成本相对较少，使生产效率低下，不利于农业生产规模的扩大，制约着农业规模化经营。

3）农户种粮收益越来越低。

由于粮食统购统销的取消，农民以户为单位分散经营，异地销售的成本较高，大多种粮户把粮食卖给当地粮贩或者粮食加工企业，粮食的收购价格由粮贩或者粮食加工企业来控制，往往他们指定的收购价格很低，除去种粮所需的化肥、农药和人力的资本投入外，以户为单位的农业收入所剩无几，有些年份还出现过负收入，极大地影响着农民的种粮积极性。

10.3.2　现阶段各种土地流转方式对比分析

从表10.1可以看出，中国现行的传统土地流转形式主要有转包、出租、互换、转让和入股这五种形式。这些传统土地流转方式虽然能在一定程度上促进农业生产规模经营，但运用范围窄，只能限于同一集体经济组织内部。与这些传统土地流转方式相比，农村土地流转信托方式具有适用范围广泛，更加专业化等特色。相比传统的土地流转形式而言，土地流转信托模式，在土地承包经营权入股基础上，将公司化的运作模式引入土地流转中，并依靠强有力的市场竞争机制进行运营和管理，一方面能够提高农户的土地收入，即股息和分红，另一方面有助于加强地方招商引资的力度，进一步拓展地方经济的发展。

表10.1　不同土地流转方式对比

流转方式	流转主体	利益归属	流转价格	行为方式	流转效果	流转程序	流转范围
信托	土地承包经营者、信托投资公司	土地承包经营者指定的受益人	土地承包经营者向信托投资公司支付报酬，该报酬一般在土地流转信托收益中扣除	信托投资公司依据双方协议管理土地承包权	土地承包经营权保持不变	无须发包方同意，但需要报发包方备案	范围广
转包	同一集体经济组织内部土地承包经营者	受转包人	受转包人向土地承包权人支付转包费	受转包人依据双方协议管理土地承包权	土地承包经营权保持不变	无须发包方同意，但需要报发包方备案	范围窄，仅适用于同一集体经济组织内部
出租	土地承包经营者、农业生产经营者	承租人	承租人向土地承包权人支付租金	承租人依据双方协议管理土地承包权	土地承包经营权保持不变	无须发包方同意，但需要报发包方备案	范围较广
互换	同一集体经济组织内部土地承包经营者	互换后的土地承包经营者	获益方需要不给对方交换差价	双方互换土地承包经营权	丧失了原来的土地承包经营权，获得了新的土地承包经营权	须经发包方同意，并变更原土地经营承包合同	范围窄，仅适用于同一集体经济组织内部

续表

流转方式	流转主体	利益归属	流转价格	行为方式	流转效果	流转程序	流转范围
转让	土地承包经营者、其他土地受让方	受让方	受让方向转让方支付转让费	土地承包权人将土地承包经营权转让给受让方	转让方丧失土地承包经营权,受让方获得土地承包经营权	须经发包方同意,并变更原土地经营承包合同	受让方也必须是具有土地承包权的农民
入股	土地承包经营者、土地股份合作社	土地承包经营者按股份收取分红	土地股份合作社按股份向股东分红	承包方以土地承包经营权折价入股,成立土地股份合作社	土地承包经营权方式转变	须经发包方同意,并向发包方备案	股东只限于同一集体经济组织内部的农民

10.3.3　土地流转信托优势分析

综合分析,土地流转信托具有如下六个方面的优势:

（1）土地流转信托促进土地确权颁证的顺利进行,助力家庭农场建设

土地权属信息的准确是保证土地资源高效利用的前提和基础。2013年中央一号文件首提发展"家庭农场","鼓励和支持承包土地向专业大户、家庭农场、农民合作社流转。用5年时间基本完成农村土地承包经营权确权登记颁证工作,妥善解决长期存在的农户承包地块面积不准、四至不清等问题"。然而,经过多轮土地承包经营权的变化更迭,目前不少承包经营权属混乱。由于农村土地承包经营权确权登记涉及面广、工作量非常大负担较重,是否如期完成将影响新型城镇化战略的顺利实施。土地流转信托借助信托这一现代金融工具,有效地缓解了土地确权的成本负担和资金"瓶颈",同时,信托方式能有效化解土地确权过程中的矛盾纠纷,整合兼容多方利益形成内生动力,促进土地确权与有序流转,对于促进家庭农场建设具有重要意义。

（2）土地流转信托推动土地流转规范化，是农村生产关系长久不变的有效形式

长期稳定农村土地承包关系，既是发展农业生产力的客观要求，也是稳定农村社会的一项根本性的措施。2013 年中央一号文件提出，积极探索保持农村土地承包关系稳定并长久不变的具体实现形式。由于目前土地流转的市场体系尚未建立，流转渠道不畅、秩序不好；口头协商现象普遍，流转合同缺乏规范性，对双方权利义务及违约责任等缺乏明确规定，出现纠纷难以解决；代表方多是村委会或村合作社，而有经营权的农民则没有书面委托，不符合法律规定。农村土地流转信托，是在地方政府主导下设立信托机构，接受农民委托，通过规范的程序，将土地经营权按照一定期限依法、自愿、有偿转让给其他公民或法人从事农业开发经营活动。信托是长期融资的有力工作，有利于农村经营的长期化，具有其他金融手段难以比拟的优势，化解农村改革发展的矛盾，对于促进土地有序流转、完善农村经营体制具有重要意义。

（3）土地流转信托促进农村劳动力有序流动，加速新型城镇化进程

通过土地流转信托，农民真正能够直接参与到农村的城镇化建设中，使农民摆脱了土地按时令种地的束缚。在实现土地适度规模化运作的同时，又使农民在向第二、第三产业转化的过程中摆脱了小块土地的钳制，从而安心离开土地去创业、务工，打开更多的增收渠道。通过收取土地租金，在保证土地收入不减的同时，通过外出务工或自行创业增加了收入。总之，加快推进土地流转工作，进一步激活了农村剩余劳动力的转移，为实现农业规模化、集约化和高效化经营提供了更为广阔的发展空间，有力地推进了新型城镇化进程。

（4）土地流转信托变革农业生产方式，促进中国现代农业崛起

土地是农民谋生的主要手段，也是农民进行投资、积累财富及代际转移财富的主要途径。传统的小农经济生产方式，土地分散、各自为战，缺乏规模化、集约化，效率低下、效益不高，只能解决温饱问题，很难使农民致富。农业生产受资源要素的约束较为突出，例如，土地资源约束、水资源约束、劳动力资源约束等。而土地是最重要的农业生产要素，对于其他农业资源要素的流动与整合具有引领和导向作用。土地流转信托发挥资本和金融的力量，

促进土地流转与规模化经营，促进农业资源的集聚整合与质量优化。例如，农户施肥通常被视为是一种长期投资行为，土地使用权的不稳定将导致土壤肥力的减弱和土地资源的掠夺性开发。通过土地流转信托可以形成稳定的、规模化的土地使用权，有助于持续开展农业综合开发，加大土地投入，改良土地资源。实行土地流转信托和规模经营，有助于将先进的农业技术引入农业生产，促进了农业科技与农业经济的融合，在农作物育种、畜禽良种培育、农产品加工技术等领域取得进展。

（5）土地流转信托完善农村社保体系，促进社会主义新农村和谐稳定

土地是农民最重要的财产，也是最基本的生活保障。在农村，把土地作为生活最后的保障的观念十分普遍。由于农民工外出务工受到年龄和体力的制约，城市就业的风险性和不稳定性使得他们大部分选择保留土地的承包经营权。在土地流转信托制度下，农民将土地承包经营权作为信托财产，移转给土地流转信托机构，由该机构经营治理或承包给他人经营。土地流转信托制度大大提高了农业经营规模，从而按照新农村建设和现代农业建设的要求，使农业、农村基础设施进行新一轮的科学规划建设成为可能。随着土地流转信托的推进，农业生产将实现规模化、产业化经营，农民能够直接获取土地流转信托的收益，剩余收益为农村公共服务体系建设，改善农村文教卫体、社会保障等公共服务。可用"财产收益信托"的有效形式，将土地流转与社会保障挂钩起来，在农村社会保障由国家政府保基本的基础上，用土地流转信托的一部分收益提高保障水平，化解农村改革阻力，较好地维护农村的改革发展与稳定。

（6）土地流转信托开创农民增收的新路径，使新农村致富梦梦想成真

通过土地流转信托，农民得到的实惠有三个方面：①可以获得土地租金和分红收益。②国家各种惠农补贴仍归农户所有。③打工收入。土地流转、规模化经营，产量上去了，质量也有保证，价格也高了。城乡差距扩大，一个重要原因是农民没有或者拥有很少的财产性收入，土地流转信托使农民不仅拥有打工收入，还拥有土地的租金、分红、增值的收益，并且保留国家的各项惠农补贴，拓展了农民的增收渠道和选择空间，为农民的发家致富创造了良好条件。

10.3.4 土地流转信托优势分析

在农村土地流转中引入信托制度，利用信托制度的财产隔离、财产保护和财产管理功能加快农村土地流转和利用，可以一方面通过分离产权和初始分配来实现公平，另一方面让这项产权充分市场化，实现公平与效率有机结合。

土地流转信托相对于其他农地流转方式的优势，源于如下三个方面的原因：

（1）信托对现有农地制度的保障性

农村土地流转信托是以农村土地使用权（包括农用地的土地承包经营权、集体建设用地使用权以及宅基地使用权）为信托财产，在坚持农村土地集体所有权和承包权不变的前提下，为了取得更大的土地收益，更加有效、充分地利用土地资源，受托人以实现土地收益最大化为宗旨，以自己的名义对土地经营权进行管理或处分的信托行为。农村土地流转信托化管理在现行法律框架内、在保持土地性质不变的前提下，通过信托方式将分散于农民手中的农村土地使用权集中于信托平台之上，通过捋清法律关系、明确并充分保护农民的权益，发挥信托的内在制度优势和信托公司的综合金融优势，促进农村土地作为生产要素进行有效流转，实现农村土地的规模化、集约化、资本化运营，提高土地经营效力和内涵价值，同时将农民的财产权——农村土地使用权进行金融化和资本化改造，实现拓宽农业和农民融资渠道、保障以农民为主体的"人的城镇化"以及持续增加农民收入等一系列目标。在土地流转信托安排下，农村土地资源被有效盘活，作为生产要素进入市场并获得市场化收益。

（2）信托对各种生产要素的聚集性

土地流转信托能够通过推动农村资源资本化，将资金、技术以及优秀劳动力等生产要素投入农村的生产活动中，从而使土地得以发挥最大效益，实现土地资源的有效利用。根据信托理念实现农村土地流转信托化管理，由信托公司提供覆盖土地流通过程中的全链条、全方位的金融服务，能够切实、可行地实现土地所有权、使用权和收益权的相互分离，做到权属清晰、权责明确，推动土地资源合理再配置，促进土地的集约化和现代化经营，提高土地的生产能力和内在价值，使农民切实分享到土地增值所带来的收益。

(3) 信托对各种融资工作的整合性

通过信托平台整合多种融资工具，搭建农业产业与金融市场连通的平台，为土地制度创新开辟了一条新的服务渠道。在土地制度创新中，信托能够搭建商业运作平台，重构和优化投资的增信机制，募集多元资金反哺农村发展。运用信托模式设计解决农村资金来源和资金运用的综合方案，有效引导资金流向农村和欠发达地区，能够将大量闲散资金转化为高效资本，发挥在金融资产管理、资金筹集和运用方面的独特作用，服务"三农"缓解农村和农业资金短缺，有效解决经济发展过程中的问题和矛盾。信托通过对农村现有资源的资本化运作，实现资金技术及劳动力的有序投入，通过主动管理或中介安排，将具有生产管理职能的生产要素投入农村的生产活动中，有利于土地生产效率的提高，有利于实现合理、持久均衡的农村致富格局。

10.3.5 土地流转信托试点效果分析

在2001年，中国浙江省绍兴县首次尝试土地流转信托产品以来，其他一些省份的农村也纷纷进行了土地流转信托试点。在安徽、湖南和江苏等地区取得比较明显的效果，试点比较好的地方，土地大部分集中在种田能手和资金比较充足的人员手里，土地集中经营管理，使土地发挥最佳效益，达到了农户、村集体和经营者"三赢"的目的。

此外，中信信托公司、北京信托公司也开发了各具特色的土地流转信托产品，这些产品基本上取得了一些初步的效果。

在运作模式上，信托公司也在不断探索多样化的模式，以实现业务升级和经营模式的优化。如中信信托公司的土地流转信托实现了从"单一土地流转信托"到"综合产业链信托"的升级。在安徽宿州的项目上，中信信托公司最初采取"地方政府＋农业经营企业"的运作方式。而其后续的项目则进行升级，引入农业服务企业，打造从服务、运营、农产品加工、融资等完整的服务产业链模式。北京信托公司的土地流转信托则是将"双合作社"模式逐步升级为"双合作社＋农产品渠道商"的模式。在江苏无锡的项目中，北京信托公司采取的是"双合作社"（土地合作社＋专业合作社）的模式，其后续项目在"双合作社"的基础上，引入农业企业提供农产品加工、销售渠道建设、物流仓储等专业服务。

农村自发尝试的土地流转信托产品和专业信托投资公司开发的土地流转信托产品都已经取得了初步的成功，这更在实践上表明，作为一种新型的土地流转模式，土地流转信托产品具有市场的可行性。

11　土地流转信任产品市场推广与营销方案设计

11.1　土地流转信托产品推广方案设计

作为一种新型信托产品，土地流转信托产品市场推广和营销都面临着巨大的挑战。对于新产品，在市场推广之前，需要进行产品测试。

11.1.1　土地流转信托产品测试方案设计

如果没有一个稳定且适用范围广的系统给予支持，信托产品创新只能说是纸上谈兵。实际上一个新的系统的推出需要经过成百上千次的测试，才能保证其在实际应用中的稳定性、可用性、灵活性。

11.1.1.1　土地流转信托测试机构选择方案设计

产品测试是为了保证产品的质量，而专业的测试是提升产品质量的重要手段，也是信托业防范风险的重要途径。承担测试角色的人员，可以选用第三方专业化的测试团队，在经济与管理上独立于开发机构，充分发挥自己的测试角色。不但可以在测试过程中利用多种测试方法如静态测试、动态测试、功能测试、性能测试、压力测试、容错测试等，保证产品的质量；还可以从产品使用者的角度验证产品是否满足需求；同时对产品设计提出的优化与建议反馈至开发部门，在开发部门再次设计与修改后，再对产品做出功能性验证。在这种循环模式下，开发人员与第三方测试机构既是相互补充也是相互制约的，这种彼此制衡的关系不但有利于产品的稳定，还可以提升产品的质量甚至提升客户的满意度，让信托行业的创新与稳定都得以保证。所以测试的角色应该由第三方独立机构扮演，利用他们资源上、专业上、技能上等方面的优势，设计出更多精细化并且符合业务场景的测试案例，并及时将测试情况反馈至开发部门进行维护与调整，以此保证金融产品的质量、稳定性和灵活性。

独立的第三方测试机构应该是由专门的测试队伍构成，其目标就是为了在投产前发现产品缺陷来进一步提高产品的质量。早期开发人员在设计产品的同时会兼顾测试的角色，他们不单是程序编码人员，还是程序检测人员、程序维护人员等，这种多重身份不仅会给程序员增加工作负担，还会使他们的目标变得矛盾而不可协调。作为开发人员总是希望自己的产品是优良的、无缺陷的、能够满足用户需求的，但作为程序检测人员总是希望自己能发现更多的缺陷，产品的设计过程是有漏洞的。如果程序员既承担开发的角色又承担测试的角色，则其目标难以统一并且不协调，既希望自己的产品是完美的又希望测试过程能发现更多的缺陷，最终的结果难免会出现偏差，工作目标变得矛盾而不统一。所以，研发人员开发出的信托产品，不应该由自己负责测试工作，而是应该由专门的测试人员测试，这样测试的目标不再是矛盾而不可协调的，而是希望在测试的过程中暴露出产品更多的缺陷与漏洞。

11.1.1.2　土地流转信托产品测试方案设计

做好土地流转信托产品测试，土地流转信托产品开发企业需要做好如下三项工作：

（1）测试内容选择方案设计

信托产品的使用用户分类繁多，比如按资产规模、受教育程度、风险偏好程度分类等，不同类型的客户对产品的需求是不统一的。比如风险偏好高的客户会偏向于风险高的信托产品，而风险偏好低的客户会偏向于风险低的信托产品。测试由独立的第三方机构测试，测试人员的重点就放在测试工作上，从客户的角度出发去验证产品是否符合自己的要求，从柜员的角度出发验证产品设计流程是否合理。而测试员作为产品最直接的体验者，在测试的同时体验产品的功能，再将体验结果反馈至开发人员，比如产品界面展现是否合理、用户操作是否方便等。

（2）测试要求选择方案设计

测试参与人员角色的多样化意味着测试人员在测试过程中应该做到测试与业务融合。最初开发人员担任测试人员，其专业背景比较单一，可能局限在计算机专业，导致对产品的业务背景与设计原理了解不是很透彻。而如今参与测试的人员专业背景越来越多样化，包括金融相关专业、计算机相关专业、会计相关专业等。在测试的过程中，由这些具有多样化专业背景的测试人员测试，可以拓宽思路，设计出更多有实际意义的测试案例，测试案例也可以更加贴近真实的业务运用。

（3）测试方法选择方案设计

在产品设计成功后，测试人员应该尽早介入测试工作，了解项目的需求说明书。测试方法可以简单地分为静态测试、动态测试，而静态测试贯穿在整个测试过程中。在项目启动前期，测试人员应该认真审查项目的文档资料，其中包括软件需求说明书等，在分析文档的过程中，应当注意文档设计思路是否正确、是否有遗漏的地方，而测试员还可以在这个过程中提前学习项目的流程，包括项目中新加功能、删除功能、修改功能，这些都是在测试中需要特别注意的地方。动态测试，是静态测试的补充，在测试过程中发挥极其重要的角色，指的是通过运行软件程序来验证产品的质量。在动态测试过程中，独立的测试人员可以发挥自己的想象设计多样化的测试案例，测试中可以用等价类划分法、边界值分析法、错误猜测法等去验证产品设计的正确性。

11.1.2　土地流转信托产品推广方案设计

11.1.2.1　土地流转信托产品推广组织架构设计

土地流转信托产品推广组织架构设计包括如下三个方面的内容：

（1）设立新产品推广工作领导小组，统一领导产品推广工作

土地流转信托产品开发企业，应该任命高层领导人员为小组组长，全部产品主管部门及负责新产品推广支持的后台部门作为推广小组的成员部室参加，同时指定产品创新牵头部门或资源部门（如财务会计部、人力资源部、信息科技部等）作为工作小组秘书处。

领导小组负责统筹规划新产品的推广工作，具体包括制订新产品推广工

作规划，明确新产品推广工作目标，确定年度重点推广产品清单，协调业务资源，确定年度重点新产品推广费用预算及分配方案等工作。

（2）在新产品推广工作组下设重点新产品推广工作团队

在新产品推广工作组下设重点新产品推广工作团队，负责公司转型发展、提升竞争力和盈利能力、改善服务具有战略意义的重点新产品的推广工作。工作团队由新产品推广工作领导小组成员部室人员组成，主要为重点新产品的产品经理及后台支持人员，工作团队组长由秘书处部室人员担任，工作团队实行矩阵管理。团队成员分工明确，产品经理负责所管辖重点新产品的营销方案制订、产品培训、营销支持等工作，后台支持人员负责为团队内产品经理提供配套支持，共同推进领导小组选定的重点新产品的推广工作。产品经理与一线客户经理进行对接，并为客户经理销售产品提供服务和支持。

（3）由秘书处承担领导小组及工作团队的具体组织、推动及协调工作

秘书处需要组织领导小组成员部室共同制订年度新产品推广工作规划、重点新产品推广计划等内容，对年度计划完成情况、重点新产品推广工作团队工作情况进行督促，对工作团队成员进行量化考核。

11.1.2.2 土地流转信托产品推广流程设计

土地流转信托产品推广流程包括如下三个阶段：

（1）土地流转信托产品推广规划

新产品推广工作领导小组秘书处负责汇总、整合各产品部门的年度新产品推广计划，根据公司发展战略、客户需求、市场环境情况，确定年度新产品推广工作规划，并报领导小组审议，审议通过后在公司内部印发。规划应至少包含以下四方面内容：

1）确定公司整体产品推广工作目标。

工作目标应可量化、可分解实施，同时能够体现新产品推广对公司发展贡献。可以将新产品中间业务收入占全部中间业务收入比重作为公司新产品推广工作的关键指标，每年制定该指标的增长目标。同时将公司整体的新产品推广工作目标分解到各产品部门，将工作任务按时间段进行分解，以便开展阶段性总结和考核。

2）确定公司新产品推广工作重点。

确定新产品推广工作的重点领域及方向，将重点新产品推广作为土地流

转信托产品市场推广的核心工作。从公司可持续发展的高度确定重点推广的新产品清单，明确重点产品的推广目标及预期效果。设定工作目标时应充分考虑新产品与传统产品之间的差异，既要可量化、可分解，同时又能够切实提升产品推广的实效。

3）明确公司在新产品推广工作方面的资源投入计划及分配方案。

土地流转信托产品开发企业，应该从公司角度明确全部可投入的广告费用、营销费用、奖励费用、科技资源及其他资源的总额，根据重点推广产品的重要性将资源在产品间进行合理分配。

4）将推广情况纳入绩效考核体系。

土地流转信托产品开发企业，应该把新产品推广工作总体情况、重点新产品推广情况纳入公司绩效考核体系，适当提高考核分值，提高负责人对新产品推广工作的重视程度。

（2）土地流转信托产品推广组织实施

新产品推广工作主要包括如下两部分内容：

1）组织实施重点新产品推广工作。

重点新产品推广工作由工作团队负责组织实施，工作团队成员需同时向新产品推广工作领导小组及本部汇报工作情况。首先，重点新产品推广工作团队的产品经理需要做好业务推广准备。在公司领导层面，产品经理需要协调重点新产品推广工作团队做好广告资源和渠道资源的安排，完成产品目标客户筛选及挖掘，做好营销费用、奖励资金的应用方案。面对下级机构，产品经理需要制定产品手册、营销方案、培训材料，同时需要提前将产品推广任务分解，适时开展产品培训。然后，产品经理分头组织开展重点新产品的公司推广工作，工作团队中的其他成员负责提供必要的支持。产品经理指导开展产品推广工作，实时监控新产品推广工作进度，分析工作中存在的问题及不足并及时改进。产品经理需要定期组织召开视频工作会议，通报产品推广情况及存在的问题，总结阶段工作情况，并及时调整下阶段工作方法及目标。

2）组织实施新产品推广工作。

新产品推广工作任务由新产品推广工作领导小组分解到各业务条线，由各业务部门自行组织实施，领导小组对各业务部门工作开展情况进行监督和考核。各业务部门相关产品经理可组织分支机构的产品经理开展产品推广工作，具体工作流程与重点新产品推广流程一致。

（3）土地流转信托产品推广考核评价

土地流转信托产品推广考核评价，应该分成三个层次进行：

1）产品经理考核评价。

重点新产品推广团队组长负责团队内产品经理的考核工作。产品经理考核结果应与其所管理产品的市场表现情况成正比，评价方法应以定量为主、定性为辅。

2）工作团队服务支持人员的考核评价。

重点新产品推广团队组长负责团队服务支持人员的考核评价，评价方法应采用定量与定性相结合的方式，定量部分应与重点新产品推广任务的总体完成情况挂钩，定性部分可由团队内的产品经理从团队协作精神、服务意识、工作质量等方面进行综合打分。

3）分支机构考核评价。

公司的绩效考核部门根据领导小组于年初制订的新产品推广工作绩效考核方案，对分支机构进行考核评价，考核纳入机构负责人绩效，并与下一年度机构经营费用进行挂钩。

11.2 土地流转信托产品市场营销理念设计

11.2.1 土地流转信托产品定制服务理念设计

土地流转信托产品市场营销应该树立定制服务理念，应该根据不同项目的实际情况设计出更符合他们要求的土地流转信托。

定制化土地流转信托的设计理念是提供更加个性化的服务，土地流转信托更像是一位农村集体经济的管家，一直伴随着农村集体经济成长，给农村集体提供更加全面的服务，并根据农村集团成员的特点帮助培养出各种人才，让农村集体经济和土地流转信托一起发展壮大。

土地流转信托的定制服务包括如下两个方面的内容：

（1）定制土地流转信托契约条款

为客户定制土地流转信托契约时，需要考虑很多具体因素，比如选择什么人或者机构担任受托人，以何种财产作为信托财产等，每份土地流转信托契约，都是不完全一样的。定制土地流转信托契约条款应该包括如下三项内容：

1）受托人。

要为客户设计合理的受托人。现阶段，合理的受托人应该是专业化的信托投资公司。这种专业化的信托投资公司，在很多地区都有分支机构，能够为农村集体经济设立永久信托；同时也能够在满足谨慎投资人的情况下，最大限度地为农村集体经济投资理财，实现资产增值目标。

2）信托财产。

每个项目的实际情况不同，其信托财产的种类也不同。

3）信托契约。

要根据客户需求在信托契约中灵活定制有关的各种规定。

（2）定制化土地流转信托的个性化服务设计

土地流转信托在产品营销和推广过程中，为客户定制信托契约的同时，也要为客户定制各种个性化服务，至少应该包括如下三项个性化服务内容：

1）专门配备投资经理人。

由于土地流转信托项目投资巨大，且风险难定，因此，必须要配备高水平的专业投资经理人。投资经理人会定期关注土地流转信托项目状况，随时向委托人汇报土地流转信托项目的收益和可能面临的风险。

2）专业化信托服务、咨询项目。

在委托人对土地流转信托产生疑问时，信托公司全面、耐心地为委托人答疑解惑，根据委托人的不同要求提供不同的服务。

3）税务咨询。

土地流转信托产品开发企业还应该为委托人提供信托资产的税务咨询服务，这样可以融入委托人的生活，增强委托人的依赖性。

11.2.2　土地流转信托产品主动营销理念设计

现在的企业都提倡并奉行以顾客为导向，以满足顾客需求、创造顾客需求为营销重点。这本是正确的，能够准确地满足或创造顾客的需求意味着顾客会满意，顾客因为满意继而产生购买及持续购买的决定。但是，这个正确的营销思路中却可能因为一个根本性的问题导致整个营销活动的失败，那就是消费者可能根本不知道自己需要什么产品或服务，或者对需要的产品或服务并不非常了解。

从这种角度来说，主动营销理念，就是要利用产品设计、生产和销售者的专业知识，为客户提供主动营销服务，挖掘和开拓客户的需求，并创造顾客。

土地流转信托产品很明显具有这种特点。虽然委托人对土地开发与土地价值变化等方面都会有一定的需求和考虑，但是，这种认识往往是片面的、不成熟的，因为他们对土地流转信托的理解远远不如专业的信托从业人员，也不能确定信托契约到底能给他们提供哪些服务，因此，利用营销人员和产品设计人员的专业知识，对委托人进行主动营销。

11.2.3　土地流转信托产品超值服务理念设计

在营销实践中经常会发现，顾客想要的并不一定是他们需要的。消费者从不会花时间思考自己最需要的是什么产品，因为那是研发人员的工作。他们只知道和在乎最想解决的问题，而什么能解决这个问题则不会去考虑。对于专业性强的产品更是如此，顾客更不知道他们需要的是什么产品，面对复杂的乱象，他们需要专家给他们提供解决方案。

对于土地流转信托产品来说，由于对产品的认识有限，委托人往往并不知道自己需要什么产品或服务，并且，这些产品或服务到底能满足他什么样的需求。委托人这些问题的答案是要我们企业来回答并给予解决的。并且，通过有效的委托人需求分析和产品设计，设计人员和营销人员为委托人提供的信托契约，除了应该满足委托人想要的需求之外，还应该为委托人提供那些他们自己没有想到的额外服务，即超值服务，这样，才能更好地吸引委托人。

实际上，对于定制化的各种产品和服务来说，就是要通过定制，一方面来满足委托人的需求，另一方面，利用自身的专业知识和专业能力，为委托人提供超值服务，这也是定制的根本所在。根据每个土地流转信托产品的需求和信托资产的具体情况，借助信托契约的专业知识和专业能力，认真分析和准确把握每个信托契约的不同特点，提出有针对性的超值服务，以高质量、高效率的服务满足不同土地流转信托产品的个性化需求。

11.2.4 土地流转信托产品风险控制理念设计

相比普通融资类业务，土地流转信托业务的整个操作流程都充斥着各种复杂的个性化诉求和难以复制的交易结构，尽职调查更是缺乏简单的可依赖路径，而在此过程中，扮演事务管理角色的信托公司，事实上也尚未形成成熟的操作经验，由于业务刚刚起步，甚至没有任何司法判例来对业务开展进行指导，以对未来可能陷入的纠纷进行规避，对于风险的甄别能力仍待在实践过程中逐渐提高。从这个角度来说，对委托人的信托动机、信托财产来源等多个方面进行详细、深入的尽职调查，则可以有效地降低土地流转信托业务开展的风险。

11.3 土地流转信托产品市场营销策略设计

按照市场营销理论中的4P理论，土地流转信托产品市场营销策略至少应该包括如下四个策略：

11.3.1 土地流转信托产品策略设计

土地流转信托产品策略可以包括如下三项具体策略：

（1）目标委托人特点分析策略

对于土地流转信托产品的目标委托人，信托营销的核心工作是挖掘委托人的多元化需求，为委托人提供量身定制的个性化信托产品。为了充分了解委托人的多元化需求，必须组建高水平的营销机构。营销机构建立的核心则是营销团队培养，这种团队通常需要团队成员具备高效的沟通能力、高度专业的财富管理知识和丰富的财富管理经验。在提升团队上述能力的同时，还应赋予其围绕委托人特定需求开展信托业务的职能；同时，还需要和银行、券商、保险公司、律师事务所、会计师事务所建立广泛的合作关系，将他们的产品和服务纳入到信托之中，以便更好发挥信托的资源整合优势，进一步提升对高净值客户的营销水平。

（2）产品差异化策略

对于土地流转信托产品，差异化的最大要求就是满足委托人的独特需求。不同土地流转信托产品的委托人对信托投资的品种、数量都会有不同的要求，追求的风险也不会完全一样。土地流转信托团队要与委托人进行有效沟通，了解委托人自己的需求，自己的信托收益的分配情况，从而制订出特别的信托计划。

（3）产品有形化策略

土地流转信托产品和传统产品是不一样的，它是一种无形产品，针对其"无形性"的特点，"有形化"策略相当重要。在购买这种产品之前，委托人是无法直接感知到的，因此如何包装和传达产品的内涵就显得十分重要。要让委托人了解产品，将产品的"无形性"转变为"有形化"，就是一项重要的产品策略。"有形化"的渠道包括：通过策划人员的包装，通过咨询人员的描述，通过服务人员的服务过程，通过各种辅助媒介的内涵展示，等等，营销策略的一个重要任务就是要把无形的产品内涵用系统的方式向委托人展现出来，让委托人得以感知。

11.3.2 土地流转信托价格策略设计

由于土地流转信托在我国的开展还不是特别广泛，它的定价策略主要以委托人为导向，即采取委托人导向定价法。

在土地流转信托产品推出之初，必须要将价格定得合理，目的是促进土地流转信托产品市场需求。如果土地流转信托产品市场反响良好，且土地流转信托产品开发企业已经经过长期的市场耕耘获得了比较高的市场声誉，则可以利用不同土地流转信托产品的特点，适当提升价格。

当然，从土地流转信托产品开发企业的视角看，如果适合进行土地流转信托的产品市场容量不大，在短期内很难迅速扩大，且自身运营能力有限，也可以在土地流转信托产品市场投放出去，实施高价策略。这种价格策略还有一个重要作用，就是防范土地流转信托产品价格估计过低带来的潜在损失。

11.3.3　土地流转信托渠道策略设计

渠道策略是对土地流转信托产品进行营销渠道的宣传。在土地流转信托产品市场营销过程中，可以用到以下两种渠道策略：

（1）网络营销渠道

网络营销的方式一般有在线调查、网站推广、网络广告等。

1）在线调查。

在线调查操作便利、费用低廉，作为开展市场调查的手段，在营销活动中被广泛应用。在线调查包括对自身产品和服务应用情况调查、客户满意度调查、市场需求调查、与竞争者和替代产品的对比度调查等。土地流转信托机构可以在官方网站或者第三方网站上增设在线调查，以便更快、更好地收集信息。

2）网站推广。

网站推广就是以互联网为主要手段进行的，为达到一定营销目的推广活动。土地流转信托产品开发企业可以选择将网站推广到国内各大知名网站和搜索引擎的相关网站，通过各种推广方式推广网站，这是一种重要的营销方式。

3）网络广告。

在网站上打广告也是营销的一种选择，在网络广告中，需要将广告投放在土地开发项目潜在开发者可能关注的网站上，并且尽可能放在更加显眼的位置，这样才能达到广告的应有效果。因此，广告应该主要选择大型门户网站，金融、财经方面的专业网站等。

在网络营销中，信托公司要特别注意网络渠道优化，可以采取与合作伙伴交换链接的方式，以扩大方便信息的查找和传播。也可以考虑使用游动广告，引起委托人和开发者的注意力。

（2）口碑营销策略

良好的口碑比所有的宣传都有效，如果委托人或潜在土地开发者对产品的服务是满意的，让这些人进行宣传，成本远远低于从其他渠道获取新委托人或潜在开发者所花费的成本。

维护客户有很多重要的意义。土地流转信托产品比较新颖，相对的也有比较大的不确定性，新委托人或潜在土地开发者在做决策时会感觉有较大的风险，这时他们往往会咨询企业的现有委托人或土地开发者。现有委托人或土地开发者的有力推荐往往比各种形式的广告更为奏效。这样，土地流转信托产品开发企业既节省了吸引新委托人或潜在土地开发者的销售成本，又增加了销售收入，还增加了利润。

11.3.4　土地流转信托促销策略设计

从营销管理角度看，促销是企业通过一定的方式（包括人员和非人员的方式），通过沟通企业与消费双方之间的信息，引发、刺激消费者的消费欲望和兴趣，促使消费者产生购买行为的活动。促销的核心是进行信息沟通，促销的目的是引发和刺激消费者产生购买行为。一般来说，促销方式包括广告、营销推广、公共关系、人员推销四种。

（1）广告

从土地流转信托考虑，土地流转信托适当地采用媒体广告是非常有必要的。在土地流转信托产品的广告形式上，必须结合软硬广告，重视新闻营销，巧妙地制造并挖掘一些话题，引起大众，特别是农村基层管理者和潜在土地开发者的关注。土地流转信托产品开发企业应该与一些财经网站和论坛合作，通过发表文章等介绍土地流转信托及土地流转信托机构的产品和用户体验等。

（2）营销推广

通过各种形式的营销，目的是为了增加与客户面对面的交流，让客户更了解产品的特征，收集新的客户信息，同时鼓励老客户推介新客户。对于土地流转信托产品，可以采取的营销手段包括举行知识讲座、现场主题活动等。

（3）公共关系

土地流转信托机构还可以通过选择公益活动进行公共关系的营销，例如举行助学、捐书、捐血、植树、义工活动等，借以提升美誉度和媒体曝光度。

在遇到一些天灾时，可以组织员工捐款，履行自己的社会责任，同时达到宣传的目的。

（4）人员推销

人员推销具有很大的灵活性，通过双方交流，容易形成一种直接而友好的关系。土地流转信托产品开发企业的营销经理在交谈中还能掌握主动，有针对性地从某个侧面介绍土地流转信托产品特点，观察委托人或潜在土地开发者的态度，进行详细讲解，消除他们疑虑，使其产生信任感，在信息通畅的情况下实现营销目标。

11.4　土地流转信托产品市场营销体系设计

从长远看，建设高质量的营销体系才是企业营销的根本任务。土地流转信托产品开发企业可以在如下五个方面建设市场营销体系：

11.4.1　加强信托公司直销体系建设，完善第三方理财渠道

对于信托公司来说直销体系的建设，将是未来信托公司竞争的关键点。信托公司在从融资平台向资产管理和财富管理转型的过程中，需要不断加强自身直销体系建设，加强自身客户资源的储备，提升客户服务水平，为客户提供高端的财富管理服务。信托公司不能过分依赖银行或第三方理财公司营销渠道，而是要逐步培育自身的忠实客户。同时，信托公司应加强产品的研发设计水平，为高端客户提供不同收益水平、不同风险程度、不同投资范围的金融理财产品，不断增强客户的黏度和忠诚度，真正提高信托公司在财富管理市场的竞争能力。同时，信托公司应十分重视已有客户的维护工作。研究表明，维护好老客户比开拓新的客户具有更大意义，因为开发一个新客户的平均成本将近是维护好老客户成本的 5 倍。而流失一个老客户的损失，大约需要开拓十个新客户才能够弥补。因此，信托公司需要不断加强直销体现建设，调高客户维护水平，在服务好已有客户的基础上开拓新的客户，实行存量和增量并举的发展策略，才能在激烈的市场竞争当中占得先机，为信托

公司的长远发展奠定良好的市场基础。

近两年，在银行通路受限以来，信托产品为第三方理财机构提供了一个井喷式的发展机会，同时也为自己找到了一个目前来看还算不错的市场通道。按照国家有关规定，第三方理财并非信托业的销售机构，而是一个"向信托公司推荐合格投资者"的角色。尽管如此，目前全国这类机构已经超过了一万家，且发展势头仍然很猛，已成为金融市场一个不容小觑的力量，监管层已经开始关注其高速发展所产生的现实风险与潜在风险，银监会于 2014 年 12 月签发了"335 号文"，这一意在控制信托"代销业务"风险的举措，一时间又引起了第三方理财机构与信托业的不小骚动，信托产业链似乎又飘摇了起来。最终结果具体怎样谁也无法准确预测，但是，第三方理财机构现在是、未来仍将是信托业的战略合作伙伴，是信托产业链上不可缺少的重要一环，对信托业的发展有着重要战略作用。

因此，信托公司对于第三方理财机构这一处于自己下游的销售渠道，绝不能只是将信托产品一卖了之，而要有长期合作和持续发展的观念，及早树立客户关系管理的意识，着手信托产业环境的维护与治理，为第三方理财机构提供好各项售后服务。现在无论是第三方理财机构的销售人员还是其他销售渠道的从业人员，一定程度上都存在对产品不够了解，甚至连起码的信托知识都不具备，对发售的信托产品情况往往语焉不详等问题，从而影响了信托产品的销售和信誉。因此，信托公司在新产品上市时，有必要为下游企业提供一套完善的培训计划，提升下游企业销售人员对产品的理解与把握能力，这对产品的销售及品牌维护都有重要意义。

同时，有必要让第三方理财机构在与投资者的销售沟通中主动将信托产品与银行理财产品之间的联系表述出来，以便更有效、更快速地向投资者传播理财知识，讲解背景资料，给投资者更多信心，也让银行业为信托产品多年来做出的贡献得以有效传承。如此，信托业在与银行业的长期合作中，赚到的也就不仅仅是廉价的通道费了。

第三方理财机构的快速发展，决定了其销售团队成员以年轻人为主，专业背景不足，素质良莠不齐，很多营销人员都没有经过专业培训，对信托理财产品及销售业务还比较陌生，缺乏全面认识，更谈不上按销售规律一步步实现销售了，同时由于现在对销售人员的考核指标紧盯业绩，这也严重制约了销售团队的健康成长。因此，对销售人员及时培训，尽快提升销售人员的素质与能力，是第三方理财机构的迫切任务。

11.4.2　加强信托公司品牌建设

信托公司作为受银监会监管的金融机构，本质上销售的是一种服务和承诺，其核心理念在于客户对信托公司的信任，因此加强品牌建设对信托公司的发展十分重要。目前我国的监管法规限制信托公司为信托产品做广告宣传，信托公司也就不能采取传统的以产品宣传带动公司宣传的模式。信托公司可以采取品牌传播公益化的模式，通过赞助慈善事业和公益活动，宣传公司的良好形象，不断提高公司的知名度和美誉度，从而引起高端投资者对信托公司业务的浓厚兴趣。信托公司也可以通过举办论坛、研讨会、报告会等多种形式，宣传公司的形象，向潜在的高端客户传递公司的产品信息。

11.4.3　不断丰富信托公司产品线

信托产品设计能力是信托公司的核心竞争力，丰富完善的产品线可以为信托产品的营销起到很好的促进作用。信托公司应该不断丰富其产品线，通过产品线中不同的产品搭配和组合为客户提供完善的投资理财规划，满足不同客户对金融理财产品风险、收益和期限的不同要求。高端客户的理财规划是一个系统的工程，如果能够针对不同的客户或同一个客户的不同时期都能够提供丰富的、个性化的理财产品，就可以区别于其他金融机构呆板、单一的金融理财产品，从而在金融理财市场上立于不败之地。

11.4.4　不断加强信托公司信息系统建设

信托公司必须加强信息系统建设，提高对客户数据的分析能力和管理能力。信托公司客户服务水平和管理手段的提升，必须具有相应的信息系统作为支撑，与银行、保险、证券公司等金融机构相比，信托公司的客户管理系统建设已十分落后，严重制约了信托公司产品营销工作的开展。信托公司应根据自身业务需要，及时开发相应的客户数据管理系统和产品信息管理系统，从而高效、科学地开展高端客户的理财服务工作。

11.4.5 整合资源，构筑信托诚信有序的销售网络

信托企业的营销渠道网络，如图 11.1 所示。

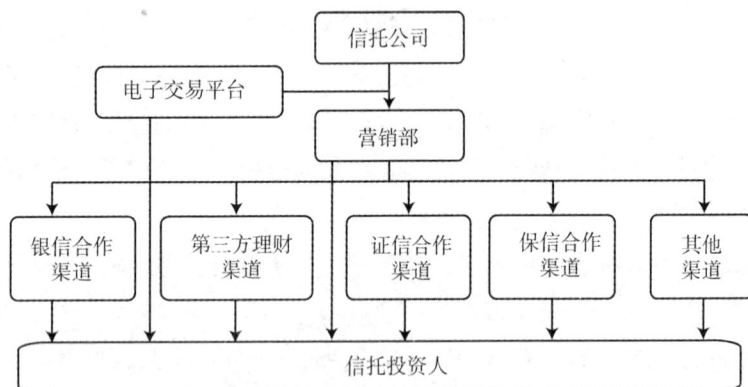

图 11.1　信托企业的市场营销网络

　　信托企业的市场营销网络是一个批零兼具，互为补充、资源共享，拥有协同效应、短而宽、功能强大、立体交叉的销售网络。其中从批发角度看，如果各个条线能够做到资源共享，不再仅仅是与谁合作开发产品，就由谁来完成销售，而是将这些共同开发的产品同时投放到其他渠道进行销售，如银信合作产品除经由银行、信托公司直销、网销外，还可以通过第三方理财渠道、证信渠道、保信渠道及其他渠道完成销售，那么银行和信托公司就都成了批发环节，同时还与证信渠道、保信渠道、第三方理财机构及其他渠道共同充当了零售环节。这样，一个功能强大，既分工明确又协同作战、立体交叉、集约有效并几乎覆盖了当今所有最优金融投资群体的信托产品销售网络也就初步形成了，相信届时信托产品的销售规模与速度都将获得成倍增长，而这种创新与提升对我国金融产业的发展与转型都将产生划时代的影响。

12　土地流转信托产品风险控制体系设计

12.1　土地流转信托产品风险分析

对于土地流转信托产品这种新型产品进行风险控制体系设计，首先要分析土地流转信托产品可能遇到的各种风险。现阶段，在中国设计土地流转信托产品面临诸多风险，首要风险是法律风险。

12.1.1　土地流转信托产品法律风险分析

我国农村土地流转信托的法律制度体系不健全，立法中并没有明确对农村土地流转信托的规定，何况我国农村集体土地的所有制本来就是所有者与使用者分离的，在这种情况下继续设立信托制度，其委托人与受托人的法律关系，特别是法律权利义务究竟如何，很难有一个明确的定论。同时，农村土地流转信托的政策风险是源于其制度风险的，因为法律上没有规定，所以其运行很大程度是靠政策的支持，然而，相较于法律，政策是极不稳定的，极易出现朝令夕改的情况，而且每个省甚至每个地区的具体政策都不一样，这样的政策风险也是信托公司在经营过程中不得不考虑的问题。

12.1.1.1　土地流转信托产品立法环境风险分析

自从我国引进信托以来，信托业在我国已走过30多个年头，我国的信托法律体系也在不断完善中，有关信托业的法律法规建立、完善方面都取得了很大的进步，为我国信托业的发展发挥了积极作用。我国信托管理制度的确立以"一法两规"为基本的法律框架。《信托公司私人股权投资信托业务操作指引》、《银行与信托公司业务合作指引》和《信托公司证券投资信托业务操作指引》等相关管理办法的出台，也标志着各类信托业务专项管理制度的形成、确立。有关信息披露的《信托投资公司信息披露管理暂行办法》、有关会计核算的《信托业务会计核算办法》以及监管方面的《信托投资公司监管评级体系（草案）》等一系列操作规范的出台，为进一步监管和规范信托业的运营管理发挥了重要的作用。

但是，相比于美、日等信托业发达的国家而言，我国信托业的法律法规仍然不完善，还存在许多需要改善的地方，突出表现在如下五个方面：

（1）信托立法不完善

中国信托业自引进以来，其间绝大部分时间是处于"发展—混乱—整顿—再发展—再混乱—再整顿"的怪圈中，一直在整顿过程中摸索着前进。在这过程中出台的一些相关法律法规，在我国信托业的发展过程中也取得了一定的成效，但是仍然存在许多问题，表现突出的是，我国信托业法律法规体系的建设一直赶不上信托业的发展步伐。

从世界上信托业发达国家的发展经验中，我们可以看出，一国信托业要想得到更好、更快的发展离不开一个完善的信托法律法规体系。"一法两规"的出台，标志着我国信托立法取得了重大的突破，但是，我国的信托立法相比于美、日等国家的立法而言仍然很不完善，对于我国信托业发展需要而言，仍然比较落后，这都不利于我国信托业的良好发展。信托立法的不完善和滞后主要表现在以下三个方面：

1）涉外信托法律法规的缺失。

涉外信托法律法规的缺失不利于我国涉外信托冲突问题的解决，一直制约着我国涉外信托业务的发展。

2）缺乏一些具体信托业务的专项或特别法律法规。

这使得相关信托业务的具体操作没有一个合理的根据和保障，例如公益信托、养老信托等。

3）有些信托法规效力层次低、内容不完备。

虽然我国信托业经过了 30 多年的发展，但依然有一些法规效力层次低、内容不完备，有待修订。

总之，我国信托业经过几十年的发展，法律法规一直很不健全，缺乏一个完善的法律法规体系，因此也一直严重制约着我国信托业的发展。

（2）信托财产所有权归属制度缺位

目前，中国的信托法是围绕信托关系中当事人的权利和义务来进行信托制度的确立，从而造成了信托财产无所归依的局面。信托财产所有权问题在我国的信托法里没有直接的规定，也没有相关条文可以推定其所有权的归属。信托关系一旦成立，信托财产就会成为一项独立于信托关系中三方当事人——委托人、受托人以及受益人自有财产的独立财产，免受委托人自身债务以及受托人、受益人债务对信托财产的追索。信托财产所有权的转移是信托财产独立的前提。否则，受托人的管理行为以及受益人的信托利益就会失去依托，同时也无法顺利实现信托的风险隔离功能。我国信托立法并未明确财产所有权转移这一要件，信托财产所有权制度的真空无法为受托人信托财产处分权提供依据，受益人的受益权也无法律依据。

（3）信托税收制度不完善

信托税收是指信托计划期限内所涉及的税务问题，按国家的有关法律、法规与政策办理。对于法律、法规或政策没有明文规定的信托行为的税务问题，按照政府部门的相关规定办理。

1994年的税制改革形成了我国目前的现行税制，而现行税制除证券投资基金外，对信托业并没有做明确的规定。针对信托产品税收的范围包括个人所得税、企业所得税、营业税、房产税和城镇土地使用税、土地增值税以及印花税等。在整个信托过程中，涉及的税种见表12.1。

表12.1　信托涉及税种

信托环节	委托人	受托人	受益人
信托设立环节	印花税、营业税及其附加、增值税、企业所得税	契税、印花税	—
信托存续环节	—	印花税、房产税、营业税及其附加、增值税、企业所得税或个人所得税	房产税、企业所得税或个人所得税

信托环节	委托人	受托人	受益人
信托终止环节	—	印花税、营业税、增值税	契税、印花税、企业所得税或个人所得税

我国现阶段实行的是分类所得的个人所得税制度，受益人从受托人获得的所得类型判定应依照信托机构所得的来源途径具体判定，如利息、股利、红利所得。由于我国信托业自身的局限性和我国传统文化的约束，现阶段个人与信托投资机构的关系较大程度地体现在个人对基金的购买上。我国相关个人所得税法规规定，对个人投资者买卖基金单位获得的差价收入，在对个人买卖股票的差价收入未恢复征收个人所得税以前，暂不征收个人所得税对投资者从基金分配中获得的股票股息、红利收入以及企业债券的利息收入，由上市公司和发行债券的企业再向基金派发股息、红利、利息时，代扣代缴20%的个人所得税，基金向个人投资者分配股息、红利、利息时不再代扣代缴个人所得税。对投资者从基金分配中获得的国债利息、储蓄存款利息以及买卖股票价差收入，在国债利息收入、个人储蓄存款利息收入以及个人买卖股票差价收入未恢复征收所得税以前，暂不征收所得税。对个人投资者从基金分配中获得的企业债券差价收入，应按税法规定对个人投资者征收个人所得税，税款由基金在分配时依法代扣代缴。

他益信托中，企业作为委托人，除了国家明文规定的对公益性、救济性的捐赠，企业可以作为费用扣除外，其他类型的捐赠一律不准扣除。自益信托中，企业作为委托人，从信托管理机构所获得各项所得应计入应税所得。企业所得税的税率为25%。企业发生的公益性捐赠支出，在年度利润总额12%以内的部分，准予在计算应纳税所得额时扣除。企业对外投资期间，投资资产的成本在计算应纳税所得额时不得扣除。企业所得税分月或者分季预缴。企业应当自月份或者季度终了之日起15日内，向税务机关报送预缴企业所得税纳税申报表，预缴税款。企业应当自年度终了之日起5个月内，向税务机关报送年度企业所得税纳税申报表，并汇算清缴，结清应缴应退税款。企业在报送企业所得税纳税申报表时，应当按照规定附送财务会计报告和其他有关资料。企业在年度中间终止经营活动的，应当自实际经营终止之日起60日内，向税务机关办理当期企业所得税汇算清缴。企业应当在办理注销登记前，就其清算所得向税务机关申报并依法缴纳企业所得税。缴纳企业所得税，以人民币计算。所得以人民币以外的货币计算的，应当折合成人民币计算并缴纳税款。

信托活动涉及营业税的情况较为复杂。他益信托中委托人将不动产转移给受托人，实质是视为财产的赠与。当委托人为法人时应课征营业税；当委托人将不动产销售转让应纳营业税；如果受托人将不动产投资入股，共同承担经营风险，则不纳营业税。信托管理人从事各项代理业务、租赁和咨询业务时应缴纳营业税。信托财产的受托人取得的信托服务收入，按照现行税法，应当适用"服务业——其他服务"的税目，征收5%的营业税。如信托财产中的无形资产、不动产所有权或永久使用权发生转移，则涉及收入全额或增值额的5%的营业税。涉及增值税、营业税的，多数情况下，则同时涉及城建税（增值税、营业税的1%或4%或7%，因地区有别）和教育费附加税（各地均为增值税、营业税的3%）。

当信托财产为房地产时，有可能涉及土地增值税。一般说来，由于委托人将房地产转移给受托人而设立信托时，并没有因此取得收入，因而在信托设立阶段，不会发生土地增值税问题。同理，在信托结束时，受托人将属于信托的房地产交还给受益人时，受托人也没有因此而取得收入，因而也不发生土地增值税问题。只有在信托管理阶段，当受托人本着信托本旨，将作为信托的房地产对外有偿转让并取得超额收入时，才发生土地增值税（收益人为纳税义务人，受托人为代缴义务人）。

信托交易的各个阶段都会涉及印花税问题。首先，我国信托法规定信托的设立必须采取书面的形式。设立信托的文件包括信托合同、遗嘱等，其本质上应视为一种产权转移书据，由委托人和受托人双方同时缴纳印花税。其次，在信托管理过程中，受托人就管理、处分信托财产时所形成的应税凭证，如受托人与相关单位订立的合同、受托人的营业账簿等，要缴纳印花税。但信托公司从事的经济咨询业务按印花税的规定不属于技术合同，不需要缴纳印花税。由于我国现阶段并没有开征证券交易税，印花税实际上起着证券交易税的作用。我国信托机构的信托业务中有着大量证券业务，按印花税的规定应缴纳 2% 的印花税。

税收是信托制度中重要的一环，但是我国现有法律对信托收益的收税没有作出合理、有效的相关规定。这表现在如下三个方面：

1）纳税主体不够明确。

中国所得税征税原则之一是"谁受益，谁纳税"。而对于信托收益来说，涉及多个主体，受益关系相对复杂，简单套用现有法律进行征税，都存在不尽合理之嫌。随着中国信托产业的迅猛发展，中国亟须以法律形式明确信托收益的受益主体。如果是多方受益，也需要由法律对各方受益情况进行界定。

2）重复征税。

中国现有法律对信托收益存在着重复征税，这突出表现在信托关系成立与信托关系终止期间，均以产权发生转移为由，进行征税，造成了一份信托财产不得不缴纳两次产权转移税的问题。

3）税负不尽公平。

根据税收公平原则，同一种财产应该征同样的税。证券投资基金从本质上讲，就是资金信托，它与其他类型的资金信托应该征收同样的税收。不过，现阶段，我国对证券投资基金，在税收上有比较多的税收优惠。2008 年 2 月 22 日，财政部、国家税务总局联合发布《财政部国家税务总局关于企业所得税若干优惠政策的通知》（简称《所得税优惠通知》）。在这份《所得税优惠通知》第二部分——关于鼓励证券投资基金发展的优惠政策中，明确给出了三条优惠政策：（一）对证券投资基金从证券市场中取得的收入，包括买卖股票、债券的差价收入，股权的股息、红利收入，债券的利息收入及其他收入，暂不征收企业所得税。（二）对投资者从证券投资基金分配中取得的收入，暂不征收企业所得税。（三）对证券投资基金管理人运用基金买卖股票、债券的差价收入，暂不征收企业所得税。

2002 年 8 月 22 日，财政部、国家税务总局联合发布《财政部国家税务总局关于开放式证券投资基金有关税收问题的通知》（简称《税收通知》）。在这份《税收通知》第二部分——关于所得税问题的第二条中明确提出：对个人投资者申购和赎回基金单位取得的差价收入，在对个人买卖股票的差价收入未恢复征收个人所得税以前，暂不征收个人所得税。

从上述两项通知可以看出，关于投资基金，现有政策还是持扶持态度的，因此，给予了较大的税收优惠。但是，这实际上就造成了其他信托资金的税负关于证券投资基金税负的局面，客观上造成了信托基金的税负的不公平。

（4）信托财产登记制度存在缺失

《信托法》在第二部分——信托的设立的第十条中明确规定：

设立信托，对于信托财产，有关法律、行政法规规定应当办理登记手续的，应当依法办理信托登记。

未依照前款规定办理信托登记的，应当补办登记手续；不补办的，该信托不产生效力。

按照中国法律体系的惯例，当一部法律出台之后，一般要出台相应的条例作为补充和具体操作规定。

对于《信托法》来说，应该出台相应的信托登记条例（或更低层次的信托登记管理规定、信托登记管理办法等），来保障信托登记的有效实现。在相应的信托登记条例（或规定、办法）中，应该明确规定登记的程序、登记的主管机关等关键事项。

由于相应的信托登记条例（或规定、办法）迟迟未能出台，使得中国的信托登记并没有处于完全有序的状态，这对于中国信托产业的发展非常不利。中国信托业务的登记不得不通过财产转让登记、抵押登记、质押登记或者干脆采取公正登记等方式实现信托财产的登记。由于这些登记与信托财产登记还是有质的区别，对于信托财产转让过程中出现的相关问题难以做出合理的解决。登记法律制度的缺失，也使得中国信托市场建设难以健全，西方信托所具有的信托收益权托管市场、信托财产结算市场、信托财产流通市场等都难以建立并有效运营起来。

信托登记制度的缺失，也使得信托公司对其接受委托的信托财产难以真正行使管理权，这从根本上抑制了信托公司的管理创新。

（5）信托财会制度有待完善

财会制度不仅是金融产业发展的基础条件，也是政府相关机构对金融产业进行有效监管的重要手段。如果财会制度不完善，或者不合适，金融产业的发展将难以有序发展起来。

对于信托产业而言，其虽然也属于金融产业，但与银行业毕竟有着重大差异，因此，迫切需要建立自己独立于银行业的财会制度。在2005年以前，由于中国政府没意识到信托产业的独特性，将其视为银行业的一种，以银行业的财会制度作为信托产业的财会制度，中国信托产业在 2005 年之前一直都没有建立适合自身发展的会计核算办法。

2005 年 1 月 5 日，财政部颁布了《信托业务会计核算办法》（简称《信托核算办法》）。这一办法虽然为中国信托产业的会计核算提供了基本依据，但依然存在如下三个方面的不完善之处：

1) 对信托财产终止确认规定的不完善。

《信托核算办法》关于信托财产终止确认做出了如下的规定：

委托人设立信托时，应视信托财产所有权上相关的风险和报酬是否已实质性转移，判断信托财产是否应终止确认（即是否将信托财产从其账上和资产负债表内转出，下同）。

委托人不是受益人且受益人支付对价取得信托受益权的，如委托人将该信托财产所有权上的风险和报酬已实质性转移给了信托项目，则应终止确认该信托财产；否则不应终止确认该信托财产。

信托财产终止确认的，委托人应将收到的对价与信托财产账面价值的差额，确认为资产处置损益，计入当期损益。

委托人同是受益人但不是唯一受益人，且其他受益人支付对价取得信托受益权的情况下，应按如下原则处理：

如委托人将该信托财产所有权上部分相关风险和报酬已实质性转移给了信托项目，委托人应将该信托财产的账面价值在终止确认和持续确认两部分之间按其相对公允价值进行分摊，并比照上述规定处理。

《信托核算办法》的这种规定，存在将信托公司并未控制的财产被列为资产的风险，而这与中国财会制度关于资产的定义相矛盾。

2) 关于合并会计报表的相关规定缺乏更高级规定的支撑。

《信托核算办法》在其第二部分——委托人信托业务的会计处理的第三条规定：委托人对信托项目具有控制权的，应将其纳入合并会计报表的合并范围。

《信托核算办法》在其第四部分——受益人信托业务的会计处理的第十条规定：受益人对信托项目具有控制权的，应将其纳入合并会计报表的合并范围。

关于合并会计报表的相关规定，理论上讲应该与国家关于合并会计报表的一般规定相衔接。

2014 年 2 月 27 日，财政部颁布了修订后的《企业会计准则第 33 号——合并财务报表》（2014 版）（简称《合并报表》2014）。在这份《合并报表》2014 版中，并没有关于信托委托人、信托受益人必须合并报表的相关规定。这就使得《信托核算办法》关于合并会计报表的相关规定缺乏更高级规定的必要支撑。

3）信托费用的界定不够清晰。

《信托核算办法》在第一部分——信托项目的会计处理第八条对信托费用做出了规定：信托项目费用是指信托文件约定由信托项目承担的各项费用。信托文件中没有做出约定的，信托项目费用指受托人与委托人协商达成的书面协议约定由信托项目承担的各项费用。很显然，对于信托的委托人、受托人和受益人来说，这种规定并不清晰，实际上也为三方的争议埋下了隐患。

12.1.1.2　土地流转信托产品监管环境风险分析

对于中国信托产业来说，必要的监管是其健康发展的基本环境。不过，由于信托产业发展非常迅速，而监管体系发展却相对滞后，这也就严重制约了中国信托产业的健康发展和持续发展。

中国信托产业监管体系的相对滞后主要体现在如下三个方面：

（1）中国信托产业监管体系立法不充分

中国信托产业监管体系立法不充分体现在以下三点：

1）监管内容不足。

在《信托法》中，全文都没有出现关于信托监管的条文。当然，在《信托法》第四条中曾规定：受托人采取信托机构形式从事信托活动，其组织和管理由国务院制定具体办法。不过国务院迟迟未能出台与《信托法》配套的相关条例。

2007 年 1 月 23 日，作为中国信托产业主管机构的银监会颁布了《信托公司管理办法》（简称《公司管理办法》）和《信托公司集合资金信托计划管理办法》（简称《资金管理办法》），算是在政府机构规章制度层面弥补了监管体系的不足。

在这份《公司管理办法》第一章——总则的第九条关于信托公司的设立

中做出了如下规定：银监会依照法律法规和审慎监管原则对信托公司的设立申请进行审查，做出批准或者不予批准的决定；不予批准的，应说明理由。

在这份《公司管理办法》第五章——监督管理的第五十四条对信托公司的违规行为做出了如下的规定：信托公司违反审慎经营规则的，中国银行业监督管理委员会责令限期改正；逾期未改正的，或者其行为严重危及信托公司的稳健运行、损害受益人合法权益的，中国银行业监督管理委员会可以区别情形，依据《中华人民共和国银行业监督管理法》等法律法规的规定，采取暂停业务、限制股东权利等监管措施。

在这份《资金管理办法》第六章——信息披露与监督管理的第四十条中，对信托公司资金监管做出了如下规定：中国银行业监督管理委员会依法对信托公司管理信托计划的情况实施现场检查和非现场监管，并要求信托公司提供管理信托计划的相关资料。

中国银行业监督管理委员会在现场检查或非现场监管中发现信托公司存在违法违规行为的，应当根据《中华人民共和国银行业监督管理法》等法律法规的规定，采取暂停业务、限制股东权利等监管措施。

上述关于信托的监管规定，不仅法律层次比较低，权威性不足，而且监管内容有限，规定也非常含糊。

2）关于关联交易缺乏必要指引。

在这份《公司管理办法》第四章——经营规则的第三十四条中，对信托公司的关联交易做出了如下禁止规定：信托公司开展固有业务，不得向关联方融出资金或转移财产；不得为关联方提供担保。

在第三十五条中，对信托公司的关联交易做出了如下行为规定：信托公司开展关联交易，应以公平的市场价格进行，逐笔向中国银行业监督管理委员会事前报告，并按照有关规定进行信息披露。

在这份《资金管理办法》第二章——信托计划的设立的第九条中，对信托计划的关联交易做出了如下规定：信托公司设立信托计划，事前应进行尽职调查，就可行性分析、合法性、风险评估、有无关联方交易等事项出具尽职调查报告。

在这份《资金管理办法》第四章——信托计划的运营与风险管理的第二十七条中，对信托计划的关联交易做出了如下禁止规定：不得将信托资金直接或间接运用于信托公司的股东及其关联人，但信托资金全部来源于股东或其关联人的除外。

上述规定对信托活动的关联交易做了简单规定，却没有具体的操作规则来指引信托公司和信托计划的执行。

3）相关制度不配套。

中国信托产业的发展，还需要一系列的相关配套制度。信托活动涉及财产的转移，财产转移登记制度对于信托活动有着极为重要的影响。而财务制度、税收制度，也在一定程度上影响着中国信托产业的发展。

（2）信托监管体系的行政执法存在不足

中国信托产业监管体系的行政执法方面，存在四个方面的不足：

1）监管力度不足。

在 2003 年以前，中国信托产业直接由中国人民银行进行监管。由于中国人民银行的主要职责是设计和执行货币政策，其对中国金融业的监管存在监管力不从心的问题。2003 年，银监会成立，取代中国人民银行成为中国信托产业的监管机构。与先前由中国人民银行监管相比有所进步。但由于银监会主要职责是监管中国的银行业，与银行业相比，信托业处于从属地位，因此，在银监会内部组织机构中，关于信托业的监管机构地位比较低，人员配备也比较少。因此，银监会对中国信托产业的监管力度依然不足。

2）监管方式不完全符合信托产业发展需要。

由于信托业毕竟与银行业有重大区别，而银监会通常由原来从事银行业监管的人员来监管信托业，在监管标准、监管费率等方面均统一设定，这对中国信托产业的持续发展有一定的不良影响。

3）对信托产业的创新支持力度不足。

信托产业常常要设计出新的信托产品，而其中可能会有比较大的风险，银监会对这种创新性的产品，则是消极对待，基本上是采取打压方式。这种方式虽然可以避免风险，但客观上也极大打击了信托公司进行产品创新的积极性。

4）监管政策体系不利于信托公司理财业务的开展。

由于信托公司、证券公司、商业银行都能够提供资金理财产品，对于拟进行资金理财的投资者来说，监管政策对其理财产品的选择有着重要影响。

由于信托公司、证券公司和商业银行实施不同的监管政策体系。而对信托公司的监管政策又偏严，客观上不利于信托公司理财业务的开展。

（3）行业协会自律监管不力

中国信托产业有自己的行业自律组织——中国信托业协会。中国信托业协会（China Trustee Association）成立于 2005 年 5 月，是全国性信托业自律组织，是经中国银行业监督管理委员会（简称"中国银监会"）同意并在中华人民共和国民政部（简称"民政部"）登记注册的非营利性社会团体法人。接受业务主管单位中国银监会和社团登记管理机关民政部的指导、监督和管理。

中国信托业协会的宗旨：协会以促进会员单位实现共同利益为宗旨，遵守宪法、法律、法规和国家政策，依据《中华人民共和国信托法》、《中华人民共和国银行业监督管理法》等法律法规，认真履行自律、维权、协调、服务职能，发挥相关管理部门与信托业间的桥梁和纽带作用，维护信托业合法权益，维护信托业市场秩序，提高信托业从业人员素质，提高为会员服务的水平，促进信托业的健康发展。

由于中国信托业协会成立时间并不长，加上中国行业协会普遍缺乏应有权威的历史影响，与美国、日本等信托产业充分发展的国家相比，中国信托业协会尚未充分发挥其规范、监管中国信托产业发展的作用。

12.1.2 土地流转信托产品政治风险分析

12.1.2.1 土地流转信托产品直接政治风险分析

土地流转信托产品直接政治风险包括如下两种风险：

（1）土地确权风险

目前农村土地确权尚不到位，尤其是在落后地区，农村土地确权不到位成为土地流转信托难以大规模推广的一大掣肘。其中，已完成确权颁证的土地不少是在 20 世纪 90 年代，由于当时的测量精度、制度等问题，造成实际土地面积与凭证面积不符，引发许多纠纷，给土地确权工作造成诸多不便。一方面，未确权土地需要信托公司重新梳理土地确权，而这将会付出大量的时间成本和沟通成本，但确权成本的具体承担者尚无规定；另一方面，土地没有确权，也就难以归集以及后续进行流转信托等操作，信托项目推进中就会存在巨大风险。当前土地流转项目主要集中在经济发达的东部地区，究其原因就在于农地确权登记工作相对完善。

（2）政府介入风险

政府过多介入，不利于厘清政府和市场的边界。农民对金融领域的知识欠缺，对信托公司的信任不足，并不总会采取合作的态度，导致土地归集仍主要由当地政府出面完成，相当于对土地流转项目进行了信用背书。政府在土地合作社中发挥了主导作用。在这种模式下，一旦出现盈利风险，陷入权益纠纷，农民将无法直接对委托方进行维权，最终只能由政府兜底，不利于厘清政府和市场的边界。

12.1.2.2 土地流转信托产品潜在政治风险分析

土地流转信托产品潜在政治风险体现在如下三个方面：

（1）"模糊产权、促进流转"可能使农民权益受损

《农村土地承包法》规定，耕地的所有权属于集体（村或村民小组），国家"赋予农民长期而有保障的土地使用权"，这种权利具体表现为农户对土地的所谓承包经营权。《农村土地承包法》实际上显示了国家、集体和农户对土地所有权的分割，但却没有明确合理地界定它们之间的权利边界。包括《物权法》在内的现行法律没有明确规定"农民集体"作为土地所有权主体的构成要素和运行原则；没有明确产权代表和执行主体的界限和地位；没有解决"农民集体"与农民个人的利益关系。在权利边界模糊的情况下，土地流转就很难按照纯市场逻辑完成，实际的政治力量必然会介入土地流转。由于农民力量的分散，博弈能力的欠缺，在政治关系中处于弱势地位的农民的权益在土地流转中难免受到侵害。

近几年来，基层政府或者村集体（通过村委会及其成员）强制、半强制农民流转土地的形式越来越多，规模也越来越大。土地如此流转的后果使很大一部分收益被那些积极地推动土地流转的地方政府、村集体占有了，农民没有充分享有效率改进所带来的收益。比如政府在土地转包中撮合"种粮大户"，一方是"种粮大户"，一方是分散的农民，流转双方直接见面的话，关系较为简单。而农村基层政府介入土地转包，往往不仅扭曲土地承包权价格，也存在对农民的强迫。

（2）"资本下乡"可能造成严重的农村问题

农村土地流转和金融资本的投入有着极其密切的关系。而当资本进入农村介入土地流转时，考虑到基层官员中可能的腐败情况，一旦资本和腐败勾结，农村土地流转可能演变为资本与腐败的盛宴，给农民和国家利益造成巨大损失。

目前我国农业生产领域也出现了强烈的城市资本"下农村"的冲动，有的地方政府用行政干预的办法迫使农民将承包地作为"股份"交给这些"大户"搞"设施农业"，而股份收益又是不稳定的，于是在不少地方已经发生了一些农业资本家经营不善而逃跑的现象，农民的权益无法保障。在农业领域，连西方国家也十分慎重地对待城市资本"下农村"农业雇佣劳动制度，他们把"耕者有其田"看作是建立农村土地制度的重要原则。我国农村的"人地比例"也决定了我们不可能在短期内就搞出像美国那样的"规模经营"来，不能想方设法驱赶农民离开自己的土地。

（3）土地流转政策的推行使村民自治制度面临挑战

作为法定的农村自治组织，在过去相当长的时期内，中国的各个村委会在村集体经济统筹和村务管理方面确实发挥了很大作用。只是随着生产力的发展、市场经济的进一步确立，村委会传统的职能定位不断面临被改革的命运。一方面，土地流转政策的推行可能进一步摧垮村民自治的经济基础。之前农业税的取消已经使村集体失去了稳定的经济来源，村民自治运作困难。而现行的土地流转政策通过赋予农民更稳定的承包经营权，强化农民在土地流转中的主体地位，进一步弱化了集体对土地的所有权，弱化了集体在经济事务上统一经营的能力。今后如果再讲"壮大集体经济"，应该是指大力发展农民的各类合作组织，至于村委会，主要做好自己的公共事务。村委会经济基础的薄弱使村委会失去了凝聚力，短缺的公共事务和事业经费也挫伤了农民参与村民自治的积极性。另一方面，土地流转政策的推行将进一步削弱村民自治的组织基础，并催生大量的农村组织。在土地流转中，留在村里的村民大多是老人、妇女和儿童，大量文化素质较高的中青年村民从农村流出，将严重削弱村民自治的组织基础。

12.1.3 土地流转信托产品经济风险分析

土地流转信托产品所面临的经济风险，主要包括如下六个方面的风险：

12.1.3.1 土地流转信托产品市场风险分析

土地流转信托产品，一般是由信托公司向投资人募集资金，由地方政府向农民征收整合土地资源，交给专门的农业经营公司经营。由于土地流转信托产品项目目前仅能够进行农业建设，其价值创造来自于规模化连片后，由专业服务机构增加投入，提高土地的科技化、集约化运用而带来增值，但是农业企业及项目的盈利能力普遍不高，仅靠农业生产是很难带来足够的增值额的，且农产品价格波动较大，这种情况下信托项目的收益就会产生极大的不确定性。

12.1.3.2 土地流转信托产品投资风险分析

在土地流转信托产品的经营过程中，信托机构需要对土地的情况进行详细的调查和了解，对市场有全面而正确的分析和评估，并以此进行信托投资活动，信托投资公司在运营土地的过程中承担着投资失误的风险。

12.1.3.3 土地流转信托产品契约风险分析

土地流转信托产品的契约风险，主要是土地流转信托产品运营过程中受托人不合规操作的风险。土地流转信托产品的受托人除了需要具有相应的资质外，同时还必须具有敏锐的市场观察力以及丰富的土地管理经验，而并非所有的信托机构都有驾驭农地信托的能力，同时由于农地信托所涉及的行政审批备案事项较多，存在信托机构的行为违反某些规定而造成损失的风险。

12.1.3.4 土地流转信托产品经营风险分析

目前土地流转信托的主要模式有中信信托公司的"地方政府＋农业经营企业"模式与北京信托公司的"土地合作社＋信托"的模式，而目前各个模式仍处于建立的初期，其经营周期长（宿州项目 12 年，无锡阳山镇桃园村项目不少于 15 年）、预期收益低，与土地流转后要求持续、稳定的流转收益矛盾难以有效平衡。若种植政府号召的低收益作物，必然因为中期资金的匮乏面临再融资的风险；而若要改种高收益作物，则会面临取消财政补贴的风险。

12.1.3.5　土地流转信托产品人才和服务商风险分析

信托投资公司由于缺乏农业经营的经验，需要大量的农业相关人才，但由于农业市场化程度低，农业产业受到职业经理人缺失、现代农业面临人才"瓶颈"的制约。而且，目前还没有遍布全国的专业农业种植公司，唯一的专业公司德国拜耳仅是一个农资以及技术提供商而已。因此，实现土地效益增值作为信托公司的核心任务，会大大受限于信托公司农业领域的能力欠缺以及专业人才的匮乏。如果专业化经营依赖于第三方服务商，则会面临主动管理能力不足的问题。对于土地流转信托产品来说，对于第三方服务商的引入，信托投资公司也尚未建立起标准化的筛选机制和风险控制流程。

12.1.3.6　土地流转信托产品技术风险分析

当前已经进入网络经济时代，网络已经成为人们日常生活不可或缺的保障，信息化、电子化、网络化的时代对于技术的要求也明显增强。从开展土地流转信托产品业务机构的业务实践来看，就硬件条件而言，土地流转信托产品业务的顺利开展还需要强大的网络系统集成平台提供辅助和支持。不论是在获取客户的信息上，还是其他信息的收集分析中，网络都是一个不可或缺的角色。国际知名信托产品与服务机构一般都有自身的开放式平台，可以进行全球的资源整合，这样便于解决客户的全球性的投资问题。而从我国当前实际来看，大多信托公司的网络系统还没有实现系统的高度集成，便利、快捷、高效率的技术程度难以达到，因此不能完全满足客户综合化和高效的土地流转信托需求。

12.2　土地流转信托产品风险控制政策建议

土地流转信托产品所面临的风险，不仅是信托投资公司必须应对的，也是政府机构必须应对的。因此，控制土地流转信托产品风险，不仅需要信托投资公司实施风险控制措施，政府也必须出台土地流转信托产品风险控制政策。

12.2.1　土地流转信托产品开发企业风险控制体系设计思路

对于土地流转信托产品开发企业来说，风险控制体系应该包括如下两个方面的内容：

12.2.1.1　土地流转信托产品风险预防体系设计

做好土地流转信托传统风险预防，土地流转信托产品开发企业员工做好如下三项工作：

（1）遴选交易伙伴

遴选交易伙伴是土地流转信托风险控制的重要一环。在目前的国情之下，选择良好的交易伙伴的确是降低风险最简单、最有效的方式。但是要避免走向两种极端：①只要交易伙伴资信较强，就放松项目设计中的风险控制措施，结果埋下隐患。②对于一些交易伙伴不够强大但可以通过项目设计防控风险的项目拒绝操作。

（2）尽职调查

信托公司虽然项目也分散在全国各地，必须要通过尽职调查了解交易伙伴的资信状况、真实经营状况、盈利能力等。对于一些项目，其负责人经营能力和执业行为甚至个人品性对于判断项目风险的意义，可能会胜过行业分析报告，而尽职调查中的察言观色可能要胜于厚厚的财务报表。

优秀的尽职调查对信托经理要求较高，难度和工作量都很大。目前尽职调查所要获得的信息集中掌握在司法、工商、税务、住建、土地等公权力部门，如果这些部门不主动公开，难以获取。但是通过公开渠道可以查询和验证的信息，还是应当去获取的，而不应单纯依赖融资方自身提供。如果尽职调查报告中的关键信息与公开查询、验证的结果不符，则委托人要求受托人承担管理失职的责任，法院很可能会支持。随着风险的不断爆发，信托公司会对自己的员工提出更高的要求，甚至在部分项目中聘请独立的第三方机构提供尽职调查服务。在当下的市场环境下，通过尽职调查发现融资方的实际经营状况和项目潜在风险将是检验信托经理业务能力和职业操守最重要的指标之一。尽职调查是所有项目风险控制的开始，而对于一些项目，或许尽职调查才是整个项目风险控制最核心的一环。

（3）中台审查制衡

以法律合规审查和风险控制为核心的中台部门是制衡信托业务经理的重要环节。法律合规人员从法律和合规角度对项目进行审查，淘汰不合规或者在法律效力上存在问题的项目，并从法律角度完善项目，风险管理部门从融资方资信、财务状况、抵押物变现等角度甄别项目风险。中台部门的薪酬待遇相对固定，不受业务量的直接激励，所以在管理规范和人员素质较高的情况下，中台可以比较有效地制衡前台业务部门。就中台与前台的关系而言，分工明确是基本前提，监督制约是必要手段，提供优质服务是根本使命。优秀的中台除了具备较强的专业能力之外，对于信托项目也应当有较高的掌控力，否则既不能提供专业服务，也无法进行监督制衡。

不过，由于中台与前台待遇差距较大，中台人员流失比较严重。土地流转信托产品开发企业对此要予以必要关注。

12.2.1.2　土地流转信托产品风险降低体系设计

做好土地流转信托传统风险降低，土地流转信托产品开发企业员工做好如下四项工作：

（1）结构化项目内部增信

结构化项目中的内部增信是信托所独有的增信手段。信托财产的份额化表现形式为这一增信机制提供了前提。结构化设计可以吸引不同风险偏好的资本进入同一项目，是一种非常巧妙的机制。

（2）参与土地开发项目治理

信托公司通过股权投资或其他方式，实质地参与土地开发项目的经营或者行使一票否决权来影响土地开发项目的经营活动，是降低投资风险非常好的途径，也是银行等融资渠道所不具备的。参与土地开发项目治理是今后土地流转信托产品开发企业风险控制的重要发展方向，需要不断完善和探索参与机制，提升介入能力。对于土地流转信托产品开发企业来说，只有凭借对特定行业及专业知识的掌握，才有可能有效地参与土地开发项目治理，即使只是行使一票否决权。

（3）资金监管和保证金账户

信托公司能够对信托资金的使用进行监管，防止资金不被挪用，按照预期的规划和进度完成拟投资项目。在土地开发项目中，资金监管有利于拟开发项目如期竣工并投入运营。

（4）向委托人披露风险

风险披露既是信托公司履行尽职义务的要求，也是规避自身职责的手段。

当然，要克服两种极端认识：①认为披露不重要，因为投资人基本不看合同。这是缺乏基本法律意识的表现，实际上无论是信托公司管理办法还是银监会的指导性文件，都非常重视风险披露，银监会的文件甚至曾对部分风险披露条款进行了具体指导。②认为无论什么风险，只要经过披露，都可以规避。虽然目前没有法律明确规定哪些风险可以通过披露转嫁，哪些不行，也没有足够的司法实践以资确认，但是参考民商法律的基本原则，可以确定，违反了起码的尽职管理义务的事项，不能够通过披露来转嫁风险。

12.2.2　土地流转信托产品法律法规完善建议

关于土地流转信托产品法律法规完善，政府可以在如下四个方面做必要工作。

12.2.2.1　设立土地流转信托专门法律制度

日本在信托行业立法体系中设立了诸如《信托法》、《信托业法》、《兼营法》作为规范普通信托行业的规范准则。此外，还针对不同信托种类的各类业务设立了特别法，如《贷款信托法》、《证券投资信托法》、《抵押公司债券信托法》和《土地流转信托法》。我国虽已出台了信托法，但内容相对宽泛，原则性规定过多，具体操作性不强，而其他相关法律条款相对分散，不利于我国土地流转信托市场的培育和发展。因此，有必要对农村土地流转信托进行专门立法。在条件尚不成熟、经验相对有限的情况下，可尝试以条例的形式立法，出台土地流转信托的专门法规，并以此作为土地流转信托立法的重要基础，逐渐形成一个体系完善、内容明确的土地流转信托法律体系，为目前我国开展的土地流转信托试点提供法律保障。

12.2.2.2　界定受托人资格

土地流转信托受托人资格的特殊性在于，土地流转信托以实现土地收益增值，有效保障承包方的利益为目的，因此作为受托人，在资金、专业技术和管理等方面应具备非常成熟的条件。

我国目前个人信用体系建设尚未成熟，个人还不具备成为土地流转信托的受托人，因此由具备条件的法人组织充当受托人，在目前看来是可行的。受托人的组织形式可以是多种多样的，土地信用合作社、信托服务中心、土地流转信托投资公司是最常见的三种形式。

此外，和西方商业银行兼营信托业务的模式不同，我国根据《中华人民共和国商业银行法》将信托、证券、保险业务从银行业务中分离，实行分业经营，从减少风险和有利于土地流转信托发展的角度考虑，目前还不宜由商业银行机构兼营土地流转信托业务。

当然，由专业信托投资公司开设专门的土地流转信托产品业务，应该是现有条件下最可行的土地流转信托产品开发模式。

12.2.2.3 界定受托人权利和义务

受托人的权利可以概括为以下三个方面：①对信托财产进行独立经营管理，不受外界干涉的权利。②依据信托合同的约定取得报酬的权利。③以固有财产先行支付经营管理土地所支出的费用的，享有费用偿还请求权。

受托人同时应承担以下四方面的义务：①为承包方的利益审慎经营管理土地的义务。②非经委托人许可，不得转托经营信托财产。③不得擅自或约定改变土地用途，违反法定义务。④应定期向承包方报告土地的经营管理及收支情况，并及时向承包方支付信托利益的义务。

12.2.2.4 建立农村土地流转信托的登记确权制度

我国《信托法》和《土地承包法》并未将登记作为合同生效的必备要件。出于保护信托法律关系当事人的利益，如果不以一定形式公开信托法律事实，其后果可能对处于弱势地位的委托人和善意第三人不利。善意第三人的利益可能由于不知某项财产已成为信托财产而受到损害，同时信托登记公示也有利于登记部门对信托关系中受托人的管理行为进行监督。在土地流转信托特别立法过程中，应对土地流转信托登记做出强制性规定，即登记生效规定。登记机关以县级以上农业行政管理部门为宜。

12.2.3 土地流转信托产品配套政策完善建议

政府可以为土地流转信托产品颁布如下五种配套政策：

12.2.3.1 成立农村土地流转信托中介机构

由于农民信息的不对称，在农村产生了农户"有地无力开发、有力无地开发"的弊端，为了解决这一矛盾，政府可以考虑成立农村土地流转信托中介机构。土地流转信托中介机构的主要职能包括：①信息传递职能，定期举行土地流转信息发布会。②中介服务职能，协调流转双方提出的有关事宜，在平等协商的基础上，落实合约关系，维护双方利益；代理发行受益凭证，为受托人融通开发资金服务，为投资者拓宽投资领域服务，并从中收取相应劳务酬金。③监督治理职能，对土地流转后的用途进行监督治理，以提高土地利用三态效益为目的，促进土地资源可持续利用为宗旨。

12.2.3.2 建立土地投资信托基金

建立土地投资信托基金可有效地解决土地开发资金不足问题。

作为委托人及受益人的原土地承包者，通过信托方式将土地承包经营权委托给土地流转信托机构，而作为受托人，土地流转信托机构不仅可以将土地的经营权以出租、转包、转让、入股等方式转交给土地开发经营者经营管理从而收取租金、股利或转让（包）金，也可以通过和专业土地开发公司签订土地开发合同，从而收取开发收益，其中土地流转信托机构需要将信托红利支付给委托人。在土地的开发经营过程中，开发者所需的巨额资金可以通过土地流转信托机构筹措，筹措方式主要是向金融机构贷款（因为是农业贷款，所以有政府扶持的利率优惠），而金融机构可以采用出售贷款债权的方式从而向市场上的投资者融通资金，这样既拓宽了投资渠道，又分散了投资风险。

12.2.3.3 完善农村土地流转信托市场竞争机制

在农村土地流转信托的构成中，官方或半官方性质的土地流转信托机构在农村土地流转信托市场中居于垄断经营。为了避免农村土地流转信托市场的垄断风险，就要从其产生的根源入手，使土地流转信托市场彻底摆脱政府的绝对控制，土地流转信托公司准入门槛需要降低，还要引入农村土地流转信托市场竞争机制，支持和鼓励民营性质的土地流转信托公司参与到农村土地流转信托业务中来；另外，要许可多家土地流转信托公司共同经营，推进公司之间的公平竞争和合法竞争，提高土地流转信托公司的服务水平和经营水平，同时要给予土地流转信托公司获得报酬权和独立管理权等，用以鼓励他们积极参与到市场竞争中去，从而逐步打破农村土地流转信托的垄断现象，促进中国土地流转信托行业的发展和繁荣。

12.2.3.4 建立双层受托人的信托关系

信托一经成立，根据《信托法》第十五条、第十六条、第十七条，除非信托法或者信托文件另有规定，信托不因委托人或受托人的解除而解除，也不为委托人、受托人被解散、破产等原因而终止。而且信托财产与委托人未设立信托的其他财产相区别，与属于受托人所有的财产相区别，信托财产一般也不得强制执行。信托的这种稳定性与独立性，在某种程度上与土地的社会保障功能不谋而合，即土地承包经营权作为信托之后，因为稳定性、独立性，可以为农民提供最基本的长期稳定保障。

农村土地承包经营权虽然属于农民所有，但事实上推进土地流转的依然是政府，但政府直接与信托公司签订信托合同同样会涉嫌违反国家反租倒包的政策，政府也更可能侵犯农户的土地承包经营权。因此可以建议以政府设立的土地流转信托公司来代替政府帮助农户管理土地，实施双层信托结构。受托人同时为土地流转信托中心和信托公司。

我国《信托法》第三十一条规定了同一信托受托人可以有多个，即为共同受托人。同一信托中设置共同受托人，可以提高受托人的整体信用度，共同受托人一般是借助对方优势，共同保证信托目的的顺利实现。《信托法》第三十二条规定，共同受托人处理信托事务对第三人所负债务，应当承担连带清偿责任。第三人对共同受托人之一所做的意思表示，对其他受托人同样有效，对外所负债务需要承担连带责任。因此，由于需要为其他共同受托人的行为承担责任，共同受托人之间肯定会互相监督对方，否则需要对外共同承担责任。设置共同受托人还可以保持信托事务的连续性，《信托法》第三十二条规定，即使其中一受托人的职责终止，其他受托人需要按照信托合同继续管理信托财产。

设置双层信托结构的提前是做好受托人责任分工，可以让土地流转信托公司在前期主要做好归集土地，确权土地，在管理信托阶段主要代表农户做监察人，同时分配农户信托利益，解决与土地相关的农业纠纷；而商业信托公司则主要负责引进高科技农业公司，发行后期信托资金以支持土地承包经营权信托中所需要的资金。以上职责的分工需要在信托文件中约定清楚。而政府以入股土地流转信托公司的模式参与土地流转信托，既能发挥政府的信用担保作用，又不以自己的名义直接参与土地流转信托的过程，避免违反反租倒包的政策等。土地流转信托公司负责解决农户与土地相关事宜，而商业信托公司负责解决金融资本与引进具有先进生产力的科技农业公司。

12.2.3.5　设立相关受益人保护机制

在农户直接担任委托人的情况下，受益人是农户自己。由于一般土地流转信托中，农户较多，由多数农户的农地一起设立的信托是一种集团信托，因为存在众多委托人和众多受益人，同时为了发挥土地的保障功能，保护农民权益，最好能赋予农民一定的监督权力，如受益人大会。参照《信托公司集合资金信托计划管理办法》第四十二规定的规定，具体规定召开受益人大会的情形，即使是委托人是村合作社，依然需要为了保护农户利益而由农户代表参加受益人大会。

由于受益人数量众多，在行使受益权时有可能在思想、时间等各个方面不统一，有部分受益人外出打工，部分受益人甚至脱离原集体到城市居住，也因此存在部分受益人搭便车的想法。虽然《信托法》赋予了委托人诸多权利，如土地承包经营权经营的知情权、土地承包经营权信托管理方法调整的变更权等，但由于农户对相关知识的欠缺，如法律、财务知识的欠缺，即使信托法赋予了委托人的相关权利，但可能对受托人并不能起到有效监管作用，因此需要设立信托监察人来弥补这方面的欠缺。在中国农村社会保障制度不健全的情况下，如此也能有效保护农民的利益，继续发挥土地的保障功能。此外，农户因缺乏相关知识与法律意识，也不具备监督受托人的能力，同样需要选任监察人，至于监察人的选任、义务及职责，应参照《信托法》第六章有关监察人的规定。

参考文献

［1］ Door County Land Trust ［EB/OL］. http：//www. doorcountyland-trust. org/index. htm.

［2］王秀兰，杨兴权. 日本土地信托的特点与借鉴［J］. 当代经贸，2007（2）：67 – 68.

［3］ International Monetary Fund. World Economic Outlook Database，April 2014［EB/OL］. http：//www. imf. org/external/pubs/ft/weo/2014/01/weoda-ta/weorept. aspx？pr. x = 54&pr. y = 2&sy = 2012&ey = 2019&scsm = 1&sort = country&ds = . &br = 1&c = 001&s = NGDPD&grp = 1&a = 1.

［4］ The Farm Credit Administration. History of FCA and the FCS［EB/OL］. https：//www. fca. gov/about/history/historyFCA_ FCS. html.

［5］中国共产党第十八届中央委员会. 中共中央关于全面深化改革若干重大问题的决定［EB/OL］. 新华网，http：//news. xinhuanet. com/2013 – 11/15/c_ 118164235. htm.

［6］王钦敏. 非公有制经济 GDP 所占比重超 60%［EB/OL］. 东北新闻网财经频道，http：//finance. nen. com. cn/system/2013/03/07/010261456. shtml.

［7］2014 年财富世界 500 强排行榜［EB/OL］. 财富中文网，http：//www. fortunechina. com/fortune500/c/2014 – 07/07/content_ 212535. htm.

［8］申宇辉. 规范中国信托业的法律支持体系研究［D］. 山西财经大学硕士学位论文，2004：52 – 60.

［9］我国土地流转信托的模式分析与风险研究［EB/OL］. 银率网信托产品栏目，http：//www. yinhang. com/a_ 2014_ 0929_ 280651. html.

［10］王秀兰. 土地信托模式的国际借鉴与思考［J］. 商业时代，2007

（16）：37 – 39.

［11］刘光祥. 土地承包经营权信托流转主要法律问题研究——以中信——农村土地承包经营权集合信托计划 1301 期为例［J］. 时代法学，2014，12（5）：75 – 89.

［12］中信农村土地流转信托落地［EB/OL］. 经济观察网，http：//www. eeo. com. cn/2013/1015/250762. shtml.

［13］冀欣. 中信土地流转信托两大模式成型规模化复制即将启动［EB/OL］. 21 世纪经济报道，http：money. e23. cn/contonl/2013 – 12 – 19/2013C1900004. html.

［14］安徽宿州土地流转信托为何慢吞吞　农民没有任何分红［EB/OL］. 农民日报，http：//www. hefei. cc/news/a025188575. html.

［15］北京信托推股权化双合作社模式首单土地信托落地无锡［EB/OL］. 新浪网房产频道（转载自 21 世纪经济报道），http：//house. sina. com. cn/news/2013 – 11 – 07/09502485084. shtml.

［16］北京土地信托"双合作社模式"硕果累累引人注目［EB/OL］. 中国经济网（转载自证券日报），http：//finance. ce. cn/rolling/201403/28/t20140328_ 2562629. shtml

［17］中华人民共和国国家统计局. 2014 年国民经济和社会发展统计公报［EB/OL］. http：//www. stats. gov. cn/tjsj/zxfb/201502/t20150226_ 685799. html.

［18］中国信托业协会. 2014 年度中国信托业发展评析［EB/OL］. 和讯网信托频道，http：//trust. hexun. com/2015 – 01 –30/172910175. html.

［19］中国人民银行. 央行发布 2014 年金融市场运行情况报告［EB/OL］. 中国贸易金融网资讯中心（转载自中国人民银行网站），http：//www. sinotf. com/GB/News/1001/2015 – 01 – 21/2MMDAwMDE4Njc2Mw. html.

［20］中国银行业监督管理委员会. 中国银监会发布 2014 年度监管统计数据［EB/OL］. 银监会网站政务信息栏目，http：//www. cbrc. gov. cn/chinese/home/docView/D02B2CFC60F84AD5969DEFA88181BF34. html.

［21］关于我国农村土地信托的研究探讨［EB/OL］. 贵州省财政厅网站财经园地栏目（转载自财政部科研所网站），http：//www. gzcz. gov. cn/cjyd/jyjl/6874. shtml.

［22］土地流转信托如何盈利？搭建平台 + 整合产业链［EB/OL］．银率网信托产品栏目（转载自智信网），http：//www. yinhang. com/a_ 2014_0424_ 205131. html.

［23］益阳．以政府信托探索土地流转新模式［EB/OL］．新民网财经频道（转载自新华网），http：//biz. xinmin. cn/2013/10/18/22358404. html.

［24］北京信托推"双合作社"模式，创新土地流转信托［EB/OL］．搜狐网财经频道，http：//roll. sohu. com/20131108/n389821109. shtml.

［25］首单土地流转信托因何搁浅［EB/OL］．网易网站财经频道（转载自中国证券报），http：//money. 163. com/14/0319/08/9NMFBDNP00253DC8. html.

［26］土地流转信托、家族信托、公益信托的基本要素及案例［EB/OL］．百度网站百度文库，http：//wenku. baidu. com/link? url = tDYQtpM-Cg2F1AFcpWSYHAoOglZ – Yof_ GIlglA65dpyLhXTt28PqXYNnsXsLpvmcVKtFi3bXLgHBFuW6_ LwgUpe – XnItVHbjF1hnSQ5euCAK.

［27］李高阳．山东首单土地流转信托落地有别于"宿州模式"［EB/OL］．金融界网站股票频道（转载自第一财经报），http：//stock. jrj. com. cn/2013/12/26020916394942. shtml.

［28］农业适度规模经营是实现农业现代化的重要途径［EB/OL］．中国产业竞争情报网资讯中心，http：//www. chinacir. com. cn/2014_ hyzx/438349. shtml.

［29］中信土地流转信托再升级［EB/OL］．财新网金融频道，http：//finance. caixin. com/2014 – 11 – 22/100754268. html.

［30］民政部国家减灾办发布 2014 年全国自然灾害基本情况［EB/OL］．中华人民共和国国土资源部网站新闻频道（转载自民政部网站），http：//www. mlr. gov. cn/xwdt/bmdt/201501/t20150105_ 1340457. htm. htm.

［31］李杰义．农业产业链风险及其管理研究［J］．中州学刊，2007（4）：48 – 51.

［32］程杰．农业产业链风险管理研究［D］．安徽农业大学，2006：54 – 56.

［33］肖小红．当前我国农业产业链的契约风险及其防范［J］．农业经济，

2012 (11)：112 – 114.

[34] 肖小红. 我国农业产业链的现状分析 [J]. 新西部（下旬·理论版），2012 (8)：92 – 93.

[35] 中共中央国务院关于加大改革创新力度加快农业现代化建设的若干意见 [EB/OL]. 新华网，http：//news. xinhuanet. com/politics/2015 – 02/01/c_ 1114209962. htm.

[36] 欧阳娟. 我国农村土地流转的信托模式研究 [D]. 湖南大学，2010.

[37] 刘志仁. 我国农村土地信托保护的组织形式选择 [J]. 中南大学学报（社会科学版），2007.

[38] 刘建设. 中国信托市场发展环境研究 [D]. 首都经济贸易大学，2012.

[39] 周艳艳. 农村土地流转的信托模式研究——以湖南省益阳市草尾镇为例 [D]. 湖南师范大学，2014.

[40] 邵彦敏. 中国农地制度变迁的历史考察与启示 [J]. 理论学刊，2005.

[41] 于洋. 中国农地流转供求态势探析 [J]. 学习与探索，2006.

[42] 黄延廷. 日本农地流动制度研究——兼谈我国农地流转制度创新 [J]. 理论学刊，2012.

[43] 孙丽丽. 加速农业现代化进程，推动现代化大农业发展 [J]. 黑龙江垦区现代化大农理论研讨会，2010.

[44] 康爱荣. 我国农业现代化的诠释 [J]. 甘肃社会科学，2005.

[45] 杨鑫. 农村土地流转信托机制研究 [D]. 河南农业大学，2013.

[46] 我国农业现代所面临的问题及政策建议 [J]. 科技信息（科技教育版），2006.

[47] 翟立宏. 信托产品创新：要素解构与环境分析——基于中国信托业发展进程的研究 [D]. 西南财经大学，2005.

[48] 王兰军. 美国宏观调控政策及对我国的启示 [J]. 山东经济战略研究，2005.

[49] 孙静. 关于我国土地流转政策的功能分析 [J]. 黑河学刊，2010.

[50] 赵雪莲. 可持续发展宏观经济调控政策体系比较研究——发达国家

可持续发展宏观经济调控政策借鉴 ［D］. 新疆大学，2006.

［51］叶秋华. 日本的市场经济模式与宏观调控法论析 ［J］. 法学家，2003.

［52］庞亮. 我国农村土地流转信托机制研究 ［D］. 东北农业大学，2013.

［53］杨琴. 宏观调控权配置研究 ［D］. 重庆大学，2008.

［54］邬晓波. 我国农村集体土地信托模式初探 ［J］. 理论月刊，2004.

［55］周晶. 基于JAVA技术的B2C电子商城网站系统设计与实现 ［D］. 复旦大学，2009.

［56］赵立新. 构建农村土地信托制度的理论与模式 ［J］. 经济研究导刊，2010.

［57］惠献波. 美国、德国、日本农地金融制度及经验借鉴 ［J］. 南方金融，2013.

［58］陈祥帅. 美国土地流转政策及其启示 ［J］. 合作经济与科技，2012.

［59］李园. 中国农村土地制度变迁及创新研究 ［D］. 宁夏大学，2006.

［60］陈成文. 论促进农村土地流转的政策选择 ［J］. 湖南社会科学，2012.

［61］肖咸文. 农业发展模式的演变与湖南农业现代化研究 ［D］. 湖南科技大学，2007.

［62］于鹏. 浅议财政政策与货币政策的协调配合 ［D］. 首都经济贸易大学，2005.

［63］孙明琦. 农地流转：基于供求态势的分析 ［J］. 商业研究，2009.

［64］彭先勇. 浅析推动农业现代化策略 ［J］. 农业经济，2014.

［65］吴春燕. 基于农用地分等定级技术平台下的农地制度改良 ［D］. 西南大学，2008.

［66］石恩. 垦区实现城乡一体化跨越发展的几点想法 ［J］. 黑龙江省农场管理学会第八届会员代表大会暨学术研讨会——黑龙江垦区现代化大农业建设理论研讨会，2009.

［67］周尤正. 论中国特色农业现代化道路的理论创新与政策实施 ［J］. 学校党建与思想教育（高教版），2014.

［68］王成吉. 经济体制改革：正确处理政府和市场的关系 ［J］. 学校党

建与思想教育（高教版），2014.

[69] 彭俊. 信托的内在优势探析［J］. 现代管理科学，2006.

[70] 张明秀. 土地承包经营权流转问题研究［D］. 华中师范大学，2007.

[71] 汪鑫. 基于退货评价的 C2C 电子商务信用评价模型改进研究［D］. 江苏科技大学，2011.

[72] 张帆. 我国农村土地信托制度研究［D］. 江西财经大学，2009.

[73] 徐波. 我国电子商务发展现状分析［J］. 工业技术经济，2003.

[74] 孙镟. 中国财政货币政策与经济增长协整研究［D］. 河海大学，2005.

[75] 陈维君. 中国现行土地制度变革的回顾和展望［J］. 企业家天地（下半月版），2009.

[76] 田颖. 农村土地承包经营权信托制度研究——农村土地承包经营权流转的一种新方式［D］. 天津市：南开大学，2010.

[77] 姚秀丽. 中国消费者网上购物风险及消费行为模型研究［D］. 北京邮电大学，2010.

[78] 王英辉. 基于产权制度创新的农地流转市场化研究［D］. 中国农业大学，2006.

[79] 陈维青. 推动农业现代化的策略研究［J］. 宁夏农林科技，2012.

[80] 庞亮. 构建我国农村土地信托制度的法律思考［J］. 东北农业大学学报（社会科学版），2012.

[81] 王洪. 房地产投资信托基金的法律问题研究［D］. 南开大学，2008.

[82] 刘国虎. 十八届三中全会《决定》有关国土资源管理方面的战略目标和工作部署解读［J］. 资源与人居环境，2014.

[83] 李东方. 完善和加快土地流转是推进我国农业现代化进程的当务之急［J］. 农业经济，2012.

[84] 林喆莉. 日本土地信托法律制度研究［D］. 中南大学，2012.

[85] 徐静. 全面深化改革与生态文明先行区建设［J］. 贵州大学学报（社会科学版），2014.

[86] 蔡宗吟. 企业电子商务平台信息网系统的研究与设计［D］. 电子科技大学，2007.

［87］李彬. 电子商务下现代物流的分析研究［D］. 河南科技大学，2008.

［88］王永华. 建国以来我国农村土地制度演变的历史考察［J］. 鞍山钢铁学院学报，2002.

［89］赵凯. 基于电子商务环境下的物流信息管理分析与设计［D］. 南京邮电大学，2007.

［90］于卫华. 试论我国电子商务的发展趋势［J］. 科教文汇，2007.

［91］李琦瑛. 基于 PKI/PMI 的电子商务支付系统的研究［D］. 贵州大学，2008.

［92］郭跃勇. 我国农业现代化的制约因素及对策［J］. 魅力中国，2010.

［93］刘金媛. 简析我国电子商务面临的问题和发展趋势［J］. 集团经济研究，2007.

［94］刘军. 我国电子商务发展现状及趋势分析［J］. 甘肃科技，2008.

［95］王保坤. 建国以来我国农村土地产权制度变迁的启示与思考［J］. 山东省农业管理干部学院学报，2010.

［96］乔军. 1978 年以来我国农地产权制度变迁及启示［J］. 攀登，2011.

［97］彭新万. 我国"三农"制度变迁中的政府作用研究［D］. 江西财经大学，2008.

［98］王欣. 日本跨国公司在中国营销策略解析［J］. 当代经济，2007.

［99］祁志民. 浅谈我国电子商务的发展现状与趋势［J］. 学术交流，2009.

［100］车雯雯. 电子商务 C2C 平台定价模型及盈利影响因素研究［D］. 上海交通大学，2010.

［101］陈娟. 我国电子商务发展现状及趋势分析［J］. 商场现代化，2005.

［102］徐冰. 基于互联网的企业电子商务发展存在的问题及对策研究［D］. 厦门大学，2009.

［103］杨小威. 中美农业综合生产能力的测度及比较研究［D］. 湖北大学，2006.

［104］晋瑾. 中国农村土地证券化法律问题研究［D］. 西北大学，2009.

［105］姜雪莲. 日本农地流转信托研究［J］. 世界农业，2014.

［106］林木西. 以经济体制改革为重点推动全面深化改革——学习领会党

的十八届三中全会《决定》[J]. 辽宁大学学报（哲学社会科学版），2014.

[107] 王英剑. 农村土地使用权流转市场化研究 [D]. 同济大学，2006.

[108] 阳国亮. 论正确把握坚持社会主义市场经济改革方向 [J]. 桂海论丛，2014.

[109] 李俊霞. 美国的人力资源开发 [J]. 中外企业文化，2004.

[110] 张楠. 中国信托业发展现状及发展策略研究 [D]. 首都经济贸易大学，2006.

[111] 颜获. 中信信托发展战略研究 [D]. 重庆大学，2008.

[112] 缪宏. 解读十八届三中全会决定生态文明制度建设十大亮点——中国生态文明研究与促进会常务理事黎祖交教授专访 [J]. 绿色中国 A 版，2013.

[113] 李敬源. 浅谈信息时代下电子商务的发展 [J]. 中国外资，2010.

[114] 叶佳丽. 中国电子商务发展现状及其面临的问题 [J]. 商业经济，2010.

[115] 邵枫. 企业电子商务应用与发展 [J]. 2007 年"促信息技术应用，创企业效益新高"交流会暨第十五届全国化工大企业信息网年会，2007.

[116] 王兰军. 美国财政货币政策的运用及对我国的启示 [J]. 金融教学与研究，2005.

[117] 魏蕾如. 我国奢侈品网上消费研究 [D]. 华中师范大学，2006.

[118] 周明. 中国信托市场研究——基于合约视角的分析 [D]. 复旦大学，2005.

[119] 王晓利. 关于实行农地信托促进农地健康流转的思考 [J]. 改革与战略，2012.

[120] 王飞. 中国移动个人客户渠道体系管理研究 [D]. 南开大学，2008.

[121] 刘跃建. 基于 NET 电子商务网站的研究与实现 [D]. 江苏大学，2011.

[122] 曹进冬. 最严厉环保新政，助力绿色经济发展 [J]. 青海科技，2013.

[123] 于法稳. 新形势下我国农业现代化策略探讨 [J]. 甘肃社会科

学，2005.

[124] 秦立功. 新形势下我国实现农业现代化的障碍探析 [J]. 农业经济，2008.

[125] 吴春明. B2B 电子商务的体系结构与应用模式研究 [D]. 青岛海洋大学，2002.

[126] 吴秋颖. 我国现代农业经济发展机遇、困境及发展措施 [J]. 消费电子，2013.

[127] 邓玉纯. A 公司开展家具电子商务的策略研究 [D]. 北京交通大学，2009.

[128] 陈晓虎. 构建我国农村土地流转信托模式的思考 [J]. 江苏科技信息（学术研究），2011.

[129] 钟兵. 新型城镇化：我国经济社会持续发展的新引擎 [J]. 内蒙古师范大学学报（哲学社会科学版），2014.

[130] 隋金呈. 我国信托业务的发展与创新研究 [D]. 北京交通大学，2014.

[131] 李为民. 政府、市场与企业——学习《中共中央关于全面深化改革若干重大问题的决定》的体会与思考 [J]. 当代经济，2014.

[132] 林瑞馨. 我国林权制度改革史分析 [D]. 厦门大学，2007.

[133] 李放之. 商业信托理财的概念框架研究 [D]. 北京工业大学，2007.

[134] 冯海发. 赋予农民更多权利和利益推动城乡发展一体化 [J]. 中国合作经济，2013.

[135] 李兴山. 坚持社会主义市场经济改革方向进一步加快政府职能转变 [J]. 中国行政管理，2014.

[136] 周绍朋. 市场在资源配置中能否起决定作用关键在政府职能转变 [J]. 前线，2014.

[137] 杨晓军. 证券投资基金治理：信息披露与制度安排 [D]. 厦门大学，2002.

[138] 马晓雨. 我国公益信托发展受阻的法律分析 [D]. 上海交通大学，2007.

［139］吴兴杰. 苏宁：改名背后的业务转型［J］. 企业管理，2013.

［140］沈伟. 我国医药电子商务发展的现状与推进策略研究［D］. 沈阳药科大学，2005.

［141］王静茹. 呼和浩特市开展排污权有偿使用和交易的研究分析［D］. 内蒙古大学，2014.

［142］冯晓兰. 农村土地流转中土地银行模式培育研究［D］. 中共湖北省委党校，2013.

［143］郭占恒. 十八届三中全会新思想、新论断、新举措释义［J］. 浙江经济，2013.

［144］万文超. 试论电子商务对国际贸易的影响［J］. 现代经济信息，2010.

［145］陈玉文. 我国医药企业开展电子商务的现状及策略［D］. 沈阳药科大学，2001.

［146］刘山青. 在厅党委扩大会上的讲话［J］. 青海国土经略，2013.

［147］屠锐. 形成人与自然和谐发展现代化建设新格局——《中共中央关于全面深化改革若干重大问题的决定》生态环保亮点解读［J］. 环境经济，2013.

［148］闫海涛. 基于B/S的企业电子商务网站的研发［D］. 大连理工大学，2006.

［149］王铭武. 中国医药行业上市公司电子商务应用水平研究［D］. 重庆大学，2004.

［150］施斌. 基于电子商务的纺织化纤面料编码构建［D］. 苏州大学，2012.

［151］彭向峰. 电子商务平台——购物网站的设计与实现［D］. 山东大学，2012.

［152］杜蓉. 试论甘肃电子口岸建设［D］. 兰州大学，2005.

［153］闫越. 政府改革的新突破——党的十八届三中全会精神学习体会［J］. 行政与法，2014.

［154］石利斌. 城市水源地生态补偿分区与管治研究［D］. 首都经济贸易大学，2014.

［155］余春鹏. 农产品电子商务交易模式研究［D］. 同济大学，2006.

［156］苏庆猛. 山东水产行业发展电子商务应用研究［D］. 山东大学，2006.

［157］于亚君. 当代中国农村土地承包经营制度的改革与完善［D］. 桂林理工大学，2009.

［158］张志鹏. 农村土地使用权流转问题研究［D］. 河北农业大学，2003.

［159］韩增娜. 论当前经济形势下电子商务发展的新方向［J］. 科技信息（科技教育版），2006.

［160］许晓红. 关于西部地区人力资源开发的研究［D］. 天津工业大学，2006.

［161］王桂平. 关于中小企业电子商务的思考［J］. 黑龙江对外经贸，2010.

［162］王同柏. 电子商务发展现状及趋势［J］. 中国西部科技，2006.

［163］陈海秋. 改革开放前中国农村土地制度的演变［J］. 宁夏社会科学，2002.

［164］冯弥青. 我国协调运用货币政策与财政政策的理论和实证研究——增加货币交易速度变量的全新视角［D］. 南开大学，2009.

［165］赵向晖. 电子商务交易平台安全体系的设计与实现［D］. 大连理工大学，2007.

［166］孙丽丹. 对我国虚拟经济发展和深化的研究［D］. 华东师范大学，2006.

［167］谭先虎. 网商时代——虚拟世界更需有形监管［J］. 中国工商管理研究，2009.

［168］赵建良. 电信运营商开展电子商务的思考［D］. 北京邮电大学，2009.

［169］熊啸. 中国电子商务发展现状及应对战略研究［J］. 时代经贸（学术版），2008.

［170］朱莹婷. 新时期青年农民道德教育问题与对策研究［D］. 湖南师范大学，2013.

［171］杨作书. 从历届三中全会看我国经济体制改革路径走向［J］. 重庆工商大学学报（社会科学版），2014.

［172］中国人民政治协商会议第一届全体会议. 中华人民政治协商会议共同纲领［EB/OL］. 中华人民政治协商会议网，http：//www. cppcc. gov. cn/2011/09/06/ARTI1315304517625199. shtml.

［173］中华人民共和国中央人民政府委员会第八次会议. 中华人民共和国土地改革法［EB/OL］. 中国全国人大网，http：//www. npc. gov. cn/wxzl/wxzl/2000 - 12/10/content_ 4246. htm.

［174］第六届全国人民代表大会常务委员会第十六次会议. 中华人民共和国土地管理法［EB/OL］. 人民网，http：//www. people. com. cn/item/faguiku/jjf/T1060. html.

［175］中国共产党中央委员会. 中央关于农业生产互助合作的决议［EB/OL］. 人民网，http：//cpc. people. com. cn/GB/64184/64186/66656/4492674. html.

［176］中国共产党第七届中央委员会第六次全体会议（扩大）. 关于农业合作化问题的决议［EB/OL］. 人民网，http：//cpc. people. com. cn/GB/64162/64168/64559/4442113. html.

［177］中国共产党中央政治局扩大会议. 关于在农村建立人民公社的决议［EB/OL］. 人民网，http：//cpc. people. com. cn/GB/64162/64165/66833/4709475. html.

［178］中国共产党第八届中央委员会第十次全体会议. 农村人民公社工作条例修正草案［EB/OL］. 中华人民共和国农业部网站，http：//www. moa. gov. cn/zwllm/zcfg/flfg/200601/t20060120_ 539367. htm.

［179］张蓝水. 重大转折时期的重要历史记录——党的十一届三中全会农业决定（草案）对农机化论述撷英［J］. 农业技术与装备，2013.

［180］中国共产党第十一届四中全会. 中共中央关于加快农业发展若干问题的决定［EB/OL］. 人民网，http：//www. people. com. cn/GB/shizheng/252/5089/5103/5206/20010428/454999. html.

［181］1982 年 1 月 1 日 全国农村工作会议纪要［EB/OL］. 人民网，http：//www. people. com. cn/GB/historic/0101/19. html.

［182］中国共产党中央委员会. 1984 年：中共中央关于一九八四年农村工作的通知［EB/OL］. 新疆兴农网，http：//www. xjxnw. gov. cn/zx/snzc/hnzc/09/911223_ 3. shtml.

［183］中华人民共和国第六届全国人民代表大会第四次会议. 中华人民共和国民法通则［EB/OL］. 中国全国人大网，http：//www. npc. gov. cn/wxzl/wx-zl/2000 – 12/06/content_ 4470. htm.

［184］中华人民共和国第八届全国人民代表大会第一次会议. 中华人民共和国宪法修正案［EB/OL］. 中国全国人大网，http：//www. npc. gov. cn/wxzl/gongbao/1993 – 03/29/content_ 1481290. htm.

［185］中国共产党中央委员会，国务院. 关于当前农业和农村经济发展的若干政策措施［EB/OL］. 人民网，http：//cpc. people. com. cn/GB/64162/64165/72301/72306/4981197. html.

［186］财政部，国家税务总局. 财政部国家税务总局关于企业所得税若干优惠政策的通知［EB/OL］. 财政部网站，http：//www. mof. gov. cn/zhengwuxinxi/caizhengwengao/caizhengbuwengao2008/caizhengbuwengao20085/200807/t20080701 _ 55465. html.

［187］财政部，国家税务总局. 财政部 国家税务总局关于开放式证券投资基金有关税收问题的通知［EB/OL］. 安徽地方税务局网站，http：//www. ah – l – tax. gov. cn/portal/zwxxgk/zcfgn/gfxwj/yys/1205973900418785. htm.

［188］第九届全国人民代表大会常务委员会第二十一次会议. 中华人民共和国信托法［EB/OL］. 中国政府网，http：//www. gov. cn/gongbao/con-tent/2001/content_ 60870. htm.

［189］中华人民共和国财政部. 财政部关于印发《信托业务会计核算办法》的通知［EB/OL］. 财政部网站，http：//www. mof. gov. cn/zhengwuxinxi/caizhengwengao/caizhengbuwengao2005/caizhengbuwengao20054/200805/t20080525 _ 42745. html.

［190］中华人民共和国财政部. 关于印发修订《企业会计准则第 33 号——合并财务报表》的通知［EB/OL］. 财政部网站，http：//kjs. mof. gov. cn/zhengwuxinxi/zhengcefabu/201402/t20140220_ 1045206. html.

［191］中国银行业监督管理委员会. 信托公司管理办法［EB/OL］. 中

国银行业监督管理委员会网站，http：//www. cbrc. gov. cn/chinese/home/doc-DOC_ ReadView/2007020146C75FE4EC42DAA9FFADADCB71D8A300. html.

［192］中国银行业监督管理委员会. 信托公司集合资金信托计划管理办法 ［EB/OL］. 中国银行业监督管理委员会网站，http：//www. cbrc. gov. cn/chinese/home/docDOC_ ReadView/2007020140E41E8F4749E6F4FF15F12F68C86600. html.

［193］中国信托业协会. 协会简介 ［EB/OL］. 中国信托业协会网站，http：//www. xtxh. net/xtxh/aboutus/index. htm.

［194］第九届全国人民代表大会常务委员会第二十九次会议. 中华人民共和国农村土地承包法 ［EB/OL］. 中国政府网，http：//www. gov. cn/gongbao/content/2002/content_ 61729. htm.

［195］国务院，农业部. 国务院批转农业部《关于稳定和完善土地承包关系的意见》 ［EB/OL］. 中国农业部网，http：//www. moa. gov. cn/zwllm/zcfg/flfg/200601/t20060120_ 539835. htm.

［196］第五届全国人民代表大会第五次会议. 《中华人民共和国宪法》(1982版) ［EB/OL］. 中国人大网，http：//www. npc. gov. cn/wxzl/wxzl/2000-12/06/content_ 4421. htm.